Heiner Newe
Heiderose Thomsen-Newe

MIT DEM WOHNMOBIL INS ALLGÄU

Die Anleitung für einen Erlebnisurlaub

DER WOHNMOBIL-VERLAG
D-36452 Kaltennordheim
OT Mittelsdorf

Die Deutsche Bibliothek – CIP-Einheitsaufnahme

Bibliografische Information der Deutschen Bibliothek

Die Deutsche Bibliothek verzeichnet diese Publikation in der Deutschen Nationalbibliografie.
Detaillierte bibliografische Daten sind im Internet über <http://dnb.ddb.de> abrufbar.

Titelbild: Blick auf die Walser Hammerspitze, Tour 6, Seite 178
Bild in vorderer Klappe: Schloss Neuschwanstein, Tour 8, Seite 230

Karten: Heiner Newe, Stadtpläne unter Verwendung der Daten
von © OpenStreetMap contributors
Fotos: Bildnachweis Seite 308

5. vollständig neu erstellte Auflage - 2022

Druck:
Louis Hofmann
Druck- und Verlagshaus, 96242 Sonnefeld

Vertrieb:
GeoCenter GmbH, 70794 Filderstadt

Herausgeber:
WOMO-Verlag, OT Mittelsdorf, 36452 Kaltennordheim
GPS: N 50°36'38.2" E 10°07'55.6"

Fon: 0049 (0) 36946-20691
Fax: 0049 (0) 36946-20692
eMail: verlag@womo.de
Internet: www.womo.de

Autoren-eMail: Newe@womo.de

ISBN 978-3-86903-245-0

Jede Tour und jeder Stellplatz sind von uns meist mehrfach überprüft worden, wir können jedoch inhaltliche Fehler nie ganz ausschließen. Bitte achten Sie selbst auf Hochwasser, Brandgefahr, Steinschlag und Erdrutsch!

Verlag und Autoren übernehmen keine Verantwortung für die Legalität der veröffentlichten Stellplätze und allen anderen Angaben. Unsere Haftung ist, soweit ein Schaden nicht an Leben, Körper oder Gesundheit eingetreten ist, ausgeschlossen, es sei denn, unsere Verantwortung beruht auf Vorsatz oder grober Fahrlässigkeit.

EINLADUNG

Mit dem Allgäu werden sattgrüne Weiden mit glücklichen Kühen assoziiert, die auf ihren Almen vor malerischer Gebirgskulisse weiden. Das mag wie ein Klischee klingen, ist aber durchaus zutreffend.
Die einzige feste Grenze, die das Allgäu hat, ist die Grenze zu Österreich. Die Übergänge zu Oberschwaben in Baden-Württemberg und zu Mittelschwaben und dem Pfaffenwinkel in Bayern sind fließend.
Es ist eine vielfältige Kultur- und Naturlandschaft, die Sie erwarten dürfen. Es gibt sanft anmutende Hügel, viele Seen und Flüsse, rauschende Wasserfälle, sehr enge Täler und Schluchten sowie schroffe Felsen, die auf den ersten Blick unbezwingbar erscheinen. Mit einer Fülle von Wanderwegen und Bergbahnen ist diese Region für den Besucher heute ein Freizeitparadies, das gern aufgesucht wird. In den Hotspots dieser Region tummeln sich die Wohnmobilfahrer auf engem Raum. Da ist es doch gut, wenn Ausweichmöglichkeiten aufgezeigt werden, auf denen es nicht ganz so eng ist. Diese Plätze herauszufinden, war eine Aufgabe, die wir uns mit diesem Buch gestellt haben.
Die andere Aufgabe war, Ihnen die Highlights und die schönen, verschwiegenen Ecken des Allgäus, die es in dieser vom Tourismus stark frequentierten Region immer noch gibt, so wohnmobilgerecht wie möglich aufzubereiten. Wir führen Sie zu Schlössern, zu Burgen, in Altstädte, zu Baumwipfelpfaden und vielen anderen Sehenswürdigkeiten.
Bergwanderungen und Radtouren kommen aber auch nicht zu kurz. Wir haben uns darum bemüht, sowohl dem sportlich durchtrainierten wie dem weniger sportlichen Leser Angebote und Vorschläge zu unterbreiten. Stets sind die Längen der Wege und die Höhenunterschiede angegeben, sodass Sie für sich ermessen können, ob Sie den vorgeschlagenen Wanderungen folgen wollen oder auch nicht.
Wer sich viel an der frischen Bergluft bewegt, wird am Mittag oder am Abend die eine oder andere leckere Spezialität des Allgäus verspeisen wollen. Auch darauf gehen wir immer wieder ein. Wir hoffen, an alles gedacht zu haben, um Ihnen mit diesem Buch die schöne Zeit im Allgäu zu vereinfachen.

Einen schönen Urlaub wünschen wir Ihnen!

Heiner Newe und Heiderose Thomsen-Newe

Unsere Top Ten

Ulm

Der höchste Kirchturm der Welt, ein malerisches Fischerviertel und eine gut erhaltene Bundesfestung sind die großen Attraktionen zum Auftakt dieses Buches, wie Sie ab Seite 18 sehen werden.

Kempten

Geschichte auf Schritt und Tritt. Die Entwicklung der Stadt kann bis in die Zeit der Römer zurückverfolgt werden. Eine spannende Entdeckungsreise erwartet Sie ab der Seite 134.

Starzlachklamm

Gutes Schuhwerk und ein Mindestmaß an Kondition benötigen Sie, um ab Seite 146 diese malerische Klamm hinaufzustapfen. Die Mutigen unter Ihnen können an einer Canyoning-Tour teilnehmen.

Oberstdorf

Die Stadt der Vier-Schanzen-Tournee ist der ideale Standort für ausgedehnte Bergwanderungen. Die Nebelhornbahn bringt Sie schnell auf 2224 Meter Höhe, wie Sie ab Seite 160 lesen können.

Fellhorn

Ein ausgezeichnetes Alpenpanorama, überwältigende Aussichten in die Täler und ein überraschender Blütenreichtum erwarten Sie bei einer Gratwanderung ab der Seite 171.

Schwangau

Die Königsschlösser in diesem Ort sind legendär. Schloss Hohenschwangau und Schloss Neuschwanstein muss man gesehen haben. Ab der Seite 230 führen wir Sie dorthin.

Oberjoch

Es ist die schönste und eindrucksvollste Serpentinenstrecke, die wir in unserem Reisegebiet zu bieten haben. Halten Sie unbedingt auf dem Parkplatz, den wir auf der Seite 254 vermerkt haben.

Augsburg

Sie ist die Stadt der Fugger, der Geburtsort Bertolt Brechts und die Stadt, die schon vor Jahrhunderten ein ausgeklügeltes Wasserwirtschaftssystem besaß, wie Sie ab Seite 261 sehen werden.

Landsberg

Die vielen mittelalterlichen Türme, die Stadtbefestigung und das breite Wehr beeindrucken in dieser Stadt am Lech in besonderer Weise, wie Sie ab der Seite 280 lesen können.

Wieskirche

Sie zählt zu den bedeutendsten Kulturgütern Deutschlands und ist seit 1983 auf der Liste des Welterbes verzeichnet. Ab Seite 294 erfahren Sie mehr über das Meisterwerk Dominikus Zimmermanns.

Inhaltsverzeichnis

Gebrauchsanleitung

Reisegebiet

Die quer verlaufende A8 zwischen Ulm und Augsburg bildet die nördliche Grenze unseres Reisegebietes. Die südliche Grenze ist die Staatsgrenze zu Österreich mit Ausnahme des Kleinwalsertales, das eigentlich nicht zum Allgäu gehört, aber trotzdem in diesem Buch Berücksichtigung findet. Auch die östlichen Teile Oberschwabens in Baden-Württemberg und Teile Mittelschwabens sowie des Pfaffenwinkels in Bayern werden in diesem Buch behandelt. Wir gehen also etwas über die Grenzen des Allgäus hinaus. Das tun wir auch deshalb, damit zu den Nachbarbüchern, die Sie auf der hinteren Klappe verzeichnet finden, keine Lücken entstehen. So können Sie, wenn Sie einen Reiseführer beendet haben, das Nachbarbuch nehmen und direkt weiterfahren.

Die topografischen Gegebenheiten des Allgäus sind in den Tourenkarten und auch auf der hinteren Klappe durch Geländedarstellungen berücksichtigt. Sie können erkennen, ob wir uns in einem flachwelligen Relief bewegen, wie entlang der Iller, der Wertach oder des Lechs, oder ob wir uns im Hochgebirge aufhalten, was besonders entlang der Grenze zu Österreich auffällt.

Ganz gleich, ob Sie das Allgäu von Ulm, von Günzburg oder von Augsburg aus in Angriff nehmen, stets geht es durch ein flachhügeliges Relief, das als ein Kind der letzten Eiszeit betrachtet werden kann, die vor rund 20.000 Jahren endete.

Im Norden sind es zum Teil breite Talauen, die von den Flüssen geschaffen wurden, als sie zu Beginn der Warmzeit sehr viel mehr Wasser führten als heute. Je weiter wir nach Süden vorrücken, umso höher wird das Berg- und Hügelland, das zu einem großen Teil aus Moränenwällen besteht, die die Gletscher der Alpen aufgeschoben haben. In den Niederungen haben sich als Folge der Eiszeit eine ganze Reihe von Mooren gebildet, die der Mensch einstmals für den Torfabbau nutzte. Heute stehen sie als wertvolle Naturlandschaften unter Schutz und sind vielfach für Besucher mit Lehrpfaden ausgestattet. Wir haben einige davon aufgenommen.

Dort, wo die Hohlformen nach dem Abtauen der Gletscher etwas tiefer waren, haben sich Seen gebildet, die heute teilweise als Badeseen genutzt werden können. Bei den Badeplätzen haben wir eine kunterbunte Mischung aus natürlichen Seen, Baggerseen und Stauseen in diesem Buch zu verzeichnen.

Auf den Höhenrücken der Moränen und oberhalb der steilen Flussufer hat der Mensch diesen Raum schon früh besiedelt und imposante Städte entstehen lassen. Praktisch alle großen Orte unseres Reisegebietes liegen an einem Fluss. Dort, wo Furten einen Übergang möglich machten, entstanden Handelsplätze und aus den Handelsplätzen wurden Städte. Die jeweiligen Landesherren erhoben Zölle für den Warenverkehr und so kam manch eine Stadt zu großem Reichtum, den es mit Stadtmauern vor Dieben abzusichern galt. Viele Stadttore und Reste von Befestigungsanlagen erinnern an diese Zeit. Die besonders attraktiven Orte haben wir natürlich für Sie besucht.

Neben Handel und Wirtschaft spielte auch der Glaube eine besondere Rolle in dieser Region. Es gibt unzählige Klöster und Kirchen, die alle Geschichten erzählen können. Dabei ging es nicht nur um Glaubensfragen – der Glaube war vielerorts bloß ein Vehikel, um Macht und Einfluss ausüben zu können. Die Reichsabteien, die wir in diesem Buch in einer Auswahl besuchen, sind Beispiele dafür. Der Reichtum der Klöster führte aber auch zu ungeahnten Möglichkeiten in der Kunst. Die Kirchenfürsten konnten es sich leisten, die Besten ihrer Zunft zu engagieren und selbst aus Nachbarländern zu holen. Wer künstlerisch begabt war, konnte sein Glück machen. Die Ausgestaltung der Kirchen und Klöster mit Statuen, Schnitzkunst, Gemälden und Ornamenten befand sich in der Barockzeit in einem nie wieder erreichten Höhenflug. Heute sind sie gern besuchte Reiseziele. Bekanntestes Beispiel dafür ist die Wieskirche.

Je weiter wir nach Süden vordringen, umso alpiner wird die Landschaft, die Größe der Städte nimmt ab.

Entstanden sind die Alpen durch die immer noch aktive Plattentektonik, in der die adriatische Platte nach Norden gestoßen wurde und es zur Auffaltung der Alpen kam. Es sind komplizierte und sehr lang andauernde Vorgänge, die sich nicht mit wenigen Worten zusammenfassen lassen. Am einfachsten ist immer noch das Modell eines glatten Tischtuches, auf dem Sie Ihre Hände in einem Abstand von etwa zwanzig Zentimetern voneinander legen und dann mit ein wenig Druck die eine Hand zur anderen bewegen. Sie werden dabei beobachten können, wie sich das Tischtuch auffaltet. Das übertragen Sie jetzt gedanklich auf die Erdkruste und versuchen in Millionen von Jahren zu denken.

Die Auffaltung erfolgt nicht einheitlich, sondern orientiert sich unter anderem an der Festigkeit und Stärke des Ausgangsmaterials, das im Falle der Alpen der Meeresboden des Tethysmeeres war. Sie werden bei Ihren Wanderungen auf dem Hohen Ifen diesen alten Meeresboden im Gottesacker gut sehen können. Überall dort, wo ein längerer Anschnitt des Gebirgsmassivs sichtbar wird, sehen Sie auch eine Schichtung der Gesteine, mal flach, mal gebogen oder aufgewölbt. Alles eine Laune der Natur, die durch Druck und Hitze die unterschiedlichsten Formen gestaltet hat.

Diese Formen sind im Laufe der Jahrtausende nicht unangetastet geblieben. Die Gletscher der Eiszeiten haben einiges weggehobelt und auch heute schreiten die Erosionsvorgänge voran. Frost, Sonne und Regen leisten täglich ihren Beitrag dazu, das ist unabänderlich.

Heute führen Seilbahnen auf die Berge und locken die Touristen mit fantastischen Aussichten und Wanderungen in frischer Höhenluft. Wie Sie die Angaben in unserem Buch dazu optimal nutzen können, erklären wir jetzt.

Zum Aufbau des Buches

Kommen wir nun zum Aufbau des Buches. Jede Tour beginnt mit einer Karte auf der linken Seite. In diesen Karten ist der Verlauf der Route mit einer roten Linie gekennzeichnet. Rote Pfeile geben die Fahrtrichtungen an. Neben diesen roten Linien sind in den Karten natürlich die Ortsnamen, Sehenswürdigkeiten und Symbole enthalten, die in der Zeichenerklärung auf der hinteren Umschlagklappe erläutert werden. In einem helleren Rot sind auch die benachbarten Touren auf den Karten zu sehen. Das soll Ihnen die individuelle Reiseplanung erleichtern. **Tipp:** Machen Sie sich mit den Symbolen und den Farben der Stellplätze vertraut, das erleichtert die Orientierung in den Karten erheblich.

Die Stell- und Campingplätze sind in den Karten durchnummeriert. Die Beschreibungen der Stell- und Campingplätze im Text nehmen diese Nummern wieder auf.

WOMO-Stellplätze

Die Stellplatzkästen sind orange-gelblich eingefärbt. Wir unterscheiden dabei zwischen den offiziellen und den nicht offiziellen Plätzen. Offiziell ist ein Stellplatz immer dann, wenn ein WOMO-Schild am Parkplatz zu sehen ist. Er muss keinerlei wohnmobilspezifische Einrichtungen haben. Die anderen, nicht offiziellen Stellplätze sind in der Regel Parkplatzareale, auf denen wir mit einem Wohnmobil stehen bleiben können. Das sind die Parkplätze, die einfach nur mit einem weißen P auf blauen Grund markiert sind.

Die Stellplatzbeschreibungen erfolgen immer nach demselben Schema. Zunächst werden die GPS-Koordinaten genannt, dann folgt die Adresse. Da nicht jeder Stellplatz eine genaue Postadresse hat, müssen Sie damit rechnen, dass Sie nur näherungsweise zu dem Platz geführt werden, wenn Sie die Adresse in Ihr Navi eingegeben haben. Eine zielgenaue Führung erreichen Sie nur mit den geografischen Koordinaten. Aber auch diese kann problematisch sein, wenn Sie kein spezielles, für Wohnmobile eingerichtetes Navigationsgerät benutzen. Deshalb achten Sie bitte auch auf die Beschreibung der Zufahrt, die am Ende einer Stellplatzbeschreibung aufgeführt ist. Diese berücksichtigt Straßenbreiten, Durchfahrtshöhen und Gewichtsbeschränkungen, auf die Ihr Navi unter Umständen keine Rücksicht nimmt. Nicht immer ist der kürzeste Weg auch der beste. **Tipp:** Über die Homepage des Verlages können Sie die GPS-Koordinaten dieses Buches als GPX-Datei herunterladen und anschließend auf Ihr Navi kopieren. Damit ersparen Sie sich das lästige Abtippen der Koordinaten oder der Adresse.

Wichtig: Allein die durchnummerierten Stellplätze eignen sich für Übernachtungen. Alle anderen Koordinatenangaben weisen nur auf Besucherparkplätze hin. Eine Übernachtung ist dort nicht möglich oder gar untersagt.

Zurück zu den Stellplatzkästen. Nach den GPS-Koordinaten folgt eine in Klammern gesetzte Höhenangabe. Dann folgt (soweit vorhanden) die Adresse und die Angabe, wie viele Wohnmobile maximal auf dem Stellplatz geparkt werden können. Wir geben ebenfalls an, wie lang das Fahrzeug maximal sein darf. Bei dieser Angabe ist nicht davon auszugehen, dass alle Stellflächen des Platzes die maximale Länge zulassen. Soweit wir es in Erfahrung bringen konnten, haben wir auch vermerkt, wie lange Sie auf diesen Stellplätzen verweilen dürfen.

In den Beschreibungen führen wir auch auf, welche Ausstattungsmerkmale die Anlagen haben. Wir beschreiben, wie der Untergrund des Stellplatzes beschaffen ist, sagen, ob Sie Keile benötigen, um ihr Fahrzeug waagerecht zu stellen, führen auf, ob Sie Wasser tanken können, ob Sie entsorgen können und ob eine Stromversorgung möglich ist. Wenn es sich um einen hochmodernen neuzeitlichen Stellplatz handelt, der in Servicegebäuden Waschmaschine, Wäschetrockner oder einige andere Serviceeinrichtungen anbietet, so führen wir diese ebenfalls auf. Wir gehen auch auf die Umgebungsgeräusche der Stellplätze ein. Wir sagen Ihnen, ob Sie in der Nacht mit Ruhe rechnen können oder ob es wahrscheinlich laut sein wird. Natürlich haben wir nicht auf allen Stellplätzen übernachtet, die wir beschrieben haben. Wir trauen uns aber aufgrund unserer langjährigen Erfahrung zu, die Lage einigermaßen richtig einschätzen zu können. Natürlich sagen wir Ihnen auch, ob der Stellplatz schattig ist oder nicht. Ist er schattig, so müssen Sie mit eingeschränktem Satellitenempfang rechnen. Die Entfernung von den Stellplätzen zu den jeweiligen Sehenswürdigkeiten der Stadt oder der Region ist in der Regel immer angegeben.

Wir nennen Ihnen alle Preise, die auf den Stellplätzen für die angebotenen Leistungen bezahlt werden müssen. In Deutschland ist es allgemein sehr sinnvoll, eine größere Menge an Münzen, insbesondere 50-Cent und 1-Euro-Münzen mitzuführen. Kartenzahlung für die Stellplatzgebühr, für die Wasserentnahme oder für die Entsorgung ist immer noch die Ausnahme. Wir haben die Preise so angegeben, wie wir sie im Jahre 2021 vor Ort vorgefunden haben.

Gern wird immer wieder in den Verkaufsprospekten der Wohnmobilhersteller das Fahrzeug am Meeresstrand oder am Seeufer mit freundlich und glücklich dreinblickenden Menschen gezeigt. Auch im Verlag galt und gilt immer noch das "freie Stehen" als das Nonplusultra des Wohnmobilurlaubs. Das ist im Allgäu allerdings ein Problem. Sie werden an vielerlei Orten Wanderparkplätze finden, wo dies nicht möglich ist. In den vom Tourismus stark frequentierten Bereichen gibt es etliche Wanderparkplätze, auf denen Sie mit Ihrem WOMO nicht einmal tagsüber parken dürfen.

WOMO-Badeplätze

Die WOMO-Badeplätze erscheinen in blauer Farbe. Auch hier unterscheiden wir zwischen offiziellen und inoffiziellen Plätzen. Stellplätze an Freibädern werden von uns nicht als Badeplätze definiert. In blauer Farbe erscheinen nur die Stellplätze an Badeseen, Flussbadestränden und Thermen. Die Beschreibungen folgen dem Schema der gelb-orangenen Kästen.

WOMO-Wanderparkplätze

Dies trifft auch für die Wanderparkplätze zu, die in grüner Farbe erscheinen. Hier ist zumeist davon auszugehen, dass eine Infrastruktur für Wohnmobile nicht vorhanden ist. Meistens sind es aber gute und vor allem kostenlose Übernachtungsplätze abseits der Durchgangsstraßen, wenn die Einsamkeit nicht stört.

WOMO-Campingplätze

Campingplätze, die in einem hellen Grün erscheinen, nehmen in diesem Buch einen breiten Raum ein. Die Ausstattungsmerkmale dieser Plätze sind in den Beschreibungen aufgeführt. Dies soll Ihnen die Wahl erleichtern, den für Sie passenden Ort zu finden. Wir haben aus Platzgründen nicht alle Campingplätze aufnehmen können. Aufgenommen haben wir nur die, die wir uns auch angeschaut haben. Nicht von allen zeigen wir ein Foto. Hier sind wir etwas zurückhaltender, weil wir nicht Personen ungefragt in diesem Buch abbilden möchten. Dort, wo ein aussagekräftiges Bild aus größerer Distanz möglich war, haben wir es berücksichtigt. Um Ihnen den Buchungsvorgang zu erleichtern, sind sowohl die Homepage als auch die Telefonnummer und E-Mail-Adresse des jeweiligen Campingplatzes aufgeführt.

WOMO-Gasthöfe/Bauernhöfe

Bleiben zum Schluss noch die Gasthöfe, die eine Übernachtung auf ihren Gästeparkplätzen zulassen. Fast immer werden diese Plätze kostenlos angeboten und es versteht sich eigentlich von selbst, dass dies mit der Einkehr in den jeweiligen Gasthof verbunden ist. Es ist gleichzeitig eine sehr gute Gelegenheit, die regionale Küche und die regionalen Biere kennenzulernen.

Sehenswürdigkeiten

Nicht alle Sehenswürdigkeiten haben wir ausführlich beschrieben. Vielfach haben wir es dabei belassen, sie nur stichwortartig aufzuführen. Wenn wir uns aber einer Sehenswürdigkeit ausführlicher gewidmet haben, so haben wir die Webseiten mit in den Text integriert. Wir gehen davon aus, dass heute jeder mit einem Smartphone unterwegs ist und sich deshalb schnell über die aktuellen Öffnungszeiten und Eintrittspreise informieren kann. Die ausführlichen Beschreibungen erscheinen in einem hellgelben Kasten.

Wanderungen und Radtouren

Etwas ausführlicher dargestellte Wanderungen und Radtouren erscheinen in einem grünen Kasten. Nicht immer verweisen wir dabei auf eine Wanderkarte. Häufig ist die Beschilderung vor Ort so gut, dass man auch ohne eine Wanderkarte zurechtkommt. Für die Orientierung vor Ort nutzen wir unser Smartphone und Google Maps. Damit kommt man in der Regel sehr gut aus. Wir verweisen vielfach auf Internetadressen, von denen Sie GPX-Daten für Ihr Wandernavigerät herunterladen können. Oft helfen auch schon die ebenfalls im Downloadbereich angebotenen Karten und Beschreibungen, die Ihnen eine Orientierung auf Ihren Wanderungen erleichtern.

Restaurants

Einen Gourmetführer haben wir nicht geschrieben. Eine Übersicht zu den Restaurantqualitäten unseres Reisegebietes können wir nicht liefern, dafür haben wir zu wenige aufgesucht. Wir erwähnen nur die Restaurants, die wir in guter Erinnerung haben und in denen wir auch selbst zugegen gewesen sind. Negative Restaurantkritiken werden Sie in diesem Buch nicht finden, das überlassen wir anderen. Für die Auswahl eines Restaurants gibt es mittlerweile sehr viele Tools und Bewertungsportale, die Sie online abrufen können.

Radarkontrollen

In unserem Buch über Baden-Württemberg haben wir vor der höchsten Blitzerdichte in Deutschland gewarnt. Mit der Intensität wie in Baden-Württemberg wird in Bayern nicht kontrolliert. Gleichwohl gibt es auch hier eine große Zahl fest installierter Radarstationen, vorzugsweise an Ortseingängen und Ortsausfahrten.

Landkarten und Navigation

Wir gehen davon aus, dass heute kaum mehr ein Wohnmobilfahrer ohne Navigationssystem unterwegs ist. Mit den GPS-Angaben und den Beschreibungen sowie den Tourenkarten in diesem Buch könnten Sie die Reise direkt starten. Auf die zeichnerische Qualität und Lagegenauigkeit der Tourenkarten in diesem Buch legen wir besonders großen Wert. Ich habe fast mein gesamtes Berufsleben damit verbracht, Autoreisebücher und Atlanten zu erstellen.

Alle Karten sind genordet. Wo dies nicht der Fall ist, zeigt ein Nordpfeil die Himmelsrichtung an. Die Kilometerleiste dient der Abschätzung der zu fahrenden Distanzen. Alle 11 Übersichtskarten haben denselben Maßstab. Für die optimale Orientierung in den Städten haben wir Stadtpläne eingefügt, um die Beschreibungen in den Texten besser nachvollziehen zu können.

Es fehlt allerdings der Überblick über das gesamte Reisegebiet, deshalb halten wir es für sinnvoll, eine Reisekarte mitzuführen. Im Shop des Verlages finden Sie eine Auswahl an Landkarten. Sie erscheinen uns nach wie vor notwendig, insbesondere dann, wenn Vollsperrungen dazu führen, dass ein anderer Weg gewählt werden muss. Natürlich berücksichtigen die neuen Navigationssysteme auch Vollsperrungen auf Bundes- und Landesstraßen sowie Autobahnen und schwenken automatisch auf neue Routen um. Dies funktioniert jedoch nicht immer, besonders dann nicht, wenn es sich um kurzfristige Sperrungen handelt oder die Straßen zur untersten Kategorie gehören.

Dieselfahrverbote

Über den Sinn oder Unsinn der Fahrverbote lässt sich trefflich streiten, nur werden wir das in diesem Buch nicht tun. Dafür gibt es genug Foren, in denen ein reger Austausch stattfindet. Dort, wo wir in der Wahl des Weges durch die Fahrverbote auf einzelnen Straßen oder gar flächenhaft eingeschränkt werden, weisen wir in den Stadtplänen oder Karten darauf hin und zeigen Alternativen auf. Ohne grüne Plakette dürfen Sie vielfach in keinen Ort mehr hinein.

Aktualität und Resonanz der Leser

Ein gedrucktes Buch verliert im Laufe der Zeit seine Aktualität. Stellplätze kommen hinzu oder werden geschlossen, die Preise und Öffnungszeiten verändern sich, Straßen werden verlegt oder in Ihrer Nummerierung geändert. Sobald wir von wesentlichen Veränderungen in unserem Reisegebiet erfahren, teilen wir dies in dem Forum des WOMO-Verlages mit. Schauen Sie hier www.forum.womoverlag.de nach, bevor Sie sich mit diesem Buch auf die Reise begeben, ob es zwischenzeitlich Veränderungen oder Aktualisierungen zu diesem Buch gegeben hat.
Sollten Ihnen bei der Nutzung dieses Buches Fehler auffallen oder sollten Sie feststellen, dass getroffene Aussagen in diesem Buch nicht mehr aktuell sind, so teilen Sie uns das bitte mit. Am liebsten ist uns eine E-Mail, die Sie an diese Adresse senden können: newe@womo.de.
Erstaunlicherweise bekommen wir von unseren Lesern recht wenig Resonanz. Nicht gemeckert ist gelobt genug, sagt der Schwabe. Ob diese Sichtweise so zutrifft, wissen wir nicht. Hinweise auf Fehler in unseren Büchern sind sehr selten. Das ist natürlich schön, noch schöner ist es, wenn ein positives Feedback kommt, so wie sie bei unserem Buch über die französischen Alpen in den Amazon-Rezensionen zu lesen sind.
Wie auch immer, trauen Sie sich, uns eine kurze Notiz zu schreiben, und teilen Sie uns mit, wie Sie mit diesem Buch zurechtgekommen sind, ob Veränderungen vorgenommen werden sollten oder was Sie besser machen würden. Wir werden es für die nächste Auflage berücksichtigen.
Für Ihre Mühe danken wir, wollen es nun mit dieser Gebrauchsanleitung belassen und endlich die Reise starten.

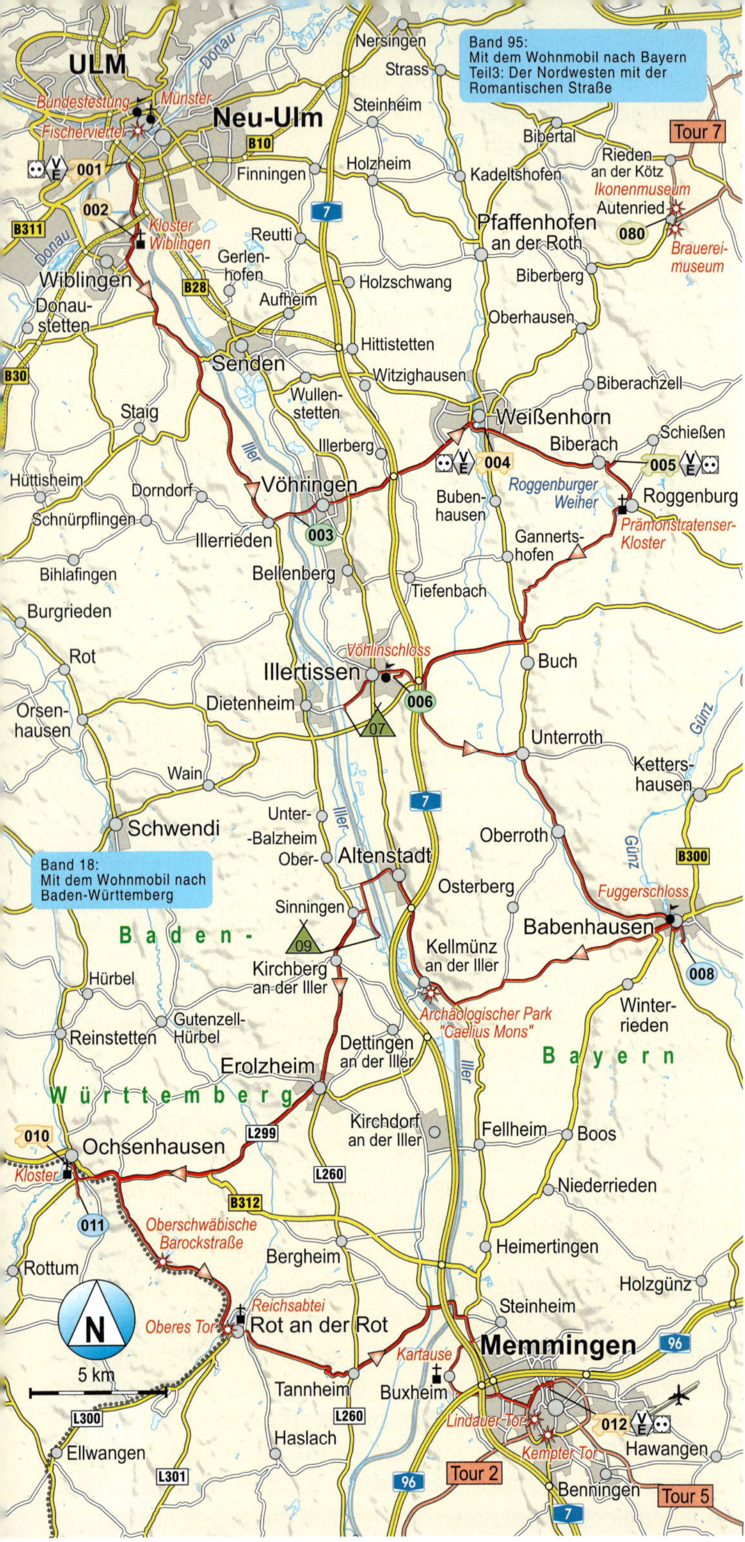
Band 95:
Mit dem Wohnmobil nach Bayern
Teil3: Der Nordwesten mit der
Romantischen Straße
Band 18:
Mit dem Wohnmobil nach
Baden-Württemberg
ULM
Neu-Ulm
Bundesfestung
Münster
Fischerviertel
Donau
Nersingen
Strass
Steinheim
Bibertal
Tour 7
Rieden an der Kötz
Ikonenmuseum
Autenried
080
Brauerei-museum
Holzheim
Kadeltshofen
Finningen
B10
001
002
B311
Kloster Wiblingen
Reutti
Pfaffenhofen an der Roth
Gerlenhofen
Wiblingen
B28
Holzschwang
Biberberg
Aufheim
Donaustetten
Oberhausen
Hittistetten
B30
Senden
Witzighausen
Biberachzell
Wullenstetten
Staig
Weißenhorn
Illerberg
Schießen
Biberach
004
005
Iller
Hüttisheim
Vöhringen
Bubenhausen
Roggenburger Weiher
Roggenburg
Dorndorf
Schnürpflingen
Illerrieden
003
Prämonstratenser-Kloster
Gannertshofen
Bihlafingen
Bellenberg
Tiefenbach
Burgrieden
Vöhlinschloss
Buch
Rot
Illertissen
006
Orsenhausen
Dietenheim
07
Unterroth
Günz
Kettershausen
Wain
7
Unter-Balzheim
Ober-
Schwendi
Altenstadt
Oberroth
B300
Osterberg
Fuggerschloss
Sinningen
Babenhausen
Baden-
09
Kirchberg an der Iller
Kellmünz an der Iller
008
Hürbel
Archäologischer Park "Caelius Mons"
Winterrieden
Gutenzell-Hürbel
Reinstetten
Dettingen an der Iller
Erolzheim
Bayern
Württemberg
010
L299
Kirchdorf an der Iller
Fellheim
Boos
Ochsenhausen
Kloster
L260
Niederrieden
B312
011
Oberschwäbische Barockstraße
Heimertingen
Bergheim
Rottum
Holzgünz
Reichsabtei
Steinheim
Oberes Tor
Rot an der Rot
Memmingen
96
5 km
Kartause
Tannheim
Buxheim
L300
Lindauer Tor
012
L260
Haslach
Kempter Tor
Hawangen
Ellwangen
Tour 2
L301
Benningen
Tour 5

TOUR 1 (ca. 160 km)

Ulm – Neu-Ulm – Wiblingen – Vöhringen – Weißenhorn – Biberach – Roggenburg – Illertissen – Babenhausen – Kellmünz an der Iller – Kirchberg an der Iller – Ochsenhausen – Rot an der Rot – Buxheim – Memmingen

Stellplätze:	Neu-Ulm, Wiblingen, Vöhringen, Weißenhorn, Biberach, Illertissen, Babenhausen, Ochsenhausen, Memmingen.
Campingplätze:	Illertissen, Kirchberg an der Iller.
Besichtigungen:	Ulm (Fischerviertel, Münster, Bundesfestung), Wiblingen (Kloster), Weißenhorn (Altstadt), Roggenburg (Prämonstratenser-Kloster), Illertissen (Vöhlinschloss), Babenhausen (Fuggerschloss), Ochsenhausen (Kloster, Museumsbahn, Waschfrauenmuseum), Rot an der Rot (Reichsabtei, Oberes Tor), Buxheim (Kartause), Memmingen (Altstadt mit Stadttoren).
Wandern/Radtour:	Ausflüge auf dem Iller-Radweg.
Baden/Wellness:	Neu-Ulm (Donaubad), Babenhausen (Badesee), Kirchberg an der Iller (Badesee), Ochsenhausen (Badesee).

In dieser ersten Tour pendeln wir entlang der Iller gen Süden. Mit Ulm werden wir beginnen. Es ist eine Stadt in Baden-Württemberg, die mit ihrer Nachbarstadt auf der bayerischen Seite eine Vielzahl an Sehenswürdigkeiten aufzuweisen hat und auf eine lange Geschichte zurückblicken kann. Diese beiden Städte an der Donau bilden den Auftakt zu einer Reise, die uns zu einigen Schlössern, Klöstern und Badeseen führen wird. Aber auch Touren auf dem Iller-Radweg und eine kleine Tour entlang der Biber von Biberach nach Roggenburg haben wir für die Pedalritter auf dem Programm und für die Freunde der Museumsbahnen steht mit dem "Öchsle" eine besondere historische Eisenbahn auf unserem selbst komponierten Auftragszettel. Enden lassen wir dieses Kapitel in Memmingen, einem Ort mit einer malerischen Altstadt.

Beginnen wir mit Ulm, dessen relativ neuen Stellplatz in Neu-Ulm Sie auf der nächsten Seite beschrieben finden. Der alte Stellplatz am Donaustadion, den Sie mit diesen Koordinaten [GPS: N48°24'23.9" E10°00'32.9"] in der Wielandstraße erreichen, können Sie für eine Stadtbesichtigung nutzen, wenn Sie mit einem Kastenwagen unterwegs sind. Eng ist es auf diesem Gelände. Es empfiehlt sich nicht, diesen kostenlosen Parkplatz mit einem größeren Fahrzeug anzufahren.

(001) Offizieller WOMO-Stellplatz: Donaubad Ulm / Neu-Ulm

GPS: N48°23'00.6" E9°59'10.5"; Öschweg 6, 89231 Neu-Ulm.
Max. WOMOs: 49, maximale Länge 15 m, max. Aufenthalt 5 Tage.
Ausstattung: Frischwasserversorgung, Abwasserentsorgung mit Bodeneinlass, Kassettenentleerung, Stromanschlüsse, Behälter für die Müllentsorgung, WLAN, Brötchenservice. Duschen, WCs im Erlebnisbad bzw. Eissportstadion. Der Platz ist ganzjährig geöffnet.

Beschreibung: Großzügig angelegte, geschotterte schattenlose Stellflächen mit Grünstreifen im Überflutungsgebiet neben dem Donaubad und weiteren Sportanlagen. Bei voller Belegung darf auf die Pkw-Plätze ausgewichen werden. Die Stellplatzgebühren sind auch für diesen Platz zu zahlen. Die Ver- und Entsorgungsanlage lässt sich sehr gut anfahren und selbst dann nutzen, wenn keine Übernachtung an diesem Ort geplant ist. Es gibt einen großen Übersichtsplan am Platz sowie viele kostenlose Flyer mit Gastrotipps, Radtourvorschlägen und kompakten Informationen über Ulm und Neu-Ulm. Über das Angebot des Donaubades informiert diese Seite www.donaubad.de.
Bis zum Fischerviertel sind es zu Fuß rund 1,5 km, bis zum Münster rund 2 km. Eine Bushaltestelle ist 200 Meter vom Stellplatz entfernt.
Preise: 12,00 € für den Standardstellplatz bis 10 m Länge, 15,00 € für den XL-Platz bis 15 m Länge, Frischwasser 0,10 € (10 Liter), Strom 0,50 € pro kWh. Abwasserentsorgung und Entleerung der Bordtoilette sind kostenfrei. Den Parkschein gibt es am Kassenautomaten.
Zufahrt: Von der A7 über die Abfahrt Nersingen (121) auf die B10 in Richtung Ulm fahren. Der Bundesstraße bis zum Ende in einem Kreisverkehr folgen (ca. 9 km), dort die zweite Ausfahrt nehmen und nach 400 Metern links abbiegen.

Spaziergänge durch Ulm und Neu-Ulm

Zwei Spaziergänge wollen wir durch Ulm machen. Einen kurzen zu den bekanntesten Highlights, dem Münster und dem Fischerviertel und einen sehr viel längeren zu einigen Gebäuden der Bundesfestung, die den meisten Besuchern der Stadt weniger bekannt sind.

Vom Stellplatz am Donaubad geht es los. Der Weg zur Donau wird auf der großen Übersichtstafel am Platz angezeigt und auf der folgenden Doppelseite finden Sie ihn mit einer grün gepunkteten Linie markiert.

Es geht hinunter an den Fluss, dann unter der Adenauerbrücke hindurch, danach über die Donau und dann weiter Richtung Innenstadt. Wir sehen sogleich den Oberen Donauturm, auch Werk XXVIII genannt. Es ist ein Bauwerk der Bundesfestung, mit der wir uns später noch etwas eingehender beschäftigen wollen. Kaum sichtbar ist die **Obere Donaubastion**, an der wir nah vorbeigegangen sind. Gesträuch und Bahndamm versperren die Sicht auf das Gebäude. Es ist ein weiteres Bauwerk der Bundesfestung, das heute als "Weinbasti-

Schiefes Haus, laut Guinnessbuch der Rekorde das schiefste Hotel der Welt.

on" genutzt wird. Hier können Sie sich mit Wein aus aller Herren Länder eindecken. Die Auswahl ist riesig. Nach eigenen Angaben sind über 2000 verschiedene Weine und über 250 verschiedene Whiskys im Angebot.

Im Gerberviertel.

Nächste Station auf dem Spaziergang ist die Bastion Lauseck, an der wir abbiegen, um in das nah gelegene Gerber- und Fischerviertel zu gelangen. Es befindet sich an der Mündung der Blau in die Donau. Es ist eine idyllische Ecke und das bedeutendste Altstadtensemble der Münsterstadt. Vom bestialischen Gestank der Fischverarbeitung und Lederherstellung ist nichts mehr zu spüren. Sauber fließt das Wasser der Blau durch das Viertel. Das Flüsschen wird von schmalen Brücken überspannt und in dem Gewirr der Gassen finden sich alte malerische Fachwerkhäuser, in denen kleine Restaurants, Cafés und Galerien den Besuchern ihren Service anbieten. Im **Schiefen Haus** ist sogar ein Hotel untergebracht. Ein außergewöhnliches Gebäude, in dem der Gleichgewichtssinn schon mal durcheinanderkommen kann.

Das Fischer- und Gerberviertel findet an der mittelalterlichen Stadtmauer an der Donau sein Ende. Die aus roten Klinkersteinen bestehende Mauer ist begehbar und heute ein beliebter Spazierweg. Auf diesem Weg gelangen wir zu dem etwas schief stehenden, 36 Meter

Ulm und Neu-Ulm

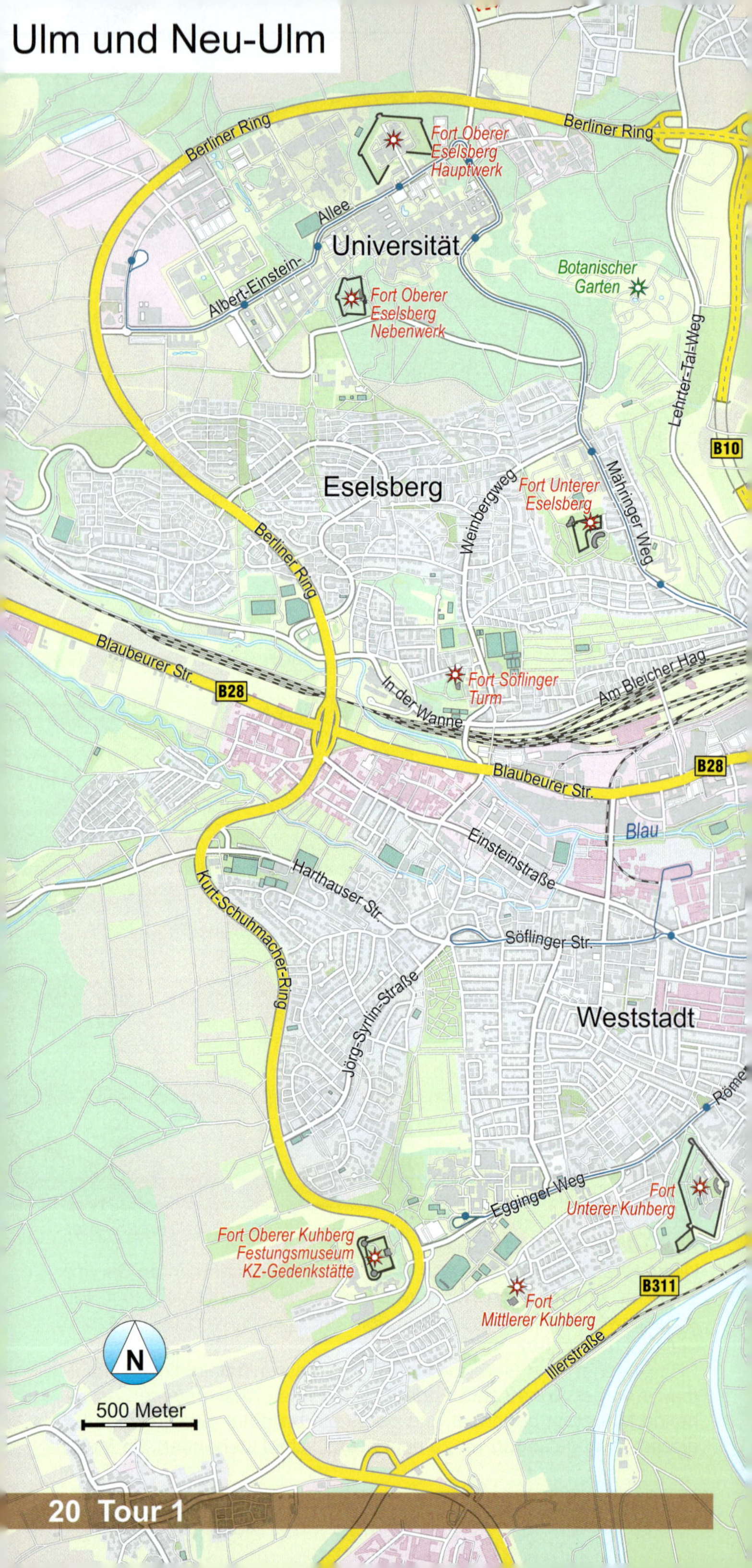

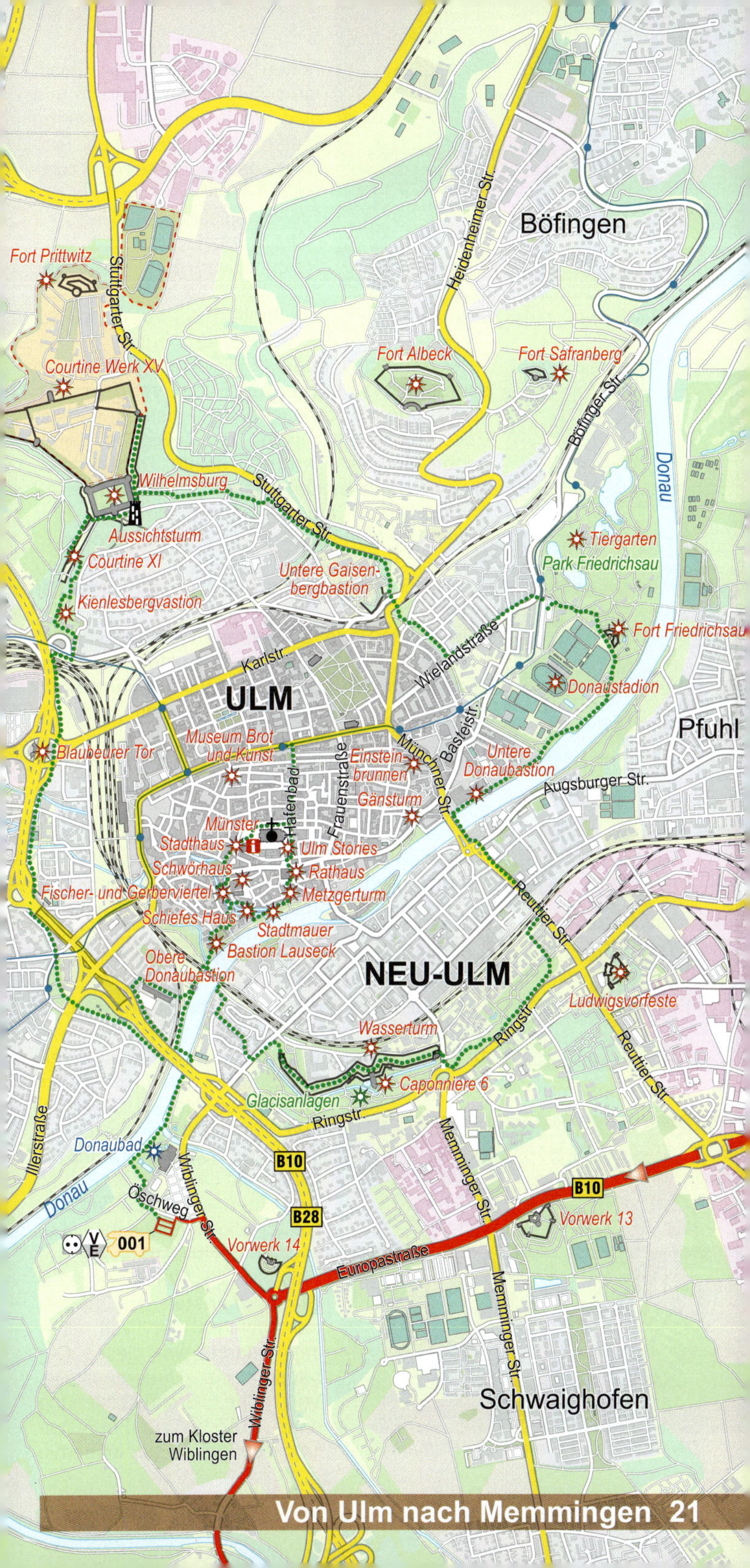
Böfingen
Fort Prittwitz
Stuttgarter Str.
Heidenheimer Str.
Courtine Werk XV
Fort Albeck
Fort Safranberg
Böfinger Str.
Donau
Wilhelmsburg
Stuttgarter Str.
Aussichtsturm
Tiergarten
Courtine XI
Park Friedrichsau
Untere Gaisenbergbastion
Kienlesbergvastion
Fort Friedrichsau
Karlstr.
Wielandstraße
ULM
Donaustadion
Pfuhl
Museum Brot und Kunst
Blaubeurer Tor
Frauenstraße
Einsteinbrunnen
Basteistr.
Untere Donaubastion
Hafenbad
Münchner Str.
Augsburger Str.
Gänsturm
Münster
Stadthaus
Ulm Stories
Schwörhaus
Rathaus
Fischer- und Gerberviertel
Metzgerturm
Schiefes Haus
Reuttier Str.
Stadtmauer
Bastion Lauseck
Obere Donaubastion
NEU-ULM
Ludwigsvorfeste
Wasserturm
Ringstr.
Caponniere 6
Glacisanlagen
Ringstr.
Reuttier Str.
Donaubad
Illerstraße
B10
Memminger Str.
B10
Donau
Öschweg
Wiblinger Str.
B28
Vorwerk 13
001
Vorwerk 14
Europastraße
Memminger Str.
Wiblinger Str.
Schwaighofen
zum Kloster Wiblingen

Die Stadtmauer in der Nähe des Metzgerturmes.

hohen **Metzgerturm**. Durch ihn schlüpfen wir hindurch und sind nach wenigen weiteren Metern am historischen Rathaus, das durch seine prachtvolle Außenbemalung aus der Frührenaissance auffällt.

Der Metzgerturm hat eine Neigung von 3,3°, steht also nicht ganz so schief wie der berühmte Turm von Pisa, der es auf fast 4° bringt.

Der Metzgerturm.

Der Sage nach geriet er in Schieflage, weil sich stark beleibte Metzger aus Furcht vor dem Zorn des Bürgermeisters in der Turmstube in eine Ecke drückten und damit das Gewicht so verlagerten, das der Turm sich neigte. Dabei hatten sie nach zahlreichen Missernten und Produktionsausfällen in der Region nur die Preise ihrer Waren der Marktsituation angepasst, würde man heute sagen. Nun, die Preiserhöhungen haben sie zurückgenommen, schief blieb der Turm aber trotzdem.

Eine nette Sage. Die profane Wahrheit ist aber: Unterschiedliche Fundamentstrukturen führten in dem weichen Untergrund zu ungleichmäßigen Absenkungen. Mit verpresstem Beton wurde die weitere Neigung gestoppt.

Kommen wir zum **Rathaus**: Die Bemalung war nicht nur als Fassadenschmuck gedacht, sondern sollte auch eine erzieherische Wirkung haben. Auf der Ostseite des Rathauses wird anhand von biblischen Beispielen auf "Göttliche Weisheit", "Gerechtigkeit", "Liebe" und anderes mehr hingewiesen. Die Nordseite zeigt Themen aus der römischen Sagenwelt und behandelt unter anderem die "Kriegsehrbarkeit", "männliche Kühnheit" und "Gehorsam".

Mit der **Astronomischen Uhr** ist an der Ostfassade eine technische Besonderheit aus dem 16. Jahrhundert zu bewundern. Sie ist von verwirrender Komplexität und mit einem Blick nicht zu erfassen. Um sie zu verstehen, empfehlen wir die Lektüre dieser Seite www.astrouhr.telebus.de.

Die Astronomische Uhr am Rathaus.

Kommen wir nun zu dem absoluten Highlight und meist besuchten Ort in Ulm.

Mit 161,53 Metern hat das **Ulmer Münster** den höchsten Kirchturm der Welt. Über Jahrhunderte war dieses Gebäude eine Dauerbaustelle. Von der Grundsteinlegung anno 1377 bis zur Fertigstellung 1890 vergingen immerhin

Das Rathaus mit prachtvoller Außenbemalung aus der Frührenaissance.

513 Jahre. Das wird nur noch vom Bau des Kölner Domes getoppt, der 632 Jahre in Anspruch nahm. Aber auch heute klebt an irgendeinem Gebäudeteil immer ein Gerüst, denn der Zahn der Zeit verschont die aus Naturstein bestehenden Fassadenelemente nicht. Ständig wird an irgendeiner Stelle saniert und restauriert. Dies ist bei anderen Bauwerken dieser Art nicht anders. Da die Instandhaltung des Münsters Unsummen verschlingt, wird für die Besteigung des Turmes ein Eintritt von 5,00 € pro Erwachsenem verlangt. Die Eintrittsgelder werden für die Sanierungsarbeiten verwendet. Sie tun der Kirche also etwas Gutes, wenn Sie die 768 Stufen hinaufgehen. Von der Aussichtsplattform in 143 Metern Höhe haben Sie natürlich einen fantastischen Blick auf Ulm und um Ulm herum, um diesen bekannten Spruch auch einmal unterzubringen.

Für kreislaufgeplagte Menschen ist der Aufstieg in dem engen Treppenhaus natürlich nichts. Sie können aber trotzdem den Rundumblick genießen und das zu jeder Tages- und Nachtzeit, indem Sie sich eine kostenlose App auf Ihr Smartphone oder Tablet la-

Das Ulmer Münster.

Im Ulmer Münster.

den. Suchen Sie dazu in Ihrem Appstore nach **Ulm Stories** und installieren Sie diese auf Ihrem Gerät. Diese App hat einen weiteren Vorteil, denn sie fungiert bei entsprechender Einstellung auch als virtueller Reiseführer bei dem Besuch des Kirchenschiffes. Ohne dass Sie noch etwas Weiteres tun müssen, erfahren Sie je nach Standort etwas über den Erzengel im Münster, das doppelte Münsterwunder, das Weltgericht oder das Chorgestühl. Wenn Sie also durch die Kirche gehen und viele Besucher ihr Smartphone am Ohr oder den berühmten Knopf im Ohr haben, dann hören diese vermutlich nicht irgendeinen Popsong, sondern lauschen den Ausführungen an einer der 11 Stationen. Eine ganz faszinierende App, wir können sie nur empfehlen.

Da wir gerade bei der schönen neuen Technik sind, haben wir noch einen Tipp. Gehen Sie doch noch hinter das Münster und suchen am Georgsbrunnen das Haus **"Der Traum vom Fliegen · m25 #ulmstories · Geschichten einer Stadt"** auf. Hier können Sie in den **Ganzkörper-Flugsimulator Birdly®** einsteigen und durch Ihre eigenen Bewegungen einen Flug durch die Ulmer Altstadt von 1890 unternehmen. Wie das funktioniert, erfahren Sie auf dieser Seite www.ulm.de/tourismus/m25/birdly-m25. Auf dieser Seite finden Sie auch die Öffnungszeiten und Eintrittspreise.

Mit der Ankunft am Münster ist unser kleiner Spaziergang beendet. Wenn Sie es gemütlich angehen lassen, sind Sie mit all den aufgezählten Sehenswürdigkeiten einen ganzen Tag beschäftigt. Wir haben noch etliches ausgelassen. Zum Beispiel haben wir nichts über den Schneider von Ulm gesagt, dem der Berblinger Turm an der Donau gewidmet ist, nichts über Albert Einstein, der in Ulm geboren wurde, und auch nichts über die Ulmer Spatzen. Ulm vollständig zu beschreiben, würde dieses Buch sprengen. Wir bleiben bei den Highlights und gehen nun zum zweiten Spaziergang über, der ein wenig mehr Kondition erfordert.

Bundesfestung Ulm

Hier geht es vor allem um einen Festungsgürtel, dessen zahlreiche Gebäude in Ulm und in Neu-Ulm in Form von **Forts, Courtinen, Bastionen** und **Caponnieren** anzutreffen sind. Um dem Besucher diese Anlagen näherzubringen, wurde ein **Festungsweg** angelegt. Er ist 12,5 Kilometer lang und sehr gut ausgeschildert. Auf unserem Stadtplan haben wir diesen Weg übernommen. Einzige Abweichung: Start und Zielpunkt ist bei uns der Stellplatz. Mit dem Weg sind nicht alle Festungsbauwerke erschlossen, bei Weitem nicht. Es gibt etliche Bastionen und Forts, die so weit auseinanderliegen, dass sie mit einem Spaziergang nicht verbunden werden können. Auf dem Stadtplan finden Sie diese aber verzeichnet. Sie erfüllen heute die unterschiedlichsten Funktionen. Sie sind teilweise in die Universität integriert, dienen schulischen Zwecken, fun-

Blick vom Aussichtsturm auf den Gebäudekomplex der Wilhelmsburg.

gieren als Theaterwerkstätten, als Museen und das Fort Oberer Kuhberg auch als KZ-Gedenkstätte, war es doch im dunkelsten Kapitel unserer Geschichte als **"Württembergisches Schutzhaftlager Ulm/Donau"** eines der ersten KZs 1933. Politisch Verfolgte waren in den feuchten Kasematten des Forts inhaftiert. Bekanntester Häftling war **Kurt Schumacher** (*1895; †1952), 1946 bis 1952 Parteivorsitzender der SPD und einer der Gründerväter der Bundesrepublik Deutschland. Mehr zu der Gedenkstätte finden Sie hier https://dzok-ulm.de.

Zurück zur Gesamtanlage der Bundesfestung. Warum in aller Welt steht mitten im süddeutschen Raum so eine große Festungsanlage und wieso ist sie noch so gut erhalten? Um das zu verstehen, ist ein kleiner Blick in die Geschichte notwendig.

Caponiere in den Glacisanlagen.

Napoleon wurde bekanntlich 1815 in Waterloo endgültig besiegt und in die Verbannung geschickt. Die Herrscher der Länder Europas bzw. deren Gesandten setzten sich im **Wiener Kongress** unter Fürst Metternich zusammen und ordneten den Kontinent neu. Ziel war es, zwischen den europäischen Großmächten einen Ausgleich zu schaffen, um ein friedliches Gleichgewicht herzustellen. Grenzverschiebungen von erheblichem Umfang fanden statt. So wurde unter anderem Franken dem Königreich Bayern zugeschlagen, Mömpelgard (Montbéliard), das von 1397 bis 1796 zu Württemberg gehörte, kam endgültig zu Frankreich, Preußen bekam die Rheinprovinz, um nur einige Beispiele zu nennen. Was nicht stattfand, war die Bildung eines Nationalstaates Deutschland. Es blieb beim **Deutschen Bund**, einem Zusammenschluss von 35 deutschen Einzelstaaten und den freien Städten Frankfurt, Hamburg, Bremen und Lübeck. Die Schwergewichte in diesem Bund waren Preußen und Österreich, das allerdings nur zu einem Teil seines Herrschaftsgebietes im Bund vertreten war.

Jeder Einzelstaat war darauf bedacht, möglichst viel an Macht zu behalten und wenn möglich das eigene Territorium zu vergrößern. Jeder verfolgte seine eigenen Interessen. Nur bei der Landesverteidigung war man bereit zusammenzuarbeiten. Frankreich wurde damals immer noch als dominierende Militärmacht von den Staaten des Deutschen Bundes auch nach 1815 wahrgenommen. Für weitere militärische Auseinandersetzungen wollte man gewappnet sein und beschloss, die Grenze zu Frankreich mit Verteidigungsbauwerken abzusichern. In Luxemburg, Mainz, Landau und Rastatt wurden Festungen angelegt.

Ulm wurde in erster Linie auf Drängen Österreichs zu einer Festung ausgebaut, glaubte man doch, hier an der Handelsstraße zwischen Paris und Wien mögliche französische Truppen aufhalten zu können und einen Rückzugsraum zu bieten für die Soldaten des Deutschen Bundes, wenn sie im Kriegsfall die Verteidigungsanlagen in Rastatt und Landau hätten aufgeben müssen. Deshalb wurde die Festung auch so groß angelegt. Im Ernstfall sollte sie 100 000 Soldaten Schutz bieten. Der Bau dieser Anlage war ein Mammutprojekt, das für die Stadt Ulm vielerlei wirtschaftliche Vorteile mit sich brachte. Mit dem Bau der **Wilhelmsburg**, dem Hauptgebäude der Festungsanlage auf dem **Michelsberg**, wurde 1842 begonnen. Bis zu 8000 Arbeiter waren in den Jahren von 1842 bis 1859 damit beschäftigt, die Festung zu errichten. Ingenieurtechnisch und logistisch eine Meisterleistung dieser Zeit. Einer Bewährungsprobe war die Festung zu keiner Zeit ausgesetzt, Sie wurde nie angegriffen, was die Vollständigkeit und den relativ guten Zustand dieser Gebäude erklärt. Zwar wurden einzelne Teile für Stadterweiterungs- und Ausbaumaßnahmen abgerissen, aber in der Gesamtschau ist dies eine einmalige Anlage in Deutschland, die es wert ist, als historisches Monument erhalten zu werden. Darum kümmert sich der Förderkreis Bundesfestung Ulm. Über die homepage www.festung-ulm.de dieses Vereins erhalten Sie sehr viele Detailinformationen und erfahren auch alles Notwendige über Führungen und Öffnungszeiten. Von außen sind die Anlagen natürlich zu jeder Zeit zu betrachten. Dazu gehören auch die **Glacisanlagen** in Neu-Ulm, eine Kombination aus Grünanlage und ehemaligem Verteidigungswerk.

Kloster Wiblingen.

Mit dem Ende des Deutschen Bundes 1866 hatte die Festung die ihr zugedachte militärische Bedeutung wieder verloren. Grund für das Ende des Bundes war der dreimonatige **Deutsche Krieg** (1866), in der die Rivalität von Österreich und Preußen militärisch ausgetragen wurde, die bekanntlich in der Schlacht bei Königgrätz zugunsten von Preußen entschieden wurde. Auch wenn es spannend ist, sich mit der deutschen Geschichte in den vergangenen Jahrhunderten zu beschäftigen, wollen wir an dieser Stelle damit aufhören. Wenn Sie die Festung besuchen, werden Sie tiefer in die Historie eintauchen können. Wir gehen jetzt einige Kilometer weiter nach Süden und wollen uns kurz mit einem Kloster beschäftigen, das im Ulmer Stadtteil Wiblingen liegt.

Kloster Wiblingen

Das Kloster Wiblingen ist eine ehemalige Benediktinerabtei. Sie wurde von den Grafen Hartmann und Otto von Kirchberg 1093 gegründet und bestand bis zur Säkularisation im Jahre 1806.

Auf dem Gelände wurden im Laufe der Jahrhunderte mehrere Gebäude errichtet, wieder abgerissen oder durch Feuer vernichtet. Mit dem Bau der monumentalen Anlage, die heute zu sehen ist, wurde im frühen 18. Jahrhundert begonnen. Streng symmetrisch wurde der Grundriss festgelegt. Vorbild war die Palast- und Klosteranlage San Lorenzo de El Escorial in der Nähe von Madrid. Vollendet wurde die Anlage nicht. Von den beiden geplanten mehrgeschossigen hohen Kirchtürmen sind nur die Stümpfe gebaut worden. Sie stehen links und rechts des Einganges leicht abgewinkelt zum Kirchenschiff. Damit blieb die gesamte Fassade der Kirche unvollständig. Auch der Kirchenraum, der mit 72 Metern Länge und 27 Metern Breite eine beeindruckende Größe erreicht, wurde nicht vollendet. Zum Bau einer großen Orgel kam es infolge der Säkularisation nicht mehr. Sie wurde erst durch eine Initiative des Orgelfördervereins Basilika Ulm-Wiblingen 2021 auf der Westempore errichtet. Erst jetzt, 200 Jahre nach dem Baubeginn der Kirche, ist es möglich, die außergewöhnliche Akustik des Kirchenschiffes mit Orgelkonzerten zu nutzen. Damit wurde der helle Kirchenraum mit den faszinierenden Deckenfresken stark zeitverzögert vollendet.

Der Bibliothekssaal, ein Meisterwerk des Rokoko.

Blick in die Klosterkirche.

Nach der Säkularisation wurden Teile der Klosteranlage als Schloss und Kaserne verwendet. Die Anlage war auch ein Element der Bundesfestung. Nach dem Zweiten Weltkrieg wurden hier Flüchtlinge untergebracht und Handwerker nutzten die Räumlichkeiten für die Gründung und den Aufbau neuer Betriebe.

Neben der frei zugänglichen Kirche sollten Sie den Besuch des Bibliothekssaales nicht versäumen. Er ist ein Meisterwerk des Rokoko, das Sie allerdings nur im Rahmen einer Führung anschauen können. Der Saal erstreckt sich über zwei Geschosse und hat eine Länge von 23 und ein Breite von fast 12 Metern. In dem hohen Raum ist eine umlaufende Galerie eingerichtet, die durch versteckt angeordnete Wendeltreppen erreicht werden kann.

Über die Öffnungszeiten und Führungen informiert diese Seite www.kloster-wiblingen.de.

Das Kloster Wiblingen ist vom Stellplatz in Neu-Ulm 2,5 Kilometer entfernt. Sie erreichen den Parkplatz der Anlage mit diesen Koordinaten [**002:** N48°21'47.8" E9°59'24.0"]. Er ist eben, kostenlos, relativ groß und teilweise schattig.

Von Wiblingen fahren wir entlang der Iller nach Süden in Richtung **Vöhringen**. Nächstes Ziel ist ein Wanderparkplatz, den wir mit diesen Angaben **[003:** N48°16'23.9" E10°03'52.6"] bequem erreichen.

Der Platz hat mehrere Vorteile. Er befindet sich direkt am Iller-Radweg. In die eine oder andere Richtung eine Radtour entlang des Flusses zu starten, ist damit sehr einfach. Nach Ulm sind es 18 Kilometer, nach Memmingen 38. Fast immer geht es direkt am Fluss entlang. Die Strecken sind topfeben und sehr gut zu fahren.

Wanderparkplatz an der Iller bei Vöhringen.

Nach durchgeschwitzter Radrunde gewährt der nebenliegende Badesee "Grüne Lunge" eine angenehme Erfrischung. Nach dem kühlen Bad bietet sich ein Gang zum **Griaswirt** im Schützenheim an, der nur 200 Meter entfernt auf der anderen Straßenseite zu finden ist. Die Speisekarte können Sie hier www.zumgriaswirt-schuetzenheim-voehringen.de einsehen.

Auf dem Iller-Radweg in Richtung Memmingen.

Einziges Manko dieses Ortes ist die Hochspannungsleitung, die den Parkplatz und den Baggersee kreuzt. Das hat uns gestört.

Baggersee am Wanderparkplatz.

Da Vöhringen als Stadt keine außergewöhnlichen Sehenswürdigkeiten aufzuweisen hat, machen wir uns nun mit dem WOMO auf den Weg nach **Weißenhorn**. Keine 20 Minuten benötigen wir, um den Stellplatz in der Fuggerstadt, die sich selbst gern als "Perle unter den schwäbischen Kleinstädten" bezeichnet, zu erreichen.

(004) Offizieller WOMO-Stellplatz: Weißenhorn – Parkplatz Süd P3

GPS: N48°18'00.1" E10°09'36.5", (505m); Jahnweg, 89264 Weißenhorn.
Max. WOMOs: 4, maximale Länge 8 m, max. Aufenthalt 5 Tage.

Ausstattung: Frischwasserversorgung, Abwasserentsorgung mit Bodeneinlass, Kassettenentleerung, Stromanschlüsse, Behälter für die Müllentsorgung, Tisch und Bänke, ganzjährig geöffnet.
Beschreibung: Halbschattige Stellflächen auf Pflastersteinen am Rande eines Pkw-Parkplatzes im Süden der Stadt. Bis in die Altstadt sind es rund 700 Meter, das Freibad ist 500 Meter entfernt.
Preise: Gebührenfrei, Frischwasser kostet 1,00 € (ca. 100 Liter). Die Entsorgung ist kostenlos, Strom gibt es für 0,50 € pro kWh.
Zufahrt: Aus Vöhringen kommend im ersten Kreisverkehr die erste Ausfahrt nehmen und im nächsten Kreisel die vierte, danach links abbiegen und der Parkplatz ist erreicht.

Das Obere Tor in Weißenhorn.

Vom Stellplatz bis zum **Oberen Tor** sind es zu Fuß nur rund 600 Meter. Es ist der malerische Hauptzugang zur mittelalterlichen Altstadt. Gleich nach dem Durchschreiten des Tores aus dem 15. Jahrhundert geht es am Alten Rathaus vorbei auf den Kirchplatz. Hier fällt die **Stadtpfarrkirche Mariä Himmelfahrt** auf, die 1869 nach vierjähriger Bauzeit im neuromanischen Stil fertiggestellt wurde.

Der Kirchplatz geht in den Schlossplatz über, an dessen südlichem Ende zwei Schlösser stehen. Wobei Schlösser reichlich übertrieben klingt. Es sind Herrschaftshäuser. Das **Alte Schloss** wurde in der zweiten Hälfte des 15. Jahrhunderts errichtet, das **Neue Schloss** zu Beginn des 16. Jahrhunderts. Bauherr war Jakob Fugger. Heute wird es als Rathaus genutzt.

Altes und Neues Schloss, rechts daneben das Barfüßer Brauhaus.

Das **Barfüßer Brauhaus** befindet sich an der Nordflanke des Schlossplatzes. Es ist eines der Brauhäuser, in denen Sie dem Braumeister bei seiner Arbeit zuschauen können, denn die blitzblank polierten Sudkessel stehen im Gastraum.

Die gesamte Altstadt hat ihren mittelalterlichen Charakter bewahrt und steht unter Denkmalschutz. Wirtschaftlich ging es der Fuggerstadt im ausgehenden Mittelalter sehr gut. Mit der Entwicklung der Eisenbahn verschlechterte sich die Lage der Stadt, denn die Linie von Ulm nach Memmingen wurde entlang der Iller gebaut. Weißenhorn lag abseits des modernen Verkehrsweges und fiel in einen Dornröschenschlaf, was zur Folge hatte, das die Altstadt nicht umgestaltet wurde.

Unteres Tor.

Die einzelnen Gebäude wie Schranne, Historisches Stadttheater, Prügelturm und andere können Sie sich auf einem kleinen Stadtspaziergang ansehen. Passende Erläuterungen dazu gibt es in einem Flyer, den Sie sich von dieser Seite www.weissenhorn.de herunterladen können. Einen schönen Abschluss bildet das **Untere Tor** im Norden der Altstadt. Es wurde Ende des 15. Jahrhunderts gebaut und zu Beginn des 16. Jahrhunderts um zwei Geschosse erhöht.

Damit beenden wir unseren Besuch in dieser Stadt an der Roth und fahren nach Roggenburg weiter. Dort steuern wir zunächst den Ortsteil **Biberach** an.

In dieser ländlichen Gegend stellen wir das WOMO auf dem Stellplatz hinter der örtlichen Brauerei ab.

(005) Offizieller WOMO-Gasthof-Stellplatz: Brauerei Biberach

GPS: N48°17'15.6" E10°13'19.2", (520m);
Weißenhorner Straße 24, 89297 Roggenburg-Biberach.
Max. WOMOs: 8, maximale Länge 12 m.

Ausstattung: Frischwasserversorgung, Abwasserentsorgung mit Bodeneinlass, Kassettenentleerung, Stromanschlüsse, Behälter für die Müllentsorgung.
Beschreibung: Ruhig gelegene sonnige Plätze auf geschottertem Untergrund am Ortsrand von Biberach. Die Brauerei betreibt keinen Gasthof mehr, nur noch einen Direktverkauf ihres Bieres. Die nächsten Einkehrmöglichkeiten gibt es am Roggenburger Weiher oder in Roggenburg in der Nähe des Klosters. In der kleinen Hütte am Eingang des Stellplatzes können Sie sich mit den Erzeugnissen der Brauerei versorgen. In einem Kühlschrank finden Sie diverse Biersorten. Das notwendige Entgelt dafür werfen Sie in ein Kässle.
Preise: 9,00 € für ein Fahrzeug mit 2 Personen. Entsorgung kostenlos, Frischwasser 1,00 € (ca. 80 Liter), Strom 0,50 € pro kWh.
Zufahrt: Biberach in Richtung Schießen durchfahren, dann am Ortsausgang links abbiegen.
Reservierung/Kontakt: Tel.: 07300/303
E-Mail: info@brauerei-biberach.de, Web: www.brauerei-biberach.de.

Auf diesem Platz mit der optimalen Bierversorgung lässt es sich gut aushalten. Er ist ein schöner Standort für Rad-

"Die Große Roggenburgerin" - Hauptorgel der Klosterkirche.

touren durch das hügelige Schwaben. Die kürzeste ausgewiesene Rundstrecke ist die **Bibertour**. Sie führt entlang des Flusses Biber über **Roggenburg** bis zum Dorf Ritzisried. Dort wird über einen kleinen Höhenzug das Tal gewechselt. Entlang des Hutten- und des Osterbaches geht es dann nach Norden. Kurz vor Autenried wird wieder das Tal gewechselt und entlang der Biber geht es zurück zum Stellplatz. Die Route ist insgesamt rund 13 Kilometer lang.

Türme der Klosterkirche.

Auf diesem Weg bietet es sich an, den Besuch des **Prämonstratenser Klosters Roggenburg** in die Tour mit einzuplanen. Sie können es natürlich auch mit dem WOMO anfahren. Dazu nutzen Sie sinnvollerweise den Parkplatz an der Rennertshofer Straße, den Sie mit diesen Koordinaten [GPS: N48°16'24.1" E10°13'51.3"] erreichen. Übernachten dürfen Sie hier allerdings nicht.

Das Kloster ist weit über die Grenzen Bayerns hinaus wegen der fast unverfälscht erhaltenen Barockgebäude und durch Orgelkonzerte bekannt. Sie werden auf der **Großen Roggenburgerin** gespielt, wie der Volksmund die Orgel nennt, deren Gehäuse als das "wohl eleganteste Orgelprospekt Süddeutschlands" gilt. Die Orgel befindet sich in der Klosterkirche, die einem der bedeutendsten Gebäude des Rokoko in Schwaben.

Mit einer "Lauschtour" können Sie sich rund um das Kloster auf einem fünf Kilometer langen Weg über neun Stationen auf unterhaltsame Weise durch die Klosteranlage führen lassen. Sie erfahren, wann die Prozessionen stattfinden und wie sie gestaltet werden, die Orgel wird vorgestellt, aber auch die Teiche und die Fischzucht unterhalb des Klosters. Ein buntes kostenloses Informationsprogramm, das Sie sich mit der Lauschtour-App auf Ihrem Smartphone anhören können. An allen neun Stationen liefern Tafeln Informationen zu den jeweiligen Objekten. Auf diesen Tafeln erfahren Sie auch, wie Sie an die App kommen.

Im Klostergarten.

Dann ist noch das **Klostermuseum** zu erwähnen, das all diejenigen interessieren wird, die tiefer in die Geschichte dieser Anlage eindringen möchten.

Für die Freunde schön angelegter Gärten dürften der Klostergarten und der Meditationsgarten mit Efeu-Labyrinth von besonderem Interesse sein. Die Gärten wurden in den letzten Jahren aufwändig neu gestaltet und bieten eine große Blütenvielfalt.

Nach Rad- und Lauschtour bietet die Klostergaststätte ausreichend Gelegenheit, neue Kraft zu tanken. Auch für das E-Bike stehen Ladestationen zur Verfügung. Unter dem Motto des Gasthofes "Tu Deinem Leib etwas Gutes, damit Deine Seele gern in ihm wohnt!", dürfen Sie sich gut aufgehoben fühlen, um sich danach dem nächsten Programmpunkt zu widmen, der uns nach Illertissen führt. Neben dem Klostergasthof gibt es am Ort auch noch den gemütlichen Gasthof "Alte Roggenschenke", das sei ergänzend noch erwähnt.

Parkplatz am Vöhlinschloss.

Nun aber zu **Illertissen**. Das WOMO stellen wir in der Nähe des **Vöhlinschlosses** ab [**006:** N48°13'20.1" E10°06'50.8"], zu dem wir von dieser Stelle nur noch 300 Meter zu gehen haben. Viel gibt es in dem Schloss nicht zu sehen. Es wird als Tagungszentrum für die schwäbischen Hochschulen genutzt und beherbergt das **Bayerische Bienenmuseum** sowie das **Heimatmuseum** der Stadt Illertissen.

Wie kommt die Stadt dazu, ein Museum nur für ein Insekt einzurichten? Das liegt an dem Pharmazeut und Chemiker **Karl August Forster** aus Illertissen, dem es gelang, 1930 ein Arzneimittel aus Bienengift gegen rheumatische Erkrankungen zu entwickeln. Für die Giftgewinnung betrieb er eine Bienenzucht mit 300 Völkern und rund 150 Millionen Bienen. Es war die größte Bienenfarm in ganz Deutschland.

Die meisten Ausstellungsstücke und Grafiken gehen auf seine Sammlung zurück mit denen Sie sich umfassend über

Das Vöhlinschloss in Illertissen.

diese fleißigen Insekten informieren können. 50 Millionen Jahre alte Bienen in Bernstein lassen sich in dem Museum betrachten, die Geräte der Imkerei werden präsentiert und in den Sommermonaten können Sie eine Bienenkönigin mit ihrem Volk in einem gläsernen Schaukasten bei ihren Tätigkeiten beobachten. Über die Öffnungszeiten informiert diese Seite www.landkreis-nu.de/de/bienenmuseum-illertissen.html, der Eintritt ist frei.

Mit dem **Illertisser Bienenweg** wurde ein rund acht Kilometer langer Naturlehrpfad angelegt, der mit siebzehn Informationstafeln nicht nur über Wildbienen und Bienenzucht informiert.

Das Heimatmuseum im Schloss zeigt mit zahlreichen Exponaten die Geschichte der Patrizierfamilie Vöhlin, nach der dieses Anwesen benannt ist. Diese Familie hat hier 236 Jahre lang gelebt, bis sie 1756 wegen Insolvenz ausziehen musste. Des Weiteren wird in dem Museum die Geschichte des unteren Illertals und die Entwicklung der Stadt präsentiert.

Beide Museen haben dieselben Öffnungszeiten und auch für den Besuch des Heimatmuseums müssen Sie keinen Eintritt zahlen. Letzte Sehenswürdigkeit, die noch erwähnt werden muss, ist die Barockkapelle, die die Freunde reich verzierter Stuckdecken und kunstvoller Bemalung sicher nicht außer Acht lassen wollen.

Weitere große Sehenswürdigkeiten sind in Illertissen nicht zu verzeichnen, deshalb fahren wir auch gleich weiter. Bevor wir aber nach Babenhausen aufbrechen, wollen wir auf der folgenden Seite noch den Campingplatz an der Iller vorstellen, der wie der Stellplatz in Vöhringen als sehr guter Standort für Touren auf dem Iller-Radweg und in die Umgebung betrachtet werden kann.

(007) WOMO-Campingplatz: Illertissen

GPS: N48°12'45.4" E10°05'17.9"; Dietenheimer Str. 91, 89257 Illertissen.
Max. WOMOs: 28, maximale Länge 9 m.

Ausstattung: Frischwasserversorgung, Abwasserentsorgung mit Bodeneinlass, Kassettenentleerung, Stromanschlüsse, Behälter für die Müllentsorgung, WLAN, Brötchenservice. Im Servicegebäude gibt es Duschen, WCs, Waschmaschinen und Trockner. Der Platz ist von Anfang April bis Ende Oktober geöffnet.
Beschreibung: Große, überwiegend sonnige Rasenplätze in unmittelbarer Nähe der Iller. Restaurant mit Biergarten im Eingangsbereich des Platzes. Serviert werden schwäbische und internationale Gerichte.
Preise: Personen über 14 Jahre 10,00 €, Kinder 6-14 Jahre 6,00 €, Hund 2,50 €, Wohnmobil je nach Platzbedarf zwischen 6,00 € und 10,00 €, Strom pauschal 3,00 € pro Tag oder 0,70 pro kWh.
Zufahrt: Illertissen in Richtung Dietenheim durchfahren und kurz vor der Brücke über den Illerkanal links abbiegen.
Reservierung/Kontakt: Tel.: 07303/7888
E-Mail: info@camping-illertissen.de, Web: www.camping-illertissen.de.

Das Fuggerschloss in Babenhausen.

Babenhausen wird dominiert von dem großen Fuggerschloss, das sich auf einer Anhöhe über der fast 6000 Einwohner zählenden Stadt an der Günz erhebt.

Die Anlage geht im Wesentlichen auf die Zeit Anton Fuggers zurück, der 1538 die Herrschaft in Babenhausen übernahm. Er hatte 1525 das Handelsimperium der Fugger von seinem kinderlosen Onkel Jakob "dem Reichen" übernommen. Er betrieb nicht nur Handel, sondern verstärkte die wirtschaftlichen Grundlagen der Fugger mit einer starken Ausweitung des Grund- und Herrschaftsbesitzes. Babenhausen war da nur ein Baustein.

Bei unserem Besuch in 2021 war die grundlegende und sehr umfassende Sanierung des Schlosses noch nicht abgeschlossen. Wann diese beendet sein wird, vermögen wir nicht zu sagen. Erst nach Abschluss der Arbeiten wird auch das Museum in dem Haus, das in zwölf Räumen mit zahlreichen Exponaten aus sechs Jahrhunderten die Familiengeschichte der Fugger präsentiert, wieder geöffnet werden. Der Schlosspark ist dagegen täglich ab 9:00 Uhr für Besucher offen. Über die Geschichte und die Aktivitäten der Fugger gibt diese Seite www.fugger.de aus Sicht der Kaufmannsfamilie Auskunft.

Wenn Sie Babenhausen besuchen wollen, so können Sie an dieser Stelle [GPS: N48°08'22.8" E10°15'46.6"] an einem Sportgelände an der Weinrieder Straße parken. Übernachten dürfen Sie dort nicht, wäre auch nicht sonderlich attraktiv. Dafür haben wir einen sehr viel schöneren und in der Nacht absolut ruhigen Ort am Baggersee im Süden von Babenhausen für Sie ausfindig gemacht, den Sie mit diesen Koordinaten **[008:** N48°08'08.7" E10°15'04.9"] in der Fabrikstraße erreichen. Es ist ein idyllischer Ort. Der See lädt zu einem Bad ein. In den Sommermonaten werden in einem Kiosk Snacks und kleine Gerichte angeboten und natürlich auch kühle Ge-

Stellplatz am Baggersee.

Badesteg am Baggersee in Babenhausen.

tränke, die unter großen schattigen Bäumen auf der Terrasse genossen werden können. Am Ufer gibt es eine große Liegewiese, ein Bouleplatz und ein Volleyballfeld.

Den nächsten Ort fahren Sie besser im Rahmen einer Radtour entlang der Iller an, denn in unmittelbarer Nähe des kleinen **Archäologischen Parks Cælius Mons** in **Kellmünz an der Iller** werden Sie für ein WOMO keinen geeigneten Parkplatz finden.

Mauerreste des Kastells im Archäologischen Park Cælius Mons in Kellmünz.

Cælius Mons war ein Kohortenkastell aus spätrömischer Zeit. Es bestand aus massiven Festungsmauern und hatte bis zu 15 Meter hohe Türme. Die Grundmauern dieser Anlage sind im Zentrum des Ortes zu sehen. Es liegt an exponierter Stelle auf einem Plateau 35 Meter über dem Ufer der Iller. Das Kastell war eine Station auf der Römerstraße zwischen Cambodunum (Kempten) und Guntia (Günzburg). Die Außenanlagen des Archäologischen Parks sind frei zugänglich. Der Museumsturm, in dem Sie mehr über die Anlage erfahren, als auf den Informationstafeln entlang der Mauerreste zu lesen ist, ist nur in den Sommermonaten geöffnet.

Öffnungszeiten: April bis Oktober, samstags, Sonn- und Feiertage von 10:00 bis 17:00 Uhr. Der Eintritt ist frei.

Erreichen können Sie das Kastell auf einer Radtour von den bereits genannten Stellplätzen in Vöhringen (19 Kilometer) und Illertissen (12 Kilometer) oder auch von diesem komfortablen Campingplatz am Westufer der Iller in **Kirchberg**, der nur drei Kilometer entfernt ist.

(009) WOMO-Campingplatz: Christophorus

GPS: N48°08'21.3" E10°06'12.1", (534m);
Werte 6, 88486 Kirchberg an der Iller.
Max. WOMOs: >20, maximale Länge 12 m.
Ausstattung: Frischwasserversorgung, Abwasserentsorgung mit Bodeneinlass, Kassettenentleerung, Stromanschlüsse, Behälter für die Müllentsorgung, WLAN, Restaurant mit deutsch-griechischer Küche, Sonnenterrasse und Biergarten, Wellnessanlage mit Hallenbad, Sauna und Solarium, Liegewiese am Badesee, E-Bike-Verleih. Im Servicegebäude gibt es Duschen, WCs, Waschmaschinen und Trockner. Der Platz ist ganzjährig geöffnet.
Beschreibung: Große, sehr komfortable Vier-Sterne-Anlage mit einem umfangreichen Serviceangebot. Mit mindestens 100 Quadratmetern haben die Stellflächen eine ordentliche Größe. Sie sind zumeist sonnig. Hohe Bäume gibt es fast nur an den Rändern des Campinggeländes. Die Anlage

grenzt an den Sinninger Badesee, der sich direkt neben der Iller befindet. Der Platz ist ein idealer Standort für Radtouren entlang des Flusses.
Preise: Personen ab 16 Jahren 8,50 €, Kinder bis 16 Jahre 4,90 €, Hund 4,70 €, Wohnmobil 11,50 €, Strom 0,75 pro kWh oder pauschal für eine Nacht 4,00 €. Die Angebote im Wellnessbereich sind kostenpflichtig. Die Preise finden Sie auf der unten angegebenen Webseite.
Zufahrt: Die Anlage ist einfach zu erreichen, sie ist gut ausgeschildert.
Reservierung/Kontakt: Tel.: 07354/663
E-Mail: info@camping-christophorus.de,
Web: www.camping-christophorus.de.

Der Sinninger Badesee.

Auf dem Weg zu diesem Campingplatz kommen Sie an einem großen Parkgelände am Sinninger See vorbei, der auch Wohnmobilen ausreichend Platz bietet. Nur übernachten dürfen Sie hier nicht. Mit einer Fläche von rund zehn Hektar ist der See, der durch Grundwasser gespeist wird, schon sehr groß. Zwei Kioske, einer am Nordufer und einer am Südufer im Bereich des Campingplatzes, versorgen die Badegäste mit kühlen Getränken, Eis, Pommes und anderen Kleinigkeiten. In den Sommermonaten ist der See stark frequentiert.

Wir machen uns nun auf den Weg in das 18 Kilometer entfernte **Ochsenhausen**, einem der Hauptorte der Oberschwäbischen Barockstraße. Berühmt wurde der Ort durch die ehemalige Reichsabtei der Benediktiner.

Kloster Ochsenhausen

In ihrer größten Blüte verfügte die **Reichsabtei Ochsenhausen** über eine Fläche von 255 Quadratkilometern und zählte in ihrem Herrschaftsgebiet fast 9000 Untertanen. Mit der Säkularisation (Verweltlichung) wurde diese Epoche beendet. Dies geschah in der Zeit der Napoleonischen Kriege, als der Feldherr aus Frankreich die linksrheinischen Besitzungen deutscher Fürsten enteignete und sie

Das Hauptgebäude des Klosters Ochsenhausen.

Die Mariensäule auf dem Kirchvorplatz wurde 1717 errichtet.

unter anderem mit Gütern und Besitztümern der Klöster entschädigen ließ. Rechtlich abgesichert wurde dies durch den Reichsdeputationshauptschluss von 1803. Insgesamt wurden 2 Kurfürstentümer, 9 Hochstifte, 44 Reichsabteien und 45 Reichsstädte aufgelöst. 45.000 Quadratkilometer Land und nahezu fünf Millionen Menschen erhielten über Nacht neue Landesherren, darunter auch Ochsenhausen, das an die Fürstenfamilie Metternich ging. Sie behielten es nicht lang. Bereits 1825 verkaufte Klemens Wenzel Lothar von Metternich, der eine maßgebliche Rolle bei der politischen und territorialen Neuordnung des Kontinents auf dem Wiener Kongress spielte, Ochsenhausen für 1,2 Millionen Gulden an das Königreich Württemberg. Die Bibliothek, Handschriften, Kunstschätze und wertvolle Möbel ließ er in sein Schloss nach Böhmen bringen.

Ohne klösterliche oder irgendeiner anderen Funktion standen die Klostergebäude danach leer. Schließlich wurden sie für Schulen und für Behörden genutzt. Heute ist das Kloster, nachdem es durch das Land Baden-Württemberg von 1974 bis 1990 umfassend restauriert wurde, die Landesakademie für die musizierende Jugend untergebracht. Sie hat ein umfangreiches Programmangebot, das Sie hier einsehen können www.landesakademie-ochsenhausen.de.

Im Fürstenbau der Anlage ist das **Klostermuseum** untergebracht. Hier bekommen Sie auf zwei Stockwerken die gesamte Geschichte des Klosters bis zum Verkauf an das Königreich Württemberg erzählt. Außerdem sind die Kirchenschätze und Kunstwerke ausgestellt, die Fürst Metternich nicht in sein Schloss nach Böhmen verbringen ließ.

Und wie kam es zu dem Namen Ochsenhausen? Der Sage nach haben schon vor dem Jahre 1000 Benediktinerinnen in Ochsenhausen in einem kleinen Kloster gelebt. Zu der Zeit führten Überfälle der nicht sesshaften Magyaren immer wieder zu Brandschatzungen und Raub im süddeutschen Raum, bis diese im Jahre 955 in der berühmten Schlacht auf dem Lechfeld südlich von Augsburg vernichtend unter König Otto I. geschlagen wurden.

Aus Angst davor, alle sakralen Gegenstände und wertvollen Besitz des Klosters zu verlieren, vergruben die Ordensschwestern das wertvolle Hab und Gut des Klosters in einem Acker und flohen. Etwa 100 Jahre später entdeckte ein Bauer beim Pflügen des Ackers mit einem Ochsen diesen Kirchenschatz. Das wurde als "Himmlisches Zeichen" gewertet und ein neues Kloster an dieser Stelle errichtet.

Barockaltar und Chorgestühl in der Klosterkirche Ochsenhausen.

Gebaut wurde eine gotische Kirche mit zwei Seitenschiffen, die dann später im Zeitalter der Gegenreformation mit prachtvollen Gemälden und Stuckaturen barockisiert wurde.

Beachtens- und hörenswert ist die **Gabler-Orgel**, die um ein Kirchenfenster herum angeordnet und gebaut wurde. Es ist das erste Meisterwerk von Joseph Gabler, einem der bedeutendsten Orgelbaumeister in Süddeutschland während der Barockzeit.

Um das Kloster und den Ort zu besuchen, bietet sich der Parkplatz an, der sich strategisch günstig zwischen dem Kloster und der Stadt befindet. Auf ihm wurde ein Areal für Wohnmobile ausgewiesen. Ver- und Entsorgungseinrichtungen gibt es nicht. Es ist ein offener, schattenloser Platz, wie das nebenstehende Foto zeigt. Er ist gebührenfrei. Sie erreichen ihn mit diesen Koordinaten [**010:** N48°04'01.0" E9°56'59.7"].

Stellplatz in Ochsenhausen.

Für eine Übernachtung mit Bademöglichkeit ist der schattige Parkplatz am **Naturfreibad Ziegelweiher** eine gute Alternative [**011:** N48°03'25.4" E9°57'17.5"]. Das Kloster ist rund einen Kilometer entfernt und bis in die Innenstadt und zum Bahnhof der Öchsle-Bahn sind es rund zwei Kilometer.

Naturbad Ziegelweiher. Nur eine Hecke trennt ihn vom Stellplatz.

Das Naturfreibad ist bei gutem Wetter von Anfang Mai bis Mitte September täglich zwischen 9:00 und 20:00 Uhr geöffnet. Dann ist die Badeaufsicht vor Ort und die Planschbecken, Wasserrutschen, Duschen und WCs sowie der Imbiss sind in Betrieb. Der gebührenfreie Parkplatz ist zu jeder Zeit zugänglich. Ver- und Entsorgungsmöglichkeiten für Wohnmobile gibt es nicht.

Öchslebahn in Ochsenhausen.

Freunde der Museumseisenbahnen kennen die **"Öchsle-Bahn"** oder haben zumindest schon von ihr gehört. Es ist eine Schmalspurbahn, die von Warthausen bei Biberach nach Ochsenhausen verkehrt. Die Strecke ist 19 Kilometer lang. Vier betriebsfähige Dampflokomotiven und eine Diesellok versehen ihren Dienst auf dieser Strecke. Für den Personentransport kommen hauptsächlich sogenannte "Donnerbüchsen" zum Einsatz. In den Sommermonaten wird ein vielfältiges und umfangreiches Programm angeboten, was Sie hier https://oechsle-bahn.de einsehen können.

Es riecht nach verbrannter Kohle, es dampft und zischt, wenn die alten Loks durch den Bahnhof rumpeln. Ganz anders riecht es im **Museum der Waschfrauen**, das sich direkt neben dem Bahnhofsgebäude befindet. Hier können Sie Ihren Kindern zeigen, wie vor der Erfindung des elektrischen Stroms und der vollautomatischen Waschmaschine mit

Waschbrett, Kernseife und anderen Hilfsmitteln die Wäsche gewaschen und getrocknet wurde. Über die Öffnungszeiten und Veranstaltungen informiert diese Seite http://neu.waschfrauen.de. Mit diesem Blick in die "gute alte Zeit" verabschieden wir uns von Ochsenhausen und fahren nach **Rot an der Rot** weiter.

Die Situation, um ein Wohnmobil für den Besuch der **Klosteranlage Mönchsroth** zu parken, ist nicht erbaulich. Wenn Sie das Untere Tor durchfahren, finden Sie gleich links mit etwas Glück einen Parkplatz mit diesen Angaben [GPS: N48°00'49.9" E10°01'54.7"]. Von dem Platz sind es nur wenige Meter bis zur **Klosterkirche St. Verena**, die als die größte Sehenswürdigkeit dieses Ortes an der Oberschwäbischen Barockstraße gilt.

Wie Ochsenhausen war die Klosteranlage in Rot eine Reichsabtei. Sie war allerdings nicht so mächtig und nicht so groß. Auch sie war von der Säkularisierung betroffen und ging an die Grafen Kolb von Wartenberg, die ihre linksrheinischen Besitzungen bei Kaiserslautern während der Napoleonischen Kriege verloren hatten.

In der Folgezeit gab es unterschiedliche Nutzungen und Eigentümer. Eine Reaktivierung als Kloster wurde versucht, scheiterte aber letztendlich. 1959 erwarb das Bistum Rottenburg die Klostergebäude und richtete darin ihr Jugend- und Bildungshaus St. Norbert ein, das bis heute besteht www.jugendhaus-rot.de.

Türme der Barockkirche St. Verena.

Malerisch wirkt das Gebäudeensemble innerhalb der alten, nicht mehr vollständig erhaltenen Klostermauern. 12 Wachtürme waren in die Mauern integriert. Nur ein Türmchen ist davon noch erhalten. Zwei Tore bieten einen Zugang. Das **Untere Tor** mit einer Durchfahrtshöhe von 2,9 Metern können die meisten Wohnmobilisten sicher passieren. Das **Obere Tor** mit seiner aufwändigen Bemalung hat eine Durchfahrtshöhe

Oberes Tor in Rot an der Rot.

von 2,6 Metern, da passen Sie nur mit einem Kastenwagen durch. Die Räumlichkeiten des Oberen Tores werden heute für Ausstellungen genutzt.

Um die Besucher durch die Klosteranlage zu führen, wurde der **Mönchsrother Pfad** angelegt. Er führt über 23 Stationen durch den Ort. Sie liegen dicht beieinander und sind mit erläuternden Hinweistafeln ausgestattet. Mittendrin befindet sich das Café **Alte Klostermühle**, in dem es nicht nur leckeren Kuchen und Kaffee auf der Außenterrasse gibt, sondern auch ausgezeichnete regionale Spezialitäten wie Krautkrapfen, Maultaschen, Rostbraten und Allgäuer Kässpatzen, um nur einige Hauptgerichte zu nennen www.alte-klostermuehle-rot.de.

Altar, Chorgestühl und Beichtstühle in St. Verena.

Die ehemalige Abteikirche **Sankt Verena** präsentiert mit ihrer Architektur einen Übergang vom Barock zum Klassizismus. Auffallend sind die zweifach eingeschnürten Kuppeln der beiden Türme, die Sie auf der vorangegangenen Seite sehen können. Zusammen mit den anderen Türmen der Klosteranlage führte dieses Ensemble zu dem Spitznamen "Oberschwäbischer Kreml".

Aufwändig ist die Innengestaltung der Kirche. Deckengemälde, Hochaltar, die Orgeln sowie die Stuckaturen sind von höchster künstlerischer Qualität. Das Chorgestühl ist reichhaltig, sehr detailreich geschnitzt und gilt als ein Meisterwerk barocker Schnitzkunst. Es war eine Arbeit, die höchstwahrscheinlich von denselben Künstlern angefertigt wurde, die das Gestühl in Buxheim kurz zuvor fertiggestellt hatten. Womit wir auch gleich bei unserem nächsten Etappenort, der **Kartause von Buxheim** sind, die 14 Kilometer von Rot an der Rot entfernt ist.

Kartause von Buxheim

Der Kartäuserorden wurde vom Heiligen Bruno aus Köln in der Chartreuse, einem Gebirgsmassiv nördlich von Grenoble 1084 gegründet. Sie finden es in unserem Buch über die französischen Alpen (Band 91 der WOMO-Reihe) in der Tour 2 beschrieben. Die Gemeinschaft wuchs und **La Grande Chartreuse**, die **Große Kartause** entstand, gab dem Orden seinen Namen und führte trotz strenger Regeln zu vielen Dependancen in Europa. Wer wissen möchte, wie Kartäuser heute leben, der schaue sich den Dokumentarfilm "Die große Stille" von Philip Gröning an, den Sie unter anderem auf Youtube sehen können.

In Buxheim begann die Zeit der Kartäuser 1402. Dem Aufstieg der Klostergemeinschaft folgten schwere Zeiten während der Reformation und des Dreißigjährigen Krieges. Nachdem diese überstanden waren, entstand zwischen 1678 und 1693 das berühmte Chorgestühl durch Ignaz Waibl aus Tirol. Die Kapellen wurden durch Dominikus und Johann Baptist Zimmermann im Stile des Rokoko umgestaltet. Die Brüder waren eben-

Detail des Chorgestühls in der Kartause Buxheim.

falls für die Ausgestaltung der Wieskirche in Steingaden verantwortlich (siehe Tour 10 Seite 293). Die Annakapelle in der Anlage schmückt sich deshalb auch mit dem Beinamen "Kleine Wies".

Eine neue Blütezeit des Klosters schien sich anzubahnen, doch die Säkularisation traf die Kartause ebenso, wie die zuvor beschriebenen Klöster. Sie wird zum Schloss der Grafen Waldbott von Bassenheim. Es kommt zur Versteigerung wertvoller Kunstgegenstände, die über die ganze Welt verteilt neue Besitzer fanden. Auch das Chorgestühl war davon betroffen, das nach England verkauft wurde. Ende der Achtzigerjahre konnte es zurückgekauft werden und wurde zwischen 1980 und 1994 aufwändig restauriert. Die Zweiteilung der Kirche wurde durch einen Lettner wiederhergestellt. Das Chorgestühl kann heute besichtigt werden, was in der aktiven Zeit des Klosters unmöglich gewesen wäre, denn dieser besondere Raum blieb den Chormönchen vorbehalten und durfte nicht einmal von den "einfachen" Brüdern des Klosters betreten werden.

Über die Öffnungszeiten und Eintrittspreise informiert diese Seite www.kartause-buxheim.de.

Parken können Sie am besten am **Buxheimer Weiher,** den Sie mit diesen Koordinaten [GPS: N47°59'32.1" E10°07'52.7"] erreichen, oder Sie quartieren sich gleich auf dem kleinen Campingplatz am Weiher ein, der allerdings nur wenige Stellplätze für Durchreisende hat. Hier erfahren Sie mehr www.camping-buxheim.de. Die Kartause ist rund einen Kilometer von diesem Weiher entfernt. Den Weg dorthin können Sie auch gleich mit einer kleinen, rund neun Kilometer langen Wanderung auf dem **Glücksquellen-Weg** verbinden. Er ist als Rundweg angelegt und führt an der Kartause und an insgesamt vier Weihern vorbei. Der längste Abschnitt der Wanderung führt entlang der Iller. Die Weiher wurden übrigens von den Kartäusermönchen für die Fischzucht angelegt. In zweien

Blick auf den Buxheimer Weiher, der auch Kartäuser See genannt wird.

dieser vier Gewässer kann gebadet werden. Am größten Weiher finden Sie den bereits erwähnten Parkplatz sowie einen Bootsverleih und gleich mehrere Restaurants mit Biergärten.

Den Buxheimer Weiher können Sie auch bequem mit dem Rad vom Stellplatz unseres nächsten Reisezieles erreichen, der sich vier Kilometer entfernt in Memmingen befindet.

(012) Offizieller WOMO-Stellplatz: Memmingen

GPS: N47°59'43.0" E10°10'56.8", (594m);
Colmarer Straße 84, 87700 Memmingen.
Max. WOMOs: 16, maximale Länge 8 m, max. Aufenthalt 3 Tage.

Ausstattung: Frischwasserversorgung, Abwasserentsorgung mit Bodeneinlass, Kassettenentleerung, Stromanschlüsse, Behälter für die Müllentsorgung, WLAN. Der Platz ist ganzjährig geöffnet.
Beschreibung: Leicht geneigte Stellflächen auf Betonpflastersteinen am Rande des ehemaligen Landesgartenschaugeländes. Der Verkehr auf der vorbeiführenden Hauptverkehrsstraße ist gut zu hören. Campingverhalten (ausfahren der Markise, Wäsche aufhängen etc. ist nicht gestattet). Bis zum Zentrum geht man zu Fuß rund 20 Minuten.
Preise: 7,00 € für ein Fahrzeug, Frischwasser 0,50 € für 100 Liter, Strom 0,50 € für 4 kWh. Abwasserentsorgung und Entleerung der Bordtoilette ist kostenfrei. Den Parkschein gibt es am Kassenautomaten mit Münzgeld oder Banknoten.
Zufahrt: Über den Schumacherring im Norden der Stadt der Beschilderung zum Stellplatz folgen.

In der Altstadt **Memmingen** gibt es eine Vielzahl sehenswerter historischer Gebäude zu entdecken. Vom Stellplatz verläuft ein angenehmer Spazierweg entlang des Stadtbaches durch den südlichen Bereich des Landesgartenschaugeländes aus dem Jahr 2000 bis an die Stadtmauer. In der Nähe des Ulmer Tores gibt es einen Durchgang, der zu dem **"Am Einlaß"** genannten Weg führt, der sich zwischen der Mauer und dem Stadtbach befindet. Die Stadtmauer ist zwar nicht mehr vollständig erhalten, aber immer noch das größte Denkmal der Stadt. Sie bestand aus sieben Toren und 26 Türmen. Fünf

Auf dem Einlaß zwischen der Stadtmauer und dem Stadtbach in Memmingen.

Tore, sechs Türme und drei Turmruinen sind noch erhalten. Sie wurden zwischen dem 12. und dem 17. Jahrhundert gebaut. Das **Ulmer Tor** zeigt auf der nördlichen Seite eine Uhr und den Doppeladler. Der Adler weist auf die Zugehörigkeit zum Heiligen Römischen Reich Deutscher Nation hin. Auf der Innenseite ist der Einzug Maximilians I. mit seinem Gefolge im Jahr 1489 dargestellt. Er war Herzog von Burgund, römisch-deutscher König und später auch Kaiser. Es geht weiter vorbei an dem "Einlaß" genannten Stadttor, das in Ziegelbauweise errichtet wurde. Es war mehrfach gesichert und gewährte den spät anreisenden Gästen und Händlern Einlass in die Stadt, wenn alle anderen Tore schon geschlossen waren.

Das Ulmer Tor.

Von diesem Tor ist es nicht mehr weit zu dem großen **Marktplatz** mit dem bunten und farbenfrohen **Steuerhaus** sowie dem dahinterliegenden **Rathaus**. Auf dem Marktplatz wird jeden Dienstag und Samstag vormittags ein klassischer Wochenmarkt abgehalten.

Das Steuerhaus wurde im ausgehenden 15. Jahrhundert errichtet und diente der damaligen Freien Reichsstadt Memmingen als Finanzverwaltung. Heute ist in den oberen Etagen das Sozialamt untergebracht. Im Erdgeschoß befindet sich ein Café, in dessen Außenbereich Sie das historische Gebäudeensemble des Marktplatzes bei Kaffee und Kuchen auf sich wirken lassen können.

Das Steuerhaus am Marktplatz.

Das Rathaus ist ein spätmittelalterliches Gebäude, das die Stadtväter der Reichsstadt im 18. Jahrhundert mit einer Rokokofassade verschönern ließen, um die Bedeutung der Stadt hervorzuheben.

Neben dem Rathaus ist noch das Gebäude der **Großzunft** am Marktplatz besonders erwähnenswert sowie die Kirche **St. Martin**, die mit ihrem eigenwilligen Turm hinter dem **Westertor** hervorschaut.

Gegenüber der genannten Kirche befindet sich im **Hermannsbau** das **Stadtmuseum**, das sich der Stadtgeschichte widmet. Öffnungszeiten und einen Überblick zu den Ausstellungen finden Sie hier www.zeitmaschine-stadtmuseum-mm.de.

Das Westertor.

Das Memminger Rathaus.

Ganz besonders stolz sind die Memminger über ihre gegen die Obrigkeit aufbegehrenden Bauern, die im Versammlungsort der Kramerzunft ihre Forderungen nach Freiheit und Teilhabe gegenüber dem Schwäbischen Bund stellten und zu einem wegweisenden Manifest zusammenfassten. Unter **"Zwölf Artikel"** gingen diese Forderungen in die Geschichte ein und gelten als eine der ersten niedergeschriebenen Forderungen nach Menschen- und Freiheitsrechten in Europa.

Das Zunfthaus und die Versammlungsstätte der aufständischen Bauern in diesem Gebäude existieren noch immer. Das Haus befindet sich am Memminger Weinmarkt und kann im Rahmen einer Stadtführung besichtigt werden. Die Geschichte dazu bekommen Sie im Stadtmuseum erläutert.

Ringschnait
010
Ochsenhausen
Kloster
011
L260
Heimertingen
B312
Oberschwäbische Barockstraße
Bergheim
7
Steinheim
Mittelbuch
Reichsabtei
Rottum
012
Fischbach
Rot an der Rot
Buxheim
Oberes Tor
Tour 1
Kartause
Lindauer Tor
Tannheim
Memmingen
5 km
L260
Kempter Tor
Füramoos
L300
Haslach
96
Ellwangen
L301
Band 18: Mit dem Wohnmobil nach Baden-Württemberg
13
Bayern
Hauerz
Aitrach
B465
Unterschwarzach
L314
NSG Wurzacher Ried
Illerbeuren
014
Aitrach
Lautrach
016
Schloss
Aich-stetten
015
Bad Wurzach
Seibranz
L301
Oberschwäbische Barockstraße
Maria Schnee
Legau
Schloss Zeil
Unterzeil
Tour 5
Wurzacher Ach
Rohrbach
B465
Eschach
Leutkirch im Allgäu
L317
Arnach
Reichen-hofen
Metzis-weiler
Eintürnen
Immenried
021
Metzisweiler Weiher
20
Automus. Wolfegg
B
L265
Ellerazhofen
018
Wolfegg
019
Herlaz-hofen
Obersee
017
Bauernhaus-Museum
96
Gebraz-hofen
Urlau
L330
C
C
Kißlegg
Hinterweiher
Friesen-hofen
Rötenbach
Kißlegger Burgermoos
22
Baden-Württemberg
Badsee
Vogt
Waltershofen
Beuren
Leupolz
Untere Argen
Göttlis-hofen
Gottrazhofen
Karsee
024
Christazhofen
030
Ratzenried
025
023
Siggen
Isny im Allgäu
Burgruine Ratzenried
029
Siggener Höhe 723 m
037
Eisenharz
Wangen im Allgäu
B12
B12
Argenbühl
Tour 3
31
Amtzell
Berger Höhe
Altstadt
028
St1318
Oberschwäbische Barockstraße
036
027
Maierhöfen
Humbrechts
Obere Argen
St2378
Riedholz
026
Eglofs
033
Sibratshofen
Tour 4
Gestratz
NSG Eistobel
Schütten-tobel
Wohmbrechts
B12
Grünenbach
Hiltensweiler
Tour 3
96
Heimen-kirch
Röthenbach
Ebrats-hofen
034
Neuravensburg
Leiblach
Opfenbach
Schönau
B32
Burgruine
St2005
Roggenzell
038
044
Lindenberg im Allgäu
Stiefenhofen
Hergensweiler
45

TOUR 2 (ca. 230 km)

Aitrach – Bad Wurzach – Wolfegg – Kißlegg – Ellerazhofen – Leutkirch im Allgäu – Beuren – Argenbühl-Ratzenried – Wangen im Allgäu

Stellplätze:	Bad Wurzach, Wolfegg, Kißlegg, Leutkirch im Allgäu, Argenbühl-Ratzenried, Wangen im Allgäu.
Campingplätze:	Aitrach, Ellerazhofen, Beuren.
Besichtigungen:	Wolfegg (Auto- und Bauernhausmuseum), Kißlegg (Altstadt), Unterzeil (Schloss Zeil), Leutkirch (Altstadt), Ratzenried (Burgruine), Wangen (Altstadt, Museen).
Wandern/Radtour:	Wurzacher Ried, Wandertrilogie Allgäu, Burgruine Ratzenried.
Baden/Wellness:	Bad Wurzach (feelMOOR-Therme), Kißlegg (Obersee), Ellerazhofen (Ellerazhofer Weiher), Beuren (Badsee).

Von Memmingen in Bayerisch-Schwaben fahren wir mit dieser Tour in das württembergische Allgäu. Gleich hinter der Grenze zu Baden-Württemberg geht es mit einem wunderbar angelegten Campingplatz an der Iller los. Durch eine sattgrüne, hügelige Wald- und Weidelandschaft erreichen wir dann Bad Wurzach, wo uns unter anderem das Schloss und das Naturschutzgebiet Wurzacher Ried erwarten.

In Wolfegg, der nächsten Station, gehen wir in gleich zwei interessante Museen. Das Automuseum im Schloss begeistert Oldtimer-Fans und das Bauernhaus-Museum erfreut alle Besucher, die an Freilichtmuseen und bäuerlicher Kultur vergangener Zeiten Interesse haben.

Über Kißlegg geht es zum Schloss Zeil, das auf einer Anhöhe über der Wurzacher Ach liegt. Von hier aus genießen wir aus der Ferne das Alpenpanorama, bevor es nach Leutkirch weitergeht, um dort die historische Altstadt anzuschauen. Weiter haben wir auf dem Weg nach Wangen noch einen Badesee mit Campingplatz auf dem Zettel und mit der Siggener Höhe einen kleinen, gar nicht ausgebauten Stellplatz auf dem Programm, der aber einen fantastischen Blick auf die Alpen bietet. Nach dem Besuch der Burgruine Ratzenried geht es zum Schluss dieser Tour nach Wangen. Hier steht die Besichtigung der historischen Altstadt im Vordergrund, die mit vielen interessanten Gebäuden, Türmen und Brunnen zu glänzen weiß. Genug der Vorrede. Beginnen wir mit dem Campingplatz in **Aitrach**.

(013) WOMO-Campingplatz: Park-Camping Iller

GPS: N47°56'57.8" E10°05'15.2", (596m); Illerstraße 57, 88319 Aitrach.
Max. WOMOs: >20, maximale Länge 12 m.

Ausstattung: Frischwasserversorgung, Abwasserentsorgung mit Bodeneinlass, Kassettenentleerung, Stromanschlüsse, Behälter für die Müllentsorgung, WLAN, Kiosk, rustikale Gaststätte und Biergarten, Spielplätze, Sandkasten, großes Fußballfeld, beheizbares Freibad mit Liegewiese, Gasflaschentausch. Im Servicegebäude gibt es Mietbäder, Duschen, WCs, Waschmaschinen und Trockner. Der Platz ist von April bis Okt. geöffnet.
Beschreibung: Sehr komfortable Anlage mit großen sonnigen und schattigen Rasenplätzen sowie mit altem hohen Baumbestand an der Iller, der dem Platz einen parkartigen Charakter gibt. Die Aitrach durchquert das Campinggelände. An diesem seichten Fluss sind Wasserspielplätze für Kinder eingerichtet. Die Wohnmobilstellplätze befinden sich im vorderen Bereich der Anlage.
Preise: Personen ab 15 Jahren zahlen 8,00 €, für Kinder von 2-14 Jahren sind 5,00 €, für den Hund 3,00 € abzuführen. Für das Wohnmobil sind je nach Saison und Komfortausstattung der gewählten Stellfläche zwischen 12,00 € und 18,00 € zu entrichten. Für die Nutzung der Waschmaschine und des Trockners sind jeweils 3,00 € aufzuwenden.
Zufahrt: Nach der Unterquerung der Autobahn in Aitrach in die zweite Straße rechts abbiegen.
Reservierung/Kontakt: Tel.: 07565/5419
E-Mail: info@camping-iller.de , Web: www.camping-iller.de.

Von diesem Campingplatz bieten sich für die Pedalritter wieder ausgedehnte Radtouren auf dem Iller-Radweg an. Nach Kempten sind es nur rund 36 Kilometer. Auf dem Weg dorthin kommen Sie unter anderem an dem Aussichtsturm an der Iller vorbei, den wir in der Tour 5 auf der Seite 131 beschrieben haben. Bis nach Ulm sind es sportliche 61 Kilometer und abseits der Iller sind es durch eine hügelige Landschaft bis nach Wangen rund 40 Kilometer.

Von Aitrach fahren wir mit dem WOMO weiter nach **Bad Wurzach**. Die Kleinstadt zählt fast 15.000 Einwohner und ist das älteste Moorheilbad in Baden-Württemberg. Der Hauptort hat nur etwas mehr als 5000 Einwohner, die restlichen 10.000 verteilen sich auf mehrere eingemeindete Ortschaften. Der Kurbetrieb in der Stadt wurde 1936 aufgenommen. Die **feelMOOR-Therme** nutzt eine Quelle mit fluoridhaltigem Natrium-Hydrogenkarbonat-Wasser. Das Wasser hat eine Temperatur von 34°C und hilft bei rheumatischen Erkrankungen, Gelenk-, Bandscheiben- und Wirbelsäulenbeschwerden.

Das gesamte Angebot der Therme finden Sie auf dieser Seite unter dem Stichwort Gesundheit www.bad-wurzach.de.

Ihr Wohnmobil können Sie für den Besuch der Stadt und der Therme auf dem folgenden Stellplatz parken.

(014) Offizieller WOMO-Stellplatz: Bad Wurzach

GPS: N47°54'50.9" E9°54'15.8", (666m); Riedhalde, 88410 Bad Wurzach.
Max. WOMOs: 17, maximale Länge 12 m.
Ausstattung: Frischwasserversorgung, Abwasserentsorgung ohne Bodeneinlass, nur mit Schlauch oder eigenen Wanne möglich. WC-Kassettenentleerung, Stromanschlüsse, keine Behälter für die Müllentsorgung, ganzjährig geöffnet.

Beschreibung: Schattenlose ebene Asphaltstellflächen. Entfernung zur feelMOOR-Therme 400 Meter.
Preise: 5,50 € für ein Fahrzeug plus Kurtaxe in Höhe von 2,00 € pro Person. Stromversorgung ist im Preis enthalten. Hunde sind auf diesem Platz nicht erlaubt. Anmeldung und Bezahlung erfolgt zu den üblichen Öffnungszeiten in der feelMOOR-Therme. Entsorgung und Frischwasser kosten jeweils 0,50 €.
Für mehrtägige Aufenthalte mit Kuranwendungen gibt es für die Wohnmobilisten mehrere Sonderangebote die auf dieser Seite www.feelmoor.de/wohnmobil nachgelesen werden können.
Zufahrt: Am Nordrand des Ortes. Einfach den Hinweisschildern zum Wohnmobilstellplatz folgen.

Die bekannteste und bedeutendste Sehenswürdigkeit in Bad Wurzach ist das Schloss, das in nur fünfjähriger Bauzeit zwischen 1723 und 1728 errichtet wurde. Es befindet sich in der Mitte der Stadt unweit der ebenfalls sehenswerten Kirche

Das Wurzacher Schloss befindet sich in der Stadtmitte.

St. Verena, die im frühklassizistischen Stil in der zweiten Hälfte des 18. Jahrhunderts gebaut wurde.

Innerhalb des frei zugänglichen Schlosses ist das Treppenhaus in seiner Architektur und Ausgestaltung von besonderer Bedeutung.

Treppenhaus und Deckenfresko im Wurzacher Schloss.

Kunstvoll und elegant geschwungen führen die Treppen in die Höhe. Bei einem Besuch werden Sie unweigerlich den Kopf in den Nacken legen, um die Deckenmalereien im Vorraum und im lichtdurchfluteten Treppenhaus zu bewundern, die den antiken Götterhimmel darstellen. Wenn Sie glauben, es sei dreidimensional in einer Kuppel angelegt, so haben die Künstler, die dieses Gemälde erschaffen haben, ihr Ziel erreicht. Es ist eine fantastische Malerei. Schauen Sie einmal genau hin, wenn Sie vor Ort sind. Diese Kombination von Architektur und Gemälde zählt zu den "Juwelen der Oberschwäbischen Barockstraße". Sie können es täglich zwischen 7:00 und 19:00 Uhr anschauen. Der Eintritt ist frei.

Die Seitenflügel des Schlosses werden für seniorengerechte Wohnungen und für schulische Zwecke genutzt.

Neben dem Schloss sind die bereits genannte Kirche, das Leprosenhaus, die barocke Wallfahrtskirche auf dem Gottesberg, das Historische Uhrmacher-Museum und das ehemalige Kloster Maria Rosengarten sicher noch einen Besuch wert.

Wer alle Sehenswürdigkeiten der Stadt in Augenschein nehmen möchte, dem empfehlen wir, sich die Beschreibungen mit den Verortungen der einzelnen Objekte auf einem Stadtplan im PDF-Format von dieser Seite www.bad-wurzach.de herunterzuladen. Es ist dort als "Historischer Stadtrundgang" hinterlegt. Mit dabei sind auch die Termine für öffentliche Stadtführungen und Hinweise für jährlich wiederkehrende Veranstaltungen.

Parkplatz am Wurzacher Ried.

Wir wechseln das Thema und wenden uns nun dem **Wurzacher Ried** zu. Eine gute Vorbereitung für den Besuch dieser Moorlandschaft bietet die **Erlebnisausstellung MOOR EXTREM** im Naturschutzzentrum, das sich neben der Kirche St. Verena befindet. Wenn Sie auf diese Seite www.wurzacher-ried.de schauen, bekommen Sie einen ersten Eindruck und Sie erfahren auch gleich die Öffnungszeiten und Eintrittspreise. Wenn Sie nicht auf dem offiziellen Stellplatz stehen, haben Sie zwei weitere Möglichkeiten das WOMO in unmittelbarerer Nähe des Rieds abzustellen. Die eine befindet sich neben dem **Oberschwäbischen Torfmuseum**. Den Platz erreichen Sie mit diesen Koordinaten [**015:** N47°54'32.4" E9°52'48.3"], die andere ist etwas mehr als einen Kilometer von ihm entfernt und liegt in der Nähe des alten städtischen Hallenbades. Diesen ruhigen Parkplatz finden Sie mit folgenden Angaben [**016:** N47°54'52.3" E9°53'28.4"]. Das Foto oben zeigt diesen Ort, der uns nur für Fahrzeuge bis rund sieben Meter Länge

Der Riedsee im Wurzacher Ried.

Wanderwege im Wurzacher Ried.

geeignet erscheint. Dasselbe trifft für den Platz am Torfmuseum zu. Er hat allerdings einen Nachteil. Er liegt sehr dicht an der Bundesstraße und ist deshalb nicht besonders ruhig. Auf dem anderen haben Sie nachts Ihre Ruhe. Von beiden Plätzen lässt sich das Ried bequem erkunden.

Wurzacher Ried

Mit einer Fläche von 1812 Hektar rühmt es sich, das größte intakte Hochmoor Mitteleuropas zu sein. Auch wenn diese Aussage bezweifelt werden muss, denn das Murnauer Moos, das Hohe Venn in der Eifel oder das Bourtanger Moor beidseits der Grenze von Niedersachsen und den Niederlanden übertreffen es in der Größe. Wir wollen uns aber nicht mit der Vergabe oder der Kritik an Superlativen beschäftigen, sondern mit der Naturlandschaft, die dieses Moor ausmacht. Und die, daran besteht für uns kein Zweifel, kann sich sehen lassen. Zudem ist sie durch Wander- und Radwege sehr gut erschlossen. Die Wege sind mit zahlreichen Hinweistafeln versehen, die über die Entstehung und Nutzung des Moores informieren sowie die Pflanzengesellschaften und die Tierwelt erläutern. Wenn Sie ruhigen Schrittes den angelegten Pfaden folgen und sich anhand der Informationstafeln einen Überblick verschaffen, werden Sie schnell die eiszeitliche Genese der Moorlandschaft verstehen, die durch die Hinterlassenschaften der Gletscher aus der Riß- und Würmzeit gebildet wurden. Gleichermaßen werden Sie auch darüber informiert, dass die gesamte Formgebung der Allgäuer Landschaft ein Kind der Eiszeit ist, die Moore und Seen hat entstehen lassen und deren Entwässerungslinien sich zu Flüssen bündelten, die dann dem Menschen die Richtung für die Entwicklung von Verkehrswegen vorgaben.

Der **Riedsee**, die rund zehn Hektar große Wasserfläche mitten in der Moorlandschaft, ist allerdings nicht natürlichen Ursprungs. Er entstand durch jahrhundertelange Abtorfung, die 1960 eingestellt wurde.

Die Gewinnung von Torf- und Torferde für therapeutisch-medizinische Anwendungen in der Therme währte dagegen noch bis 1995.

Danach wurde der Abbau an dieser Stelle ebenfalls eingestellt und Wiedervernässungsmaßnahmen eingeleitet und das Ried renaturiert. Die ganze Geschichte dazu können Sie sich im **Torfmuseum** ansehen und auf dem Lehrpfad **"Auf den Spuren der Torfstecher"** in natura anschauen. Vertiefende Informationen über das Ried und über das Museum bekommen Sie hier www.wurzacher-ried.de.

Ein besonderes Erlebnis ist die Fahrt mit der 1,5 Kilometer langen Torfbahn, die zwischen zwei stillgelegten Torfwerken verkehrt. Wann sie fährt und wie viel es kostet, erfahren Sie hier https://torfbahn.de.

Ein Teil der Wanderwege sind Bestandteile der **"Wandertrilogie Allgäu"**, auf die wir an dieser Stelle erstmals während unserer Reise durch das Allgäu treffen. Was es damit auf sich hat, wollen wir mit wenigen Worten erläutern.

Wandertrilogie Allgäu

Auf drei Routen, die insgesamt 72 Etappen beinhalten, können Sie 1202 Kilometer durch das Allgäu wandern. Die topografische Vielfalt des Allgäus gibt die Trilogie vor. Die **Wiesengängerroute** umfasst 22 Etappen mit einer Gesamtlänge von 438 Kilometern, die durch die sanftwellige Landschaft im Norden des Allgäus verlaufen. Mit geringen Steigungen und Gefällstrecken stellen sie an einen normalen Wanderer keine besonderen Herausforderungen. Die Wanderwege am Wurzacher Ried sind ein kleiner Teil davon. Die **Wasserläufer-Route** ist etwas anspruchsvoller. In den 26 Etappen dieser Route geht es schon mal heftiger rauf und runter. Insgesamt umfasst sie 406 Kilometer. Die **Himmelsstürmer-Route** ist schließlich etwas für konditionsstarke und geübte Wanderer. Die 24 Etappen führen über 358 Kilometer in die höheren Gipfellagen des südlichen Allgäus.

Eine Übersicht zu den Wanderrouten finden Sie auf dieser Seite www.allgaeu.de unter dem Stichwort "Wandern". Dort ist auch eine interaktive Karte hinterlegt.

Wir sind keine dieser Routen vollständig gegangen und haben uns nur häppchenweise Abschnitte vorgenommen. Die Trilogiewege sind mit drei übereinanderliegenden Steinen symbolisiert, wobei grün für Wiese, blau für Wasser und rot für die Himmelsstürmer steht. Wir haben hier ein Beispiel aus Bad Grönenbach eingefügt.

Vom Wurzacher Ried machen wir uns nun auf den Weg nach Wolfegg, einem weiteren Ort an der Oberschwäbischen Barockstraße. Unterwegs legen wir einen Zwischenstopp am **Metzisweiler Weiher** ein. Hier gibt es einen kleinen bescheidenen und kostenlosen Parkplatz auf einem Wiesengelände direkt am Ufer, den Sie mit diesen Koordinaten [GPS: N47°50'08.7" E9°49'36.4"] erreichen. Schön wäre es, auch über Nacht stehen bleiben zu dürfen, doch das ist leider untersagt. Aber für einen Sprung ins kühle Nass reicht der wenig frequentierte See allemal. Auch kann an diesem

Erfrischendes Bad im Metzisweiler Weiher.

Weiher der Grill zum Einsatz kommen. Wenn Sie nichts dabei haben, was Sie auf den Rost legen könnten, dann gehen Sie den Weg einen Kilometer weiter und gelangen zu einem Demeter-Bauernhof, der in seinem Hoflädle feine Fleisch- und Wurstwaren anbietet. Perfekt für einen ruhigen Bade- und Grilltag.

Am Abend können Sie dann zu dem Stellplatz in **Wolfegg** weiterfahren, um sich am darauf folgenden Tag den Sehenswürdigkeiten dieser Gemeinde zu widmen.

(017) Offizieller WOMO-Stellplatz: Wolfegg – Reisemobilhafen Loretopark

GPS: N47°48'59.7" E9°47'47.7", (678m); Rötenbacher Str. 98, 88364 Wolfegg.

Max. WOMOs: 12, maximale Länge 9 m, max. Aufenthalt 3 Tage.

Ausstattung: Frischwasserversorgung, Abwasserentsorgung ohne Bodeneinlass, Kassettenentleerung, Stromanschlüsse, Behälter für die Müllentsorgung, ganzjährig geöffnet.

Beschreibung: Große, sonnige und halbschattige Stellflächen auf geschottertem, ebenen Untergrund. Bis zur Ortsmitte sind es rund 700, bis zum Schloss 900 Meter.

Preise: 7,00 € für ein Fahrzeug, Frischwasser 1,00 € (80 Liter) und Strom 0,50 € pro kWh. Abwasserentsorgung und Entleerung der Bordtoilette sind kostenfrei.

Zufahrt: An der Straße nach Kißlegg am Ortsausgang auf der linken Seite.

Da wir an der Oberschwäbischen Barockstraße sind, ist ein Blick in die **Pfarrkirche St. Katharina** unvermeidlich, die neben dem Schloss zu finden ist. Es lohnt sich auch, zur **Lo-**

retokapelle hinaufzugehen. Nicht notwendigerweise um das Innere der Kapelle anzuschauen, sondern von der Anhöhe, auf der sie steht, den Blick auf die Alpen zu genießen, die bei guter, klarer Witterung zum Greifen nah zu sein scheinen.

Imposantes Deckengemälde in der Pfarrkirche St. Katharina.

Beeindruckend ist das Deckengemälde in der ehemaligen Stiftskirche, das den Zweikampf des Ritters Johann von Waldburg-Sonnenberg mit Antonio Maria di Sanseverino im Jahre 1487 im Krieg zwischen Tirol und der Republik Venedig zeigt. Ritter Johann gelobt im Falle eines Sieges, Wolfegg ein Kloster zu stiften. Er gewann den Kampf und hielt sein Versprechen. So kam es zu diesem überdimensionalen Gemälde. Den Rest der Geschichte des Klosters und der Klosterkirche ersparen wir uns. Wenn Sie es genauer wissen möchten, so nehmen Sie einen der Kunstführer mit, die in der Kirche für eine kleine Spende angeboten werden. Auf 40 Seiten sind die Details der Geschichte und der Kunstwerke der Kirche bebildert und erläutert.

Porschefahrzeuge im Automuseum.

Wir wenden uns nun einem gänzlich anderen Thema zu und gehen von der Kirche nur wenige Meter weiter in das **Automuseum Wolfegg**, das in zwei Nebengebäuden der Schlossanlage untergebracht ist.

Ein zum Camper ausgebauter T1 aus dem Jahre 1957.

BMW Dixi aus dem Jahre 1928.

In dem Museum werden automobile Raritäten gezeigt, die zwischen den fünfziger und achtziger Jahren auf unseren Straßen verkehrten. Die älteren Leser dieses Buches werden ganz sicher viele Fahrzeuge noch aus eigener Anschauung kennen oder baugleiche Modelle sogar besessen haben. Nicht alle Mobile der Ausstellung stehen dauerhaft in diesem Museum. Sehr viele sind Leihgaben, etliche haben das "H-Kennzeichen", sind fahrbereit und nehmen an der einen oder anderen Oldtimerausfahrt teil.

Der Gang durch die Ausstellungsräume gleicht einer Zeitreise durch die vergangenen Jahrzehnte. Nicht nur die Automobile sind zu bewundern, auch die vielen Alltagsgegenstände führen den älteren Besucher zurück in die Kindheit und Jugend. So ganz nebenbei können Sie die damaligen Preise und Leistungsdaten mit den derzeit gültigen Daten vergleichen. So zum Beispiel auf dem Schild an dem T1, der damals mit satten 42 PS und einer Höchstgeschwindigkeit von 105 km/h über die Straßen kroch und einen Verbrauch von 9,4 Liter auf 100 Kilometern hatte. Für den Liter Sprit waren umgerechnet 0,28 € zu zahlen und der durchschnittliche Monatslohn eines Mannes lag bei umgerechnet 195,00 €. Frauen bekamen die Hälfte. Die Zahlen beziehen sich auf 1957.

Es hat sich also einiges geändert seit dieser Zeit. Den Besuch des Museums können wir wärmstens empfehlen. Nicht nur wegen der Automobile, sondern auch wegen des erstklassigen Blickes in die damit verbundene Geschichte.

Die Öffnungszeiten und Eintrittspreise des Automuseums Wolfegg finden Sie auf dieser Seite www.automuseum-wolfegg.de.

Um das nächste Museum zu besuchen, können Sie Ihr WOMO mitnehmen. Es ist zwar nicht notwendig, aber auf dem Parkplatz vor dem **Bauernhaus-Museum Allgäu-Oberschwaben** an der Vogter Str. 4 gibt es genug Raum, um auch eine Nacht dort zu verbleiben. Sie erreichen den Platz mit diesen Koordinaten [**018:** N47°48'57.5" E9°47'26.7"].

Die meisten der derzeit 28 Gebäude in dem weitläufigen Museumsdorf stammen aus dem 18. Jahrhundert. Kombiniert sind diese Bauten mit gepflegten Bauerngärten, Blumen, Kräuterbeeten sowie regionaltypischen Wiesen, Weiden, Äckern, Sträuchern und frei laufendem Federvieh. In den Stallungen und Koben finden Sie unter anderem auch das Schwäbisch Hällische und sogar das Bunte Bentheimer Landschwein, eine seltene Rasse aus Norddeutschland. Insgesamt hat die Anlage eine Fläche von 15 Hektar, ist sehr weitläufig und durch eine Straße in zwei Hälften getrennt.

Das Museum hat das Ziel, das bäuerliche Leben dieser Region zu dokumentieren, zu erforschen und den Besuchern die Lebensrealität vergangener Zeiten zu vermitteln.

Das Fischerhaus wurde 1788 errichtet.

Die allermeisten Häuser sind transloziert. Das heißt, sie wurden an ihrem Originalstandort abgebaut und hier im Museum wieder aufgesetzt. Nur wenige Gebäude, wie das nebenstehende Fischerhaus, stehen an ihrem ursprünglichen Standort. Heute dient es als Restaurant und hat in erster Linie eine schwäbische Küche im Angebot.

Das Haus Andrinet kommt aus Urlau bei Leutkirch. Es wurde 1740 erbaut und ist der Vertreter eines Flachdachhofes.

Zu allen Häusern gibt es umfassende Erläuterungen über Baujahr, Ursprungsstandort und

Funktion. Die Wohnräume sind mit Mobiliar ausgestattet, was in die jeweilige Zeit passt und in den Scheunen finden sich verschiedene Gerätschaften für den Ackerbau.

Auf dieser Seite www.bauernhausmuseum-wolfegg.de erfahren Sie die Öffnungszeiten und Eintrittspreise. Darüber hinaus werden dort auch die Veranstaltungen des Museums angekündigt und beschrieben. Wenn Sie also zum Beispiel einmal mit Ihren Kindern eine Heuernte erleben wollen, dann schauen Sie doch bitte den entsprechenden Termin auf der Webseite nach.

Nach dem Besuch dieses ansprechenden und informativen Museums verlassen wir Wolfegg und fahren nach **Kißlegg** weiter, das nur neun Kilometer entfernt liegt.

Dort steuern wir diesen Stellplatz an, der sich direkt am gern und viel besuchten **Obersee** befindet.

(019) Offizieller WOMO-Badeplatz: Kißlegg – Strandbad Obersee

GPS: N47°47'43.5" E9°52'46.4", (648m); Am Obersee 2, 88353 Kißlegg.
Max. WOMOs: 24, maximale Länge 10 m, max. Aufenthalt 2 Tage.

Ausstattung: Frischwasserversorgung, Abwasserentsorgung mit Bodeneinlass, Kassettenentleerung, Stromanschlüsse, Behälter für die Müllentsorgung, ganzjährig geöffnet.
Beschreibung: Große sonnige, teilweise auch schattige, mit Kies bedeckte Stellflächen mit Grünstreifen am Rand. Entfernung zur Ortsmitte 800 Meter.
Preise: In der Sommersaison sind 7,00 €, in der Wintersaison 5,00 € für die Stellfläche eines Fahrzeuges zu zahlen. Frischwasser gibt es für 1,00 €, Strom kostet 0,50 € pro kWh.
Zufahrt: Aus Wolfegg in Kißlegg angekommen, zunächst am Ende der Straße rechts abbiegen, dann vor dem Bahnübergang links, gleich danach noch einmal links abbiegen und die Straße bis zum Ende durchfahren.

Liegewiese am Obersee.

Der Obersee ist ein Naturbadesee, an dessen südlichem Rand Spielplatz, Liegewiese und diverse Einrichtungen wie Kinderbecken, Sand- und Matschbereiche, Schaukel, Kletter- und Sprungturm sowie einiges andere installiert wurden. Für alle, die mit Kindern unterwegs sind, ist das ein schöner

Etappenort, wo die Lütten sich richtig austoben und nach Herzenslust planschen und matschen können. Die Liegewiese bietet sowohl schattige als auch sonnige Areale und ist groß genug, um die Privatsphäre zu gewährleisten. Darüber hinaus sorgt die DLRG in den Sommermonaten für eine Überwachung des Badebereichs und ein Kiosk für das leibliche Wohl. SUP- und Bootsverleih runden das Freizeitangebot ab.

Das Neue Schloss in Kißlegg.

Zwei Schlösser haben wir für Kißlegg zu vermelden. Das **Alte Schloss** haben wir schnell abgehandelt, denn es wird heute für Schulungen und Veranstaltungen genutzt und kann nur von außen betrachtet werden. Sollten Sie beruflich nach einem außergewöhnlichen Seminarstandort suchen, dann schauen Sie auf diese Seite www.altes-schloss-kisslegg.de.

Mit dem **Neuen Schloss** und der Pfarrkirche **St. Gallus und Ulrich** bietet die Gemeinde zwei Orte, die mit barocker Pracht aufwarten können. Während die dreischiffige Kirche keine besonderen Öffnungszeiten kennt, sollten Sie vor dem Besuch des Neuen Schlosses, in dem auch das Heimatmuseum untergebracht ist, auf die Zeiten achten, die Sie auf dieser Seite nachlesen können www.kisslegg.de. Aber auch wenn es nicht in Ihre Terminplanung passt, ein Spaziergang

Das Rathaus in Kißlegg.

durch den Schlosspark und durch die Stadt ist immer reizvoll. Und wenn Ihre Kamera mit einem guten Teleobjektiv bestückt ist, werden Sie mit dem Storchennest auf dem Schlossdach ein schönes weiteres Fotomotiv vorfinden.

Reizvoll ist auch der Erlebnispfad durch das **Kißlegger Burgermoos**, der in 700 Metern Entfernung vom Rathaus am Familienfreizeitgelände Spielplatz St. Anna beginnt. Er ist als Rundweg angelegt, etwa vier Kilometer lang und durch Mitmachstationen und Aktionsfelder als ein spielerisch-lehrreicher Pfad gestaltet. Zu einem großen Teil verläuft er auf Bohlenwegen.

Weiter geht die Fahrt mit dem WOMO zum **Ellerazhofer Weiher**. Es ist ein See, der bereits im Mittelalter angelegt wurde und eine Fläche von rund 46 Hektar hat. Eine frei zugäng-

(020) WOMO-Campingplatz: Ellerazhofer Weiher

GPS: N47°48'54.6" E9°57'11.4", (663m);
Campingweg 13, 88299 Leutkirch im Allgäu.
Max. WOMOs: 8, maximale Länge 9 m.
Ausstattung: Frischwasserversorgung, Abwasserentsorgung mit Bodeneinlass, Kassettenentleerung, Stromanschlüsse, Behälter für die Müllentsorgung. Im Servicegebäude gibt es Duschen, WCs, Waschmaschinen und Trockner. Der Platz ist vom 1. Mai bis Mitte September geöffnet.
Beschreibung: Es ist ein Platz, der überwiegend mit Dauercampern belegt ist. Die zur Verfügung stehenden Stellflächen sind eben und auf Schotterrasen angelegt und liegen direkt am Seeufer. Hunde sind auf diesem Platz nicht erlaubt.
Preise: Personen ab 16 Jahren zahlen 7,00 €, für Kinder zwischen 0-15 Jahren sind 5,00 € zu zahlen, für das Wohnmobil sind 15,00 € zu entrichten. Strom, Ver- und Entsorgung ist im Preis enthalten.
Zufahrt: In Ellerazhofen den Hinweisen zum Campingplatz folgen.
Reservierung/Kontakt: Tel.: 07563/7018
Web: www.weihercamping.de.

liche Badestelle haben wir nicht entdecken können. Über den Campingplatz ist ein Zugang möglich.

Der Platz hat allerdings den Nachteil, nur über sehr wenige Stellflächen für Durchreisende zu verfügen, die in den Sommermonaten ruckzuck belegt sind. Fragen Sie per Telefon nach, ob etwas frei ist.

Ansonsten können Sie gleich die Reise zu unserem nächsten Ziel fortsetzen. Dabei handelt es sich um das **Schloss Zeil**, Wohnsitz der Familie von Waldburg-Zeil, das sich auf einem Endmoränenhügel auf 754 Metern Höhe befindet, wie es am Eingangstor vermerkt ist. Auch wenn die Innenräume des im Stil der Renaissance zwischen 1599 und 1614 errichteten vierflügeligen Schlosses nicht besichtigt werden können, lohnt der kleine Umweg zu diesem Anwesen. Ein Spaziergang durch die Außenanlagen und den Schlosspark ist tagsüber für Besucher möglich. Am Abend werden die Zugangstore geschlossen. Das kleine, ruhig gelegene Restaurant am Fuße des Schlosses ist von dieser Schließung nicht betroffen. Einen beschriebenen und bebilderten Rundgang finden Sie auf dieser Seite https://schlosszeil.de. Auf dieser Seite www.leutkirch.de fin-

Brunnen im Innenhof des Schlosses.

Das Eingangstor des Unteren Hofes.

den Sie einen Downloadbereich, der eine bunte Vielfalt an Prospekten und Wandervorschlägen rund um Leutkirch bereitstellt. Dort ist auch ein PDF vorhanden, das auf 12 Seiten das Schloss und den Rundweg durch die Anlage erläutert.

Besonders reizvoll ist der Gang zu der Aussichtsterrasse, die – gutes Wetter vorausgesetzt – ein sehr schönes Alpenpanorama bietet, so wie Sie es auf dieser Seite sehen können. Den Parkplatz des Schlosses erreichen Sie mit diesen Koordinaten [GPS: N47°52'02.6" E9°59'44.7"]. Eine Übernachtung ist an dieser Stelle nicht möglich. Einen kleinen Parkplatz, auf dem Sie übernachten können und der einen ähnlichen Panoramablick bietet, finden Sie wenige Seiten weiter auf der Siggener Höhe.

Nun geht es aber erst nach **Leutkirch**. Die rund 23.000 Einwohner zählende Stadt ist eines der Etappenziele der Wiesengängerroute, die wir auf der Seite 57 kurz skizziert haben. Von hier geht es über 25 Kilometer nach Bad Wurzach und in der anderen Richtung über 26 Kilometer zunächst zum Glasmacherdorf **Schmidsfelden** und dann weiter nach Altusried, ein Ort, dessen Beschreibung Sie in der Tour 5 ab der Seite 132 finden. Neben diesen langen Strecken gibt es einige als Rundtouren angelegte Wanderwege, die auf einer

Panoramablick vom Schloss Zeil auf die Alpen.

Wanderkarte verzeichnet sind, die Sie auf der bereits genannten Seite von Leutkirch bestellen oder sich bei der Tourist-Info vor Ort besorgen können. Leider steht diese Karte nicht als Download zur Verfügung, so wie die Radfahrkarte. Mit der sehr gut lesbaren Radkarte lassen sich schnell Rundtouren planen, die entweder über Aitrach (Illerblick) mit 48, Bad Wurzach (Land in Sicht) mit 50, Kißlegg (Himmelwiesen) mit 45 oder Wolfegg (Bauernland) mit 56 Kilometern führen. Die Klammerzusätze sind die Bezeichnungen der Radwege, die alle ihr eigenes Signet haben. Auf der Rückseite der Radkarte sind die einzelnen Touren beschrieben. Höhenprofile zeigen Ihnen an, welche Steigungen und Gefällstrecken zu erwarten sind. Diese Karte eignet sich auch sehr gut, um von Isny oder Wangen Radrundtouren zu starten. Insgesamt sind auf der Karte 13 Rundtouren verzeichnet und beschrieben, deren Informationen Sie sich zusätzlich über QR-Codes auf Ihr Smartphone laden können. Über Outdooractive ist auch ein download der gpx-Daten möglich. Das macht den Radausflug noch einfacher, wenn Sie es gewohnt sind mit den dafür notwendigen technischen Geräten umzugehen. Drei der vier genannten Wege führen an dem Stellplatz vorbei, den Sie auf der folgenden Seite beschrieben finden.

(021) Offizieller WOMO-Badeplatz: Leutkirch – Naturfreibad Stadtweiher

GPS: N47°49'23.0" E10°02'23.7", (667m);
Kemptener Straße 62, 88299 Leutkirch im Allgäu.
Max. WOMOs: 14, maximale Länge 12 m.

Ausstattung: Frischwasserversorgung, Abwasserentsorgung mit Bodeneinlass, Kassettenentleerung, Stromanschlüsse, Behälter für die Müllentsorgung, WLAN, Brötchenservice, ganzjährig geöffnet.
Beschreibung: Auf Rasengittersteinen sind Stellflächen in der Größe von 6x12 Metern angelegt, die durch breite asphaltierte Zufahrten erreicht werden können. Das Naturfreibad Stadtweiher befindet sich nur wenige Meter entfernt. Unweit davon bietet der Bayrische Hof klassische Allgäuer Küche zu moderaten Preisen.
Preise: 8,00 € für ein Fahrzeug inkl. einer Freikarte für das Freibad. Der Ticketautomat nimmt nur Münzen. Scheine oder EC-Karte gehen nicht. Die Entsorgung ist kostenlos, über Münzautomaten gibt es Frischwasser für 1,00 € und Strom für 0,50 € pro kWh.
Zufahrt: An der Straße nach Kempten am Ortsausgang auf der rechten Seite, gleich hinter der Fa. Goldschmitt.

Gänsbühl mit Bock, Bockturm und Gänseliesel-Brunnen.

Ob Sie nun lieber wandern oder lieber Rad fahren, Ihrem Bewegungsdrang können Sie hier freien Lauf lassen und zum Abschluss einer Tour praktischerweise auch gleich noch eine Runde im Naturfreibad Stadtweiher schwimmen gehen, das in den Sommermonaten bis 19:00 geöffnet ist.

Wenden wir uns nun dem Stadtzentrum zu. Es ist etwas mehr als einen Kilometer vom Stellplatz entfernt. Ein Stadtplan mit einer Auflistung der einzelnen sehenswerten Gebäude finden Sie am Rande des Stellplatzes. Die Orientierung wird damit auf dem Stadtspaziergang erleichtert.

Interaktiv finden Sie ihn auch auf dieser Seite www.leutkirch.de/tools/stadtrundgang. Mit diesem Tool sind eine Reihe von Bildern und Texten verbunden. Die Texte liegen auch im Mp3-Format vor. Damit können Sie sich auch akustisch durch die Altstadt führen lassen.

Auf der Liste der Sehenswürdigkeiten steht der **Gänsbühl** mit dem Bock und dem **Bockturm** ganz oben. Im Bock ist das Heimatmuseum untergebracht, gleich daneben steht der Bockturm, der von einem Café/Restaurant www.cafebock.de flankiert wird. Am unteren Ende des Gänsbühl genannten Platzes befindet sich der **Gänseliesel-Brunnen**.

Blick in die Lammgasse mit dem Turm der Dreifaltigkeitskirche im Hintergrund.

Innerhalb der Altstadt mangelt es nicht an Einkehrmöglichkeiten. Von der einfachen Pizza bis zur feinen und delikaten Küche in der Goldenen Krone gibt es eine große Spannbreite.

Nach dem Besuch der Stadt wechseln wir wieder den Standort und fahren zu diesem Campingplatz.

(022) WOMO-Campingplatz: Am Badsee

GPS: N47°45'14.4" E10°00'15.5", (693m); Allmisried 1, 88316 Beuren.
Max. WOMOs: >20, maximale Länge 9 m.
Ausstattung: Frischwasserversorgung, Abwasserentsorgung mit Bodeneinlass, Kassettenentleerung, Stromanschlüsse, Behälter für die Müllentsorgung, WLAN, Brötchenservice, Gaststätte mit Kiosk und Sonnenterrasse, Streichelgehege mit Ziegen, Hasen und Schweinen. Im Sanitärgebäude gibt es Duschen, WCs, Waschmaschinen und Trockner. Der Platz ist von April bis zum 15. Oktober geöffnet.
Beschreibung: Es ist eine familiäre geführte Anlage, die überwiegend mit Dauercampern belegt ist. Die Touristenplätze sind eben, die Stellflächen bestehen aus einer Mischung aus Kies und Rasen. Top-gepflegte Sanitäranlagen.
Preise: Personen ab 16 Jahren 6,00 €, Jugendliche 12-15 Jahre 5,25 €, Kinder 6-11 Jahre 4,50 €, Kinder bis 5 Jahre 3,00 €, Hund 3,50 €, Wohnmobil je nach Stellplatzgröße und Lage zwischen 8,60 € und 12,50 €, Strom 0,70 pro kWh.
Zufahrt: Die Zufahrt zum Badsee ist gut ausgeschildert und der Weg dorthin nicht zu verfehlen.
Reservierung/Kontakt: Tel.: 07567/1026
E-Mail: info@campingbadsee.de, Web: http://campingbadsee.de.

Liegewiese am Badsee.

Im Gegensatz zum Ellerazhofer Weiher befindet sich an dieser Stelle neben dem Campingplatz eine gepflegte öffentliche Badestelle mit großer Liegewiese, die Sie auf dem Foto oben abgebildet sehen. In der Saison 2021 wurde kein Eintritt verlangt und es gab aufgrund von Personalmangel auch keine Badeaufsicht. Das kann sich aber wieder ändern. Mit einer Badeaufsicht wird auch wieder Eintritt erhoben werden. Wie hoch der sein wird, wissen wir nicht. In jedem Fall ein idyllischer Ort, dessen Parkplatz nur wenige Meter vom Eingang des Campingplatzes entfernt ist.

Das Südufer des Badsees grenzt an die Gemeinde **Argenbühl**, die 1972 durch den Zusammenschluss von zuvor sechs selbstständigen Ortschaften entstandenen ist. Argenbühl ist ein Kunstname. Er wurde abgeleitet aus dem Namen des Flusses Argen und dem "Bühel", das im süddeutschen Raum, in Vorarlberg und der Westschweiz für "Hügel" steht. Die kleine Gemeinde im württembergischen Allgäu, die rund 6500 Einwohner zählt, verfügt gleich über fünf Stellplätze. Sie sind zwar alle bescheiden klein und bieten zumeist nur Platz für jeweils zwei Mobile, aber immerhin! Es ist ja schön, mit offizieller Genehmigung ein kleines Plätzchen für die Nacht ansteuern zu können, ohne befürchten zu müssen, unsanft geweckt zu werden oder am Morgen ein "Knöllchen" unter dem Scheibenwischer zu finden, wie Ihnen das im Oberallgäu passieren kann, wenn Sie das Nachtparkverbot auf den allermeisten Wanderparkplätzen ignorieren oder übersehen, wie Sie später noch sehen werden.

Kommen wir zurück nach Argenbühl, das wir jetzt zum Ende dieser Tour im nördlichen Bereich durchfahren. Der südliche Teil der Gemeinde ist dann gleich im nächsten Kapitel an der

Reihe. Über Gottrazhofen mit seinem Wasserkraftwerk und einigen weiteren kleinen Dörfern, die Sie in der Karte auf der Seite 50 entdecken können, geht es auf die **Siggener Höhe** [**023:** N47°42'24.4" E9°55'32.8"]. Es ist ein kleiner Parkplatz, der sich auf 723 Metern Höhe befindet und zu den kostenlosen offiziellen Stellplätzen der Gemeinde zählt. Selbst wenn Sie hier nicht übernachten wollen, lohnt ein Stopp, denn die Aussicht auf die Alpen (gutes Wetter vorausgesetzt) ist einfach grandios. Eine Kaffeepause an dieser Stelle ist ein-

Stellplatz Siggener Höhe.

Blick von der Siggener Höhe.

fach reizvoll. Der Verkehr auf der Straße hält sich sehr in Grenzen und stört den Aufenthalt kaum. Ver- und Entsorgungseinrichtungen gibt es nicht und das nächste Lokal ist auch weit weg.

In **Ratzenried** auf dem Parkplatz an der Grundschule finden Sie den nächsten, allerdings weit

Stellplatz Ratzenried an der Grundschule.

weniger attraktiven offiziellen Stellplatz der Gemeinde mit diesen Koordinaten [**024:** N47°43'18.6" E9°54'13.6"]. Hier haben Sie zwar keine schöne Aussicht, aber Sie können in eines der beiden Restaurants des Ortes einkehren, die Sie zu Fuß bequem erreichen können.

Wanderparkplatz Burgruine Ratzenried.

Dann haben wir insbesondere für diejenigen, die mit Hunden unterwegs sind, noch eine weitere ruhige Übernachtungsmöglichkeit auf dem Wanderparkplatz in der Nähe der **Burgruine Ratzenried** anzubieten. Sie finden den Platz mit diesen Koordinaten [**025:** N47°42'52.7" E9°54'04.6"] südlich des Ortes. Folgen Sie dazu dem braunen Schild "Burgruine", das Sie in einer Kurve nach dem Ortsausgang Ratzenried sehen werden. Bis zum Eingang der Ruine sind es von diesem Platz nur 300 Meter.

Burgruine Ratzenried.

Die Anlage liegt versteckt im Wald. Sie wurde auf einem Bergsporn errichtet und diente einst dem Kloster St. Gallen als eine Station zur Sicherung ihres Herrschaftsbereiches. Nachdem Jos Humpiß aus Ravensburg, ein Mitinhaber der großen Ravensburger Handelsgesellschaft, das St. Gallische Lehen von Ratzenried mit seinen Höfen erwarb, wurde die Burg in sehr umfangreichem Stile umgebaut und erweitert. In einer 1580 angefertigten Ansicht wird eine repräsentative

Burganlage gezeigt, die den verbliebenen Grundmauern und Bestandteilen der Burg entspricht. Es war eine imposante Anlage von 220 Metern Länge und rund 75 Metern Breite, die in drei Komplexe gegliedert war. Brücken verbanden diese einzeln gesicherten Burgteile miteinander. Diese Gebäudepracht wurde durch die Schweden während des Dreißigjährigen Krieges am 8. Mai 1632 zerstört. Ein Wiederaufbau erfolgte nicht. Die Ruine wurde eine Zeit lang als Steinbruch für den Bau neuer Häuser in Ratzenried genutzt und war über Jahrhunderte mehr oder minder dem Verfall preisgegeben. Erst nach der Gründung des Heimatvereins im Jahre 1983 wurden grundlegende Sanierungs- und Erhaltungsmaßnahmen vorgenommen, die zu dem Ergebnis führten, das Sie heute sehen können. Einen Spaziergang durch den Wald und die Burgruine ist zu jeder Zeit möglich. Nur in der Nacht dürfen Sie sich nicht dort aufhalten. Eine Erweiterung des Spaziergangs mit einer Umrundung des angrenzenden Schlossweihers ist leider nicht möglich, weil es keinen Wanderweg um dieses Gewässer gibt. Einkehrmöglichkeiten sind nicht vorhanden. Die nächstgelegene befindet sich in der Ortsmitte von Ratzenried in einem Kilometer Entfernung.

Die letzte Station dieser Tour ist **Wangen**. Die ehemalige Reichsstadt zählt heute rund 27.000 Einwohner. Sie gilt mit ihrer malerischen Altstadt als eine der beeindruckendsten historische Orte in Süddeutschland. Sie zeigt mit Gebäuden vom frühen Mittelalter bis zum späten Barock ein geschlossenes Ensemble mit außerordentlichen Bauwerken. Bevor wir uns der Altstadt widmen, stellen wir den neuen örtlichen Stellplatz vor, der bei unserer Reise in 2021 noch nicht fertiggestellt war.

Historisches Rathaus in Wangen.

(026) Offizieller WOMO-Stellplatz: Wangen im Allgäu

GPS: N47°40'43.0" E9°49'55.7", (551m); Südring, 88239 Wangen im Allgäu.
Max. WOMOs: 39, maximale Länge 10 m, max. Aufenthalt 5 Tage.
Ausstattung: Frischwasserversorgung, Abwasserentsorgung mit Bodeneinlass, Kassettenentleerung, Stromanschlüsse, Behälter für die Müllentsorgung, WLAN. Sanitärgebäude mit Duschen und WCs. Der Platz ist ganzjährig geöffnet.
Beschreibung: Neu eingerichtete Anlage mit Plätzen in der Größe von 5 auf 10 Metern auf Rasengittersteinen. Frisch angelegter Fußweg in die Innenstadt.
Preise: Bei Drucklegung waren die Preise noch nicht bekannt.
Zufahrt: Es erfolgt eine direkte Anbindung über den Südring.

Das Frauentor, malerischer Abschluss der pittoresken Herrenstraße.

St. Martin gewidmet. Das Martinstor am westlichen Ausgang der Altstadt.

Die bunte Vielfalt der Altstadt ist beeindruckend. Der viel verwendete Spruch "In Wange bleibt ma hange" wird da gleich verständlich, denn schnell haben Sie den Altstadtkern, der von den Resten der Stadtmauer und den schönen malerischen Stadttoren eingefasst ist, nicht durchschritten. Wer die vielen historischen Gebäude nicht auf eigene Faust erkunden mag, dem empfehlen wir, sich einer der zahlreichen öffentlichen Führungen anzuschließen, die Sie auf dieser Seite www.wangen-tourismus.de verzeichnet finden. Auf der Seite finden Sie auch eine ausführliche Darstellung der sehenswerten Gebäude und Brunnen, die in der Altstadt anzutreffen sind. Dabei zeigt sich Wangen, neben den alten Brunnen, die als Viehtränken genutzt wurden oder für Trinkwasser sorgten, mit den neueren Brunnen und Skulpturen auch von seiner humoristischen Seite.

Die "Verdruckten Allgäuer" in der Nähe des Rathauses sind ein Beispiel. Die Skulptur der Anlage nimmt die Männerwelt ein wenig auf's Korn. Im Sockel sind Allgäuer Lebensweisheiten zu lesen. "Recht hätt mancher – aber sage sott er's it" (Die Wahrheit kennt mancher – aber aussprechen sollte er sie nicht) oder „Nix gsagt ischt gnuag globet“ (Nichts gesagt, ist genug gelobt) sind Redewendungen, die sicher auch an anderen Orten geläufig sind. Den zweiten Spruch werden Sie im "Schwobeländle" oder "The Länd" wie es neuerdings heißt, öfter hören.

Wer sich über die Geschichte der Stadt näher informieren will, der geht in die **Eselmühle**. Hier sind hinter dem Mühlrad das Stadtmuseum, das Museum der mechanischen Musikinstrumente und das Käsereimuseum untergebracht. Über den Wehrgang geht es in das Deutsche Eichendorff Museum und in das Gustav-Freytag-Museum. In alle fünf Museen gelangen Sie nur durch diesen einen Eingang, der unten auf dem Foto bei genauer Betrachtung erkennbar ist.

Der Rathausturm in Wangen.

Einen wohltuenden Abschluss findet unser Besuch der Stadt in "Stoffel's Stadtbräu" mit integriertem Sudhaus, dessen Außenbestuhlung Sie teilweise auf dem Foto unten sehen können www.stoffels-stadtbraeu.de. Es gibt aber noch wesentlich mehr gute Gasthöfe in der Stadt, in die es sich einzukehren lohnt. Probieren Sie es aus.

Eselmühle mit Museen und begehbarer Stadtmauer.

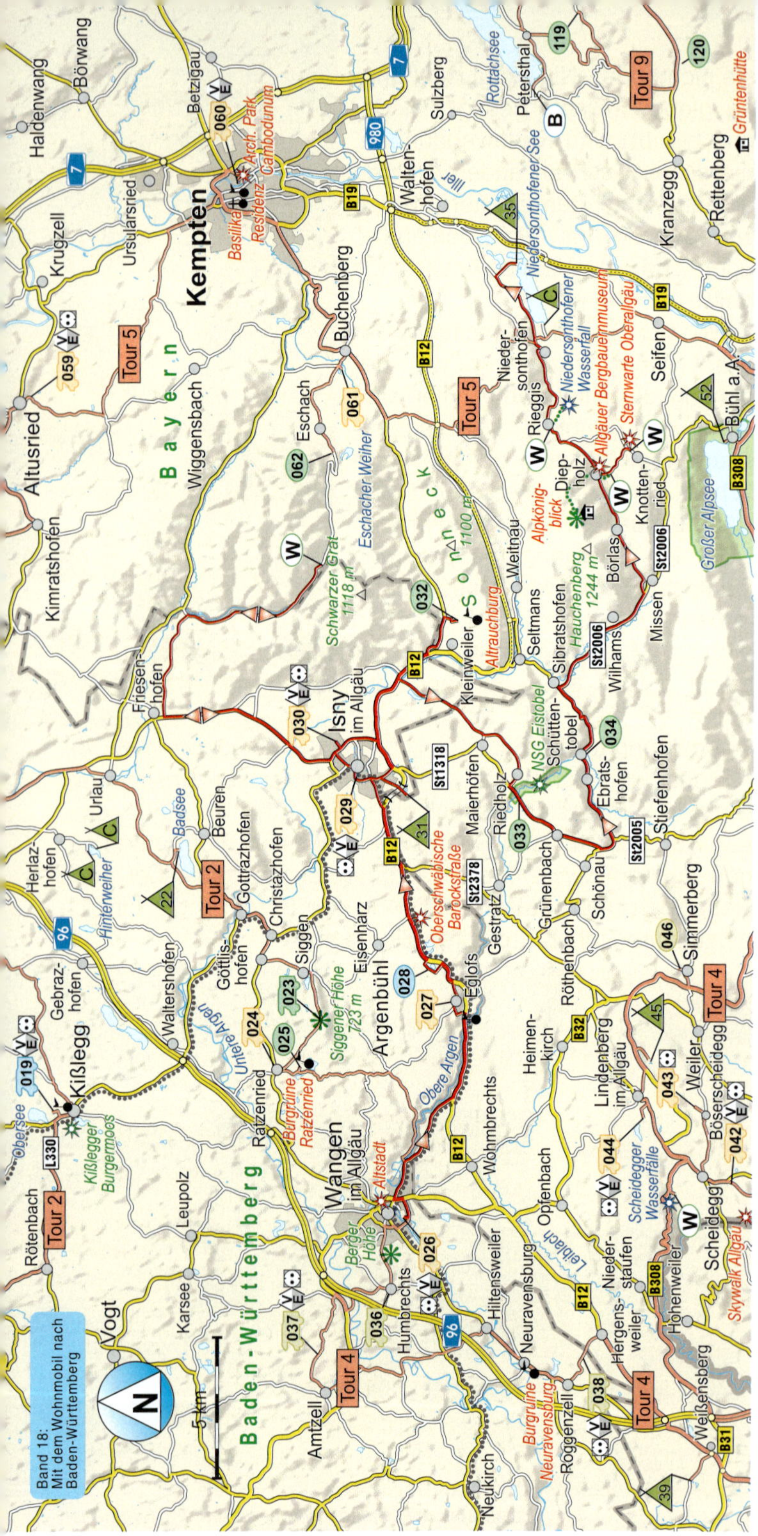
Band 18: Mit dem Wohnmobil nach Baden-Württemberg
N
5 km
Baden-Württemberg
Bayern
Kempten
Basilika
Residenz
Arch. Park Cambodunum
Isny im Allgäu
Wangen im Allgäu
Altstadt
Argenbühl
Kißlegg
Kißlegger Burgermoos
Siggener Höhe 723 m
Burgruine Ratzenried
Berger Höhe
Oberschwäbische Barockstraße
Schwarzer Grat 1118 m
Eschacher Weiher
Sonneck 1100 m
Altrauchburg
Hauchenberg 1244 m
Alpkönigblick
NSG Eistobel
Niedersonthofener See
Niedersonthofener Wasserfall
Allgäuer Bergbauernmuseum
Sternwarte Oberallgäu
Großer Alpsee
Rottachsee
Scheidegger Wasserfälle
Skywalk Allgäu
Burgruine Neuravensburg
Grüntenhütte
Obere Argen
Untere Argen
Iller
Leiblach
Hinterweiher
Badsee
Obersee
Tour 2
Tour 4
Tour 5
Tour 9
Altusried
Buchenberg
Wiggensbach
Friesenhofen
Kimratshofen
Eschach
Kleinweiler
Weitnau
Seltmans
Sibratshofen
Wilhams
Missen
Börlas
Knottenried
Diepholz
Rieggis
Niedersonthofen
Waltenhofen
Sulzberg
Seifen
Bühl a. A.
Kranzegg
Rettenberg
Petersthal
Betzigau
Haldenwang
Börwang
Krugzell
Ursulasried
Herlazhofen
Urlau
Beuren
Gottrazhofen
Christazhofen
Siggen
Göttlishofen
Eisenharz
Eglofs
Gestratz
Maierhöfen
Riedholz
Grünenbach
Schönau
Ebratshofen
Schüttentobel
Stiefenhofen
Simmerberg
Röthenbach
Heimenkirch
Lindenberg im Allgäu
Weiler
Böserscheidegg
Scheidegg
Hohenweiler
Niederstaufen
Hergensweiler
Opfenbach
Wohmbrechts
Hiltensweiler
Neuravensburg
Humbrechts
Roggenzell
Weißensberg
Neukirch
Amtzell
Karsee
Leupolz
Vogt
Rötenbach
Ratzenried
Gebrazhofen
Waltershofen
B12
B19
B32
B308
B31
980
7
96
L330
St1318
St2378
St2005
St2006

TOUR 3 (ca. 100 km)

Eglofs – Isny im Allgäu – Kleinweiler – Riedholz – Schüttentobel – Diepholz – Niedersonthofen

Stellplätze:	Eglofs, Isny im Allgäu, Kleinweiler, Riedholz, Schüttentobel.
Campingplätze:	Isny im Allgäu, Riedholz, Niedersonthofen.
Besichtigungen:	Eglofs (Ortskern), Isny im Allgäu (Altstadt, Dethleffs-Werk), Kleinweiler (Burgruine Altrauchburg), Diepholz (Bergbauernmuseum) Knottenried (Sternwarte Oberallgäu).
Wandern/Radwandern:	Riedholz (Naturschutzgebiet Eistobel), Diepholz (Alpkönigblick), Rieggis (Niedersonthofener Wasserfall).
Baden/Wellness:	Freibad in Eglofs, Niedersonthofener See.

Von der hügeligen Allgäuer Voralpenlandschaft begeben wir uns nun in etwas höhere Gefilde, ohne gleich in alpine Bereiche vorzustoßen.

Von Wangen geht es in dieser Tour entlang der Oberen Argen zunächst nach Eglofs, dem größten Ortsteil von Argenbühl, dessen nördliches Gemeindegebiet wir schon in der vorangegangenen Tour ab der Seite 70 mit der Siggener Höhe und Ratzenried durchquert haben.

In Isny besuchen wir nicht nur die sehenswerte Altstadt, sondern werfen auch einen Blick in die Produktionsstätten des bekannten WOMO-Herstellers Dethleffs. Danach steht eine kleine Wanderung hoch zur Burgruine Altrauchburg auf dem Programm und nach kurzer Fahrt eine weitere Wanderung durch den Eistobel. Es ist ein malerisches tiefes Tal mit Wasserfällen, das uns einen ersten Vorgeschmack gibt auf die Engtäler und Schluchten, die im weiteren Verlauf des Buches noch folgen werden.

Danach geht es zum Allgäuer Bergbauernmuseum. Den Besuch dort verbinden wir mit einer kleinen aussichtsreichen Wanderung und schauen anschließend in den Sternenhimmel. Mit dem Niedersonthofener Wasserfall und mit der Ankunft am Niedersonthofener See findet diese Tour ihren Abschluss.

Beginnen wir also in **Eglofs**, das rund zehn Kilometer von Wangen entfernt ist und an der Oberen Argen liegt. Den Versuch, das schöne **Schloss Syrgenstein** oberhalb des Ortes zu besichtigen, können Sie sich sparen. Wir haben nicht vergessen, es in die Reihe der Sehenswürdigkeiten aufzunehmen. Es kann nicht besichtigt werden, denn es befindet sich

Der Dorfplatz von Eglofs.

in Privatbesitz und die Eigentümer möchten nicht durch Besucher behelligt werden.

In Eglofs können Sie Ihr Fahrzeug auf dem offiziellen Stellplatz am Panoramabad am Eisenharzer Weg abstellen [**027:** N47°39'54.9" E9°56'15.5"]. Bis in die Ortsmitte mit dem schönen Gasthof Ellgass am Dorfplatz sind es zu Fuß rund 800 Meter. Dieser Betrieb verarbeitet in der Küche die Produkte der eigenen, traditionell betriebenen Landwirtschaft. Mehr Allgäuer Originalität geht kaum.

Nur zwei Kilometer von der Ortsmitte entfernt gibt es einen Naturbadeweiher. Es ist ein schönes, idyllisches und gepflegtes **Moorbad**, dessen Parkplatz Sie mit diesen Koordinaten erreichen [**028:** N47°40'13.3" E9°56'58.0"]. Mit etwas Glück

Das Moorbad in Eglofs.

finden Sie hier einen Parkplatz. An sonnigen Tagen, wenn alle in und an das Wasser wollen, kann das schwierig werden, bei schlechterem Wetter ist es naturgemäß einfacher. Wichtig zu wissen: An diesen Badesee herrscht ein Hundeverbot. Der durch Quellen gespeiste kleine See verfügt über einen Badesteg, Liegewiesen, einen Planschbereich und einen Sandplatz für Kleinkinder. Der Kiosk bietet bei gutem Wetter kühle Getränke und Snacks an. Der Eintritt ist frei, eine Badeaufsicht gibt es nicht.

Das nächste größere Etappenziel ist **Isny**. Hier wurde unser fahrbarer Untersatz zusammengeschraubt, denn in dieser Stadt befindet sich das Stammwerk von Dethleffs, dem renommierten Wohnwagen- und Wohnmobilhersteller.

Um die Stadt zu besuchen, fahren wir diesen Stellplatz am Rande der Altstadt an.

(029) Offizieller WOMO-Stellplatz: Isny im Allgäu – Untere Mühle

GPS: N47°41'39.8" E10°02'16.6", (695m); Seidenstraße 41, 88316 Isny im Allgäu.
Max. WOMOs: 16, maximale Länge 9 m, max. Aufenthalt 2 Tage.
Ausstattung: Frischwasserversorgung, Abwasserentsorgung mit Bodeneinlass, Kassettenentleerung, Stromanschlüsse, Behälter für die Müllentsorgung. Der Platz ist ganzjährig geöffnet.

Beschreibung: Überwiegend schattenlose, ebene Stellflächen auf feinem Kies, die nicht besonders geräumig sind. Es ist ein klassischer Übernachtungsplatz für Besucher der Altstadt, die nur 5 Minuten Fußweg entfernt ist. Wer einen längeren Aufenthalt plant, ist auf dem Campingplatz besser aufgehoben.
Preise: 7,50 € für ein Fahrzeug (Dethleffs-Reisemobile 5,00 €) plus Kurtaxe in Höhe von 1,50 € pro Person werden auf dem Platz von einer Bediensteten der Stadt kassiert. Frischwasser gibt es für 1,00 € und Strom kostet 0,50 € pro kWh. Abwasserentsorgung und die Entleerung der Bordtoilette sind kostenfrei.
Zufahrt: Am Ortseingang von Isny an der Jet-Tankstelle links abbiegen, der Straße bis zu einer Kreuzung mit einem REWE-Supermarkt folgen, dort links abbiegen und noch 900 Meter weiterfahren und dabei die Beschilderung zum Stellplatz beachten.

Die 14.000 Einwohner zählende Kleinstadt liegt im äußersten Südosten von Baden-Württemberg an der Grenze zu Bayern. Hausberg ist der 1118 Meter hohe **Schwarze Grat**, der einen 28 Meter hohen Aussichtsturm trägt und ein beliebtes Wandergebiet ist. Mit diesen Angaben [GPS: N47°42'05.3" E10°08'59.7"] kommen Sie zum Wanderparkplatz am Fuße des Berges. Der Weg hinauf ist etwas

Im Espantor ist die Städtische Galerie untergebracht.

Das Wassertor ist der nördliche Ausgang der Altstadt. Es diente als Gefängnis.

mehr als drei Kilometer lang.

Wir wollen uns aber nicht diesem Berg und dem Aussichtspunkt widmen, sondern der historischen Altstadt von Isny.

Vom Stellplatz sind es nur wenige Meter bis zur Stadtmauer. Unweit des **Espantores** passieren wir die Mauer und sind nach wenigen Metern schon auf dem Marktplatz mit dem Blaserturm, der einst als Feuerwachturm genutzt wurde und Tag und Nacht besetzt war. Schräg gegenüber befindet sich das Rathaus, das sich aus drei ehemaligen Patrizierhäusern zusammensetzt.

Den nördlichen Ausgang der Stadt bildet das **Wassertor**, ein Gebäude, das in der zweiten Hälfte des 15. Jahrhunderts errichtet wurde. Neben den bereits genannten Türmen gibt es noch vier weitere, die in der Stadtmauer integriert sind. Hinzu kommen noch die Türme der Nikolaikirche sowie der Kirche St. Georg und Jakobus. Isny hat in seinem aus der Vogelperspektive betrachteten Altstadtoval also viele Türme aufzuweisen, die auch aus großer Entfernung zu sehen sind. Diese Turmsilhouette wurde auch bei der Entwicklung des Stadt-Logos herangezogen.

Kunst und Kultur kommen in Isny nicht zu kurz. Mit dem **Steuerzahlerbrunnen** auf dem Viehmarkt wird die Steuerverschwendung aufs Korn genommen. Gemolken wird der Steuerbürger. Doch die Eimer, in die das Steuergeld fließt, sind löchrig oder werden umgeworfen und der Ertrag versickert im Boden. "Alles für die Katz" ist der Untertitel des Kunstwerkes. Symbolisiert wird dies durch die Katze am Rande der Figurengruppe, die die Reste der Verschwendung aufschleckt.

Der Steuerzahlerbrunnen auf dem Viehmarkt in Isny. Eine künstlerische Darstellung über die Steuerverschwendung.

Andere Kunstwerke und Kulturgüter sind in den beiden nebeneinanderstehenden Kirchen zu bewundern. Dazu gehören die Deckengemälde in der **St. Georg und Jakobuskirche**. Es ist eine dreischiffige Hallenkirche aus der Mitte des 17. Jahrhunderts. Sie war die Kirche des 1803 aufgehobenen Benediktinerklosters. Im Rahmen der Gegenreformation wurde der Innenraum der Kirche in einem filigranen Rokokostil umgestaltet, die im 18. Jahrhundert vollendet wurde. Besonders beachtenswert sind die vier großen Freskenbilder an der Decke des Kirchenschiffes.

Deckengemälde in der katholischen Kirche St. Georg und Jakobus

Die **Prädikantenbibliothek** in der Nikolaikirche wird oft als die "Wikipedia des Mittelalters" bezeichnet. Die kleine, 5 x 5 Meter große Bibliothek umfasst etwa 2650 Titel. Es sind Schriften von Luther, Melanchthon und Zwingli darunter. Begonnen wurde die Büchersammlung

In der Prädikantenbibliothek der evangelischen Stadtpfarrkirche St. Nikolaus.

Schloss Isny in einer Teilansicht.

mit dem Isnyer Pfarrer Konrad Brenberg. Den Schwerpunkt bildet die Reformationsbewegung, denn die Isnyer Bürger begrüßten Luthers Kritik an der herrschenden Praxis der Katholischen Kirche und verlangten nach aufschlussreicheren Predigten. Mit der Bibliothek sollten sich die Prediger für ihre Aussagen besser vorbereiten können. Über die Öffnungszeiten und Führungen in diese kleine Bibliothek informiert diese Seite www.isny-evangelisch.de.

Das ehemalige Benediktinerkloster wurde nach dem großen Stadtbrand von 1631 im 17. Jahrhundert im barocken Stil wieder aufgebaut. Es wurde nach der Säkularisierung ein Schloss, diente den herrschenden Grafen als Residenz. Später wurde ein Krankenhaus daraus, dann ein Pflegeheim. Die Geschichte dieses Gebäudekomplexes ist lang und sehr wechselhaft mit vielen Hochs und Tiefs.

Heute dient das Gebäude der Kunst. Die Kunsthalle und die Städtische Galerie sind hier untergebracht. Darüber hinaus finden in den Räumlichkeiten Veranstaltungen statt. Der Schwerpunkt liegt in der Präsentation der Werke des in Isny geborenen Malers und Buchillustrators **Friedrich Hechelmann**. Über die Öffnungszeiten, Führungen, Ausstellungen und Eintrittspreise informiert diese Seite https://kunsthalle-schloss-isny.de.

Wenn Sie an einer Besichtigung der Stadt durch geschulte und kenntnisreiche Gästeführer interessiert sind, die Sie durch die Geschichte, das Mittelalter und auch durch das Rathaus Isnys führen, so schauen Sie bitte auf diese Seite www.isny.de. Dort finden Sie unter dem Stichwort "Veranstaltungen" sowohl die Führungsangebote als auch einen Veranstaltungskalender.

Kommen wir nun zur Kunst des Reisemobilbaus. Wenn Sie ein Fahrzeug der Fa. Dethleffs fahren, dann können Sie auf dem Stellplatz des Fahrzeugherstellers zwei Nächte lang kostenlos Ihr Wohnmobil abstellen. Sie finden den Platz neben dem Werksgelände mit diesen Koordinaten [**030:** N47°41'57.2" E10°03'13.6"]. Es ist ein ruhiger Übernachtungsplatz auf Asphalt. Fahrzeuglenker anderer Fabrikate zahlen 5,00 €, die Kurtaxe in Höhe von 1,50 € müssen alle entrichten. Eine Ver- und Entsorgungsstation ist vorhanden, die Stromversorgung für die neun Stellplätze ist kostenlos. Eine Werksbesichtigung der Firma ist möglich.

Besuch bei der Fa. Dethleffs – oder wie alles begann

Es begann mit dem **Wohnauto**, das **Arist Dethleffs** 1931 entwarf und baute. Wobei der Terminus Wohnauto nicht zutreffend ist, den es handelte sich um einen einachsigen Wohnwagen.

Die Fa. Dethleffs wurde 1832 gegründet. Sie stellte Peitschen, später auch Skistöcke her. Arist Dethleffs war vertrieblich sehr viel unterwegs und wollte seine Gemahlin, die Künstlerin Fridel Dethleffs-Edelmann und das gemeinsame Kind auf seinen langen Dienstreisen nicht alleine lassen. Er kam deshalb auf die Idee, ein fahrbares Atelier mit Schlafplätzen für den Eigenbedarf zu entwickeln, das an seinen Pkw angehängt werden konnte. Es entstand ein 4,38 Meter langes, 1,6 Meter breites und 2 Meter hohes Fahrzeug. Eine ausklappbare Sitzbank konnte zu einem Doppelbett umgebaut werden. Ein Tisch, ein Stockbett und Schränke vervollständigten die Einrichtung.

Auf seinen Reisen stieß dieses Gefährt auf großes Interesse und mehrfach tauchte die Frage auf, wo dieses "Wohnauto" erworben werden kann. Da es keinen Hersteller gab, wurden auf Kundenwunsch mehrere Fahrzeuge gefertigt und damit begann die Geschichte des professionellen Wohnwagenbaus. Nach dem Zweiten Weltkrieg wurde die Produktion von Peitschen und Skistöcken zugunsten der Herstellung von Wohnwagen aufgegeben. Kontinuierlich ging die Entwicklung voran, Firmenhallen wuchsen, Mitarbeiterzahlen stiegen und 1977 kam die Produktion von Wohnmobilen dazu. Das Wohnauto gibt es im Original nicht mehr. Ein Nachbau aus der Lehrwerkstatt der Fa. Dethleffs können Sie im **Erwin Hymer Museum** in Bad Waldsee bewundern. In unserem Buch

Montage bei Dethleffs, einst und jetzt.

Der Nachbau des Wohnautos im Hymermuseum Bad Waldsee.

über Baden-Württemberg (Band 18 der WOMO-Reihe) finden Sie das Museum beschrieben. Der Wohnwagen und Wohnmobilhersteller gehört seit 2015 zur Erwin Hymer Group, die mittlerweile aus 20 Marken besteht.

Wie nun die Reisemobile in Isny zusammengebaut werden, was es dabei alles zu beachten gibt und wie die Produktionsprozesse im Einzelnen ablaufen, das schauen Sie sich am besten vor Ort an. Diese komplexen Vorgänge zu beschreiben macht wenig Sinn, das müssen Sie einfach gesehen haben. Über die Möglichkeiten der Werksführungen finden Sie auf dieser Seite www.dethleffs.de unter dem Stichwort "Dethleffs" nähere Informationen.

Wie Sie sehen, gibt es in und um Isny eine Fülle von Dingen, die angeschaut oder erlebt werden wollen und damit auch einen längeren Aufenthalt sinnvoll erscheinen lassen. Dafür bietet sich dieser Campingplatz an.

(031) WOMO-Campingplatz: Waldbad Camping Isny

GPS: N47°40'42.5" E10°01'50.6", (756m); Lohbauerstr. 69, 88316 Isny.
Max. WOMOs: 50, maximale Länge 12 m.
Ausstattung: Frischwasserversorgung, Abwasserentsorgung mit Bodeneinlass, Kassettenentleerung, Stromanschlüsse, Behälter für die Müllentsorgung, WLAN, Brötchenservice. Gasthaus mit Sonnenterrasse und Blick auf dem See. Darüber hinaus gibt es Grillstellen, Sport- und Spielplätze. Das Servicegebäude verfügt über Duschen, WCs, Waschmaschinen und Trockner. Der Platz ist von Mitte März bis Ende Oktober geöffnet.

Beschreibung: Angenehme, beschauliche und ruhige Anlage am Felderholzweiher mit sonnigen sowie schattigen Stellflächen auf Rasengittersteinen am Waldrand. Die Komfortstellplätze sind etwa 100 Quadratmeter groß, die Standardplätze zwischen 65 und 90 Quadratmeter. Für eine Buchung wird die Verwendung des Verfügbarkeits- bzw. Buchungskalenders auf der Webseite empfohlen.
Preise: Die Gebühren sind auf der Webseite des Campingplatzes nach den verfügbaren freien Zeiten genannt. Schauen Sie bitte dort nach.
Zufahrt: Im Süden Isnys den Hinweisschildern zum Waldbad folgen.
Reservierung/Kontakt: Tel.: 07562/2389
E-Mail: info@camping-isny.de, Web: www.camping-isny.de.

Isny ist einer der Portalorte für die Wandertrilogie, die wir auf der Seite 57 bereits skizziert hatten. Eine Etappe der

Der Felderholzweiher neben dem Campingplatz ist ein Naturbadesee.

Wasserläufer Route führt von Isny nach Bolsternang. Sie ist 22 Kilometer lang und durchaus anspruchs-, aber auch reizvoll. Sie führt durch den Eistobel, den wir gesondert behandeln wollen. Bolsternang ist richtig geschrieben, Bolsterlang der bekannte Ort weiter im Süden, zu dem wir auch noch kommen werden, ist nicht gemeint. Die Tour in die andere Richtung führt zurück nach Eglofs. Sie ist mit 12 Kilometern Länge nicht nur deutlich kürzer, sondern aufgrund der topographischen Verhältnisse auch wesentlich einfacher zu gehen.

Neben diesen Fernwanderwegen laden eine Fülle von kurzen und längeren Wanderrouten rund um Isny dazu ein, die Schuhe zu schnüren. Wir verweisen noch mal auf die Seite www.isny.de, in der Sie unter dem Stichwort Urlaub + Aktiv 30

Bei Isny. Liebliche Landschaft mit Alpenpanorama.

Touren der unterschiedlichsten Kategorien beschrieben finden. Da wird für Sie sicher etwas dabei sein. Für die Radler unter Ihnen sei noch einmal auf die Übersichtskarte mit den Rundtouren hingewiesen, die es auch rund um Isny gibt. Wir liefern Ihnen hier die Langversion des links, denn bei der Benutzung der Webseite fällt einem die Karte nicht gleich auf www.wuerttembergisches-allgaeu.info/fileadmin/user_upload/Dateien/Flyer_Radreiseregion_Endversion_small-komprimiert.pdf.

Neben den allgemeinen Tipps für Wander- und Radausflüge, die in der Fülle gar nicht zu überblicken sind, haben wir uns zwei kleinere Wanderziele herausgepickt, die mit dem WOMO leicht zu erreichen sind. Auf den Wanderparkplätzen dieser Ziele ist auch eine Übernachtung möglich.

Beginnen wir mit dem Waldparkplatz am Fuße des Sonnecks hinter Kleinweiler, den Sie mit diesen Koordinaten [**032:** N47°39'39.8" E10°06'38.6"] erreichen.

Wanderparkplatz hinter Kleinweiler.

Von diesem ruhigen und schattigen Platz haben Sie nur einen Kilometer bis zur **Burgruine Alttrauchburg** zu gehen. Auf der Strecke haben Sie einen Höhenunterschied von einhundert Metern zu überwinden. Da die Steigung kontinuierlich verläuft, ist das nicht sonderlich anstrengend.

Burgruine Alttrauchburg.

Blick in die Landschaft nördlich der Alttrauchburg.

Die Ruine liegt auf einem Bergsporn in 903 Metern Höhe. Die hochmittelalterliche Anlage mit den Quadern aus dem Nagelfluh wurde, nachdem sie ihre militärische Bedeutung als Herrschaftsmittelpunkt verloren hatte, im 18. Jahrhundert als Steinbruch benutzt, unter anderem für das Schloss in Kißlegg.

Gaststätte am Fuße der Burgruine.

Sicherungsmaßnahmen in den Achtzigerjahren führten zu dem heutigen Stand. Auf Schautafeln werden die Geschichte der Burg und die Mauertechniken erläutert. Sie ist ein beliebtes Wanderziel, das durch die bewirtete Hütte am Fuße der Burg an Attraktivität gewinnt. Sie können hier etwas Kühles trinken und auch etwas essen, bevor es zum Sonneckkreuz auf 1030 Meter und zum Sonneck auf 1100 Meter Höhe weitergeht. Am Sonneckkreuz liegt Ihnen das Städtchen Weitnau zu Füßen und in der Ferne sind die Alpen zu erkennen, die jedoch durch den gegenüberliegenden Höhenzug leicht verdeckt werden. Wenn Sie von dort den Weg zum WOMO zurückgehen, haben Sie mindestens fünf Kilometer hinter sich gebracht. Es gibt ausgeschilderte Variationen in den Wegführungen, die auch längere Strecken ergeben.

Am Wanderparkplatz gibt es ein Kneipp-Tretbecken, in dem Sie ihre Beine ein wenig kühlen können. Bei unserem Besuch sah es nicht sonderlich verlockend aus. Das kann aber auch den fehlenden Pflegemaßnahmen während der Corona-Pandemie geschuldet sein und heute wieder anders aussehen.

Frisches, erquickendes und rauschendes Wasser gibt es bei unserem nächsten Ziel. Um dorthin zu kommen, fahren wir ein Stück zurück in Richtung Isny, biegen unterwegs aber nach Maierhöfen ab, fahren an dem Ort vorbei und dann über die **Argentobelbrücke** zu diesem kostenlosen Wanderparkplatz [**033:** N47°38'28.5" E10°01'31.4"].

Bevor wir uns dem **Eistobel** zuwenden, wollen wir noch darauf hinweisen, das es vom Fuße des Sonnecks bis nach Kempten (Tour 5) nur noch zwanzig Kilometer sind und auf dem Weg dorthin der Eschacher Weiher ein lohnenswertes Ziel darstellt. Schauen Sie dazu auf die Seite 140 und auf die Seiten davor.

Nun aber zum Eistobel. Der Parkplatz ist zwar kostenlos, der Zugang in die Schlucht allerdings nicht. Nach der Entrichtung einer geringfügigen Eintrittsgebühr, die am Infopavillon erhoben wird, können Sie zwischen Mai und Oktober das tiefe Tal betreten. Auch dieser Abschnitt ist ein Teil der Wandertrilogie Allgäu.

Wanderparkplatz Argentobelbrücke.

In den Wintermonaten ist der Zugang offiziell nicht gestattet. Was aber den einen oder anderen "Winterwanderer" nicht davon abhält, die Schlucht zu betreten. Es ist nicht ungefährlich, denn die Wege werden nicht geräumt. Aber die Betrachtung der bizarren, märchenhaft anmutenden Eisformationen des gefrorenen Wassers haben einen ganz besonderen und außergewöhnlichen Reiz. Schließlich wird diese Schlucht nicht umsonst "Eistobel" genannt. Winterwanderer werden nicht davon abgehalten, sie zu betreten. Nur sollten diese mit entsprechender Ausrüstung ausgestattet sein. Gute Wanderschuhe mit Eiskrallen sind dabei als Mindestausstattung unerlässlich. Reizvoll ist es aber auch im Sommer. Besonders an heißen Tagen ist der Eistobel nicht nur wegen seines wilden und ungestümen Verlaufs interessant, sondern bietet mit seinen schattigen Wegen, dem aufspritzen-

Wanderweg am Ausgang des Eistobels.

dem Wasser und einer Gischt an den Wasserfällen eine willkommene Abkühlung.

Gehen wir also hinein. Zunächst geht es über viele Stufen hinunter an die Obere Argen, die sich am Ausgang des Eistobels als flacher, breiter, plätschernder Bach präsentiert, an dem ein leicht zu gehender Wanderweg vorbeiführt. Das ist noch nichts Außergewöhnliches, Wanderwege dieser Art gibt es viele. Spektakulär wird es erst nach etwa einem Kilometer, wenn Felsbarrieren zu Stromschnellen und Wasserfällen führen und es im weiteren Verlauf flussaufwärts in die enger werdende Schlucht geht, wo die Argen steile Felswände geschaffen hat. Neben den Strecken, in denen der Fluss mit hoher Fließgeschwindigkeit die Felsen hinabstürzt, gibt es im Felsen immer wieder flache Bereiche mit wassergefüllten Strudellöchern, die Sie als Sitzbadewanne oder für ein Fußbad nutzen können.

Abkühlung gefällig?

Der Große Wasserfall im Eistobel.

Entstanden ist der Eistobel am Ende der letzten Eiszeit vor rund 15.000 Jahren. Der Druck und die Menge eines Schmelzwassersees oberhalb des Eistobels führte zunächst zu einer kleinen, dann zu einer größeren und sich rasch vertiefenden Abflussrinne, durch die letztlich die Schlucht entstand. Mit "rasch" sind dabei geologische Zeiträume gemeint und nicht die Zeit, die ein Mensch aus eigenem Erleben überblicken kann.

Im Eistobel finden Sie den ganzen Vorgang auf einer Tafel mit Karten und graphischen Darstellungen erläutert. Wir verzichten darauf, das an dieser Stelle aufzuführen. Es würde zu lang werden.

Für Sie als Besucher ist noch wichtig zu wissen, dass Sie den Eistobel auch vom oberen Ende her betreten können. Dazu fahren Sie den kostenlosen Wanderparkplatz in **Schüttentobel** an [**034:** N47°37'10.7" E10°02'47.9"]. Folgen Sie von diesem Platz der Beschilderung und vergessen Sie bitte nicht, Kleingeld mitzunehmen, denn am oberen Eingang wartet ein Drehkreuz mit einem Münzautomaten darauf gefüttert zu werden. Ohne passenden Münzeinwurf kommen Sie nicht in die Schlucht hinein.

Das Thema Wildwasser und Schluchten werden wir noch steigern, wie Sie in der Tour 6 ab der Seite 147 mit der Starzlachklamm und ab der Seite 158 mit der Breitachklamm sehen werden.

Bis wir dort sind, dauert es aber noch. Jetzt steht der Besuch des **Allgäuer Bergbauernmuseums** auf dem Programm, das sich in Diepholz, einem Ortsteil von Immenstadt befindet.

Der Sattlerhof im Allgäuer Bergbauernmuseum.

Den Besuch des Freilichtmuseums können Sie gleich mit einer Wanderung auf dem fünf Kilometer langen **Kuhnigundenweg** verbinden, der an dem für WOMOs geeigneten Parkplatz [GPS: N47°36'32.4" E10°10'47.0"] und am Museumsgelände vorbeiführt.

Nebenbei bemerkt, befinden wir uns auf einem Sattel, der Teil der Europäischen Hauptwasserscheide ist. Auf der einen Seite fließt alles dem Rhein und damit der Nordsee zu, auf der anderen Seite münden alle Fließgewässer letztlich in die Donau, die ihre Mündung bekanntlich im Schwarzen Meer hat. Wenden wir uns nun dem Museum zu.

Es ist kein klassisches Freilichtmuseum mit viel translozierten Häusern, die an einem Fleck versammelt einen Überblick über die Architektur von Bauernhäusern vergangener Jahrhunderte vermitteltn. In diesem Museum steht vielmehr die Milchwirtschaft der Allgäuer Bergbauern im Vordergrund. Es ist ein lebendiges Museum, das zum "Mitmachen" einlädt. Über das Jahr gesehen wird ein vielfältiges Programm insbesondere für Kinder angeboten, das Sie auf dieser Seite anschauen können www.bergbauernmuseum.de. Hier finden Sie nicht nur das Veranstaltungsprogramm und die Öffnungszeiten, sondern auch schöne Panoramaaufnahmen des Museums und der Umgebung. Besonders erwähnenswert ist ein Spaziergang durch einen Kuhmagen, was schon falsch formuliert ist, denn es sollte "Mägen" heißen. Bekanntlich hat die Kuh vier dieser Verdauungsorgane. Wie diese zusammenspielen, um aus dem saftigen Gras der Allgäuer Wiesen Milch entstehen zu lassen, bekommen Sie anschaulich illustriert. Wie dann aus der Milch der berühmte Allgäuer Käse entsteht, wird selbstverständlich auch demonstriert.

Klassisches Allgäuer Weiderind.

Für Kinder sind Spielplätze eingerichtet. Darüber hinaus gibt es das Heu-Hüpfen im Heustock, das im Sommer mit frischem Allgäuer Heu aufwarten kann. Der Trettraktoren-Parcours lädt zu einer Geschicklichkeitsfahrt ein und wer sich traut, darf bei der Fütterung der Tiere mithelfen. Und zum guten Schluss ist noch die **Höfle-Alpe** zu erwähnen, in der sich die Gäste zu einer zünftigen Brotzeit einfinden und bei gutem Wetter von der Terrasse den weiten Blick über das Tal mit den Alpen im Hintergrund genießen können.

Unweit des Bergbauernmuseums befindet sich auf der Höhe die **Sternwarte Oberallgäu**. Es ist eine kleine, von einem Verein betriebene Anlage, die Besucher empfängt. Wenn Sie Interesse an der Astronomie haben, schauen Sie auf diese Seite www.sternwarte-oberallgaeu.de, um die Öffnungszeiten zu erfahren. Auf diesem Parkplatz, nur wenige Meter von der Anlage entfernt [GPS: N47°36'11.1" E10°11'18.4"], können Sie Ihr Fahrzeug abstellen. Der Parkplatz bietet sich auch für eine "aussichtsreiche" Wanderung an.

Eine weitere Wanderung steht bei dem letzten Programmpunkt dieser Tour auf dem Plan. Sie führt rund um den **Niedersonthofener See** und in einer Erweiterung bis zum **Niedersonthofener Wasserfall** als einem der Höhepunkte der Wandertour. Den Wasserfall können Sie, wenn Sie keine längere Wanderung unternehmen möchten, auch von diesem Parkplatz [GPS: N47°37'47.6" E10°12'07.5"] in Rieggis erreichen. Hin und zurück sind es von dieser Stelle nur drei Kilometer. Auf dem Wanderweg rund um den Niedersonthofener See mit einem Besuch des Wasserfalls sind dagegen vom Campingplatz, den Sie auf der rechten Seite beschrieben finden mindestens 14 Kilometer zurückzulegen. Je nach Jahreszeit und Niederschlagsverhältnissen ist die Wassermenge die der Schrattenbach über den Nagelfluhfelsen schüttet sehr unterschiedlich. Das Einzugsgebiet des Baches ist ja aufgrund der wenigen Kilometer entfernt liegenden Wasserscheide nicht sehr groß.

Niedersonthofener Wasserfall.

Der See, dessen Entstehung auf eine Abzweigung der Eismassen des Illergletschers zurückzuführen ist, weist vier offizielle Badeplätze auf. Einer davon befindet sich an dem vorgestellten Campingplatz.

Wenn Sie von diesem See weiter nach Süden nach Sonthofen, Oberstdorf und in das Kleinwalsertal fahren möchten, dann blättern Sie bitte weiter auf die Seite 142. Im nächsten Kapitel gehen wir noch einmal zurück

(035) WOMO-Campingplatz: Niedersonthofener See – Insel Camping am See

GPS: N47°38'28.4" E10°16'43.2"; Insel 32, 87448 Waltenhofen.
Max. WOMOs: >20, maximale Länge 10 m.
Ausstattung: Frischwasserversorgung, Abwasserentsorgung mit Bodeneinlass, Kassettenentleerung, Stromanschlüsse, Behälter für die Müllentsorgung, WLAN. Im Servicegebäude gibt es Duschen, WCs, Waschmaschinen und Trockner. Der Platz ist ganzjährig geöffnet.

Beschreibung: Relativ kleiner, weitgehend sonniger Platz mit ebenen Rasenflächen, eigenem Badestrand und Liegewiese.
Preise: Erwachsene Person 6,80 €, Kinder 2-10 Jahre 4,50 €, Hund 3,50 €, Wohnmobil zwischen 8,00 € und 12,00 €, Strom 0,65 € pro kWh, Umweltabgabe pro Fahrzeug 1,50 €, Kurtaxe (ab 16 Jahre) 1,20 €. Für die Vor- und Nachsaison gibt es Sonderangebote, die auf der Webseite nachgelesen werden können und es gibt Rabatte für Mitglieder von Campingclubs. Auch dies kann auf der Webseite nachgelesen werden.
Zufahrt: Von Niedersonthofen in Richtung Waltenhofen/Kempten fahren und am Ende des Niedersonthofener Sees den Hinweisen zum Campingplatz folgen.
Reservierung/Kontakt: Tel.: 08379/881
E-Mail: info@insel-camping.de, Web: www.insel-camping.de.

Blick auf Niedersonthofen mit dem Niedersonthofener See.

nach Wangen und fahren diesmal über Lindau am Bodensee über die Deutsche Alpenstraße bis nach Immenstadt, das wenige Kilometer südlich des Niedersonthofener Sees am Alpsee liegt.

Kempten
Buchenberg
Eschach
Walten-hofen
Iller
Nieder-sonthofen
Niedersont-hofener See
Niedersonthofener Wasserfall
Allgäuer Bergbauernmuseum
Sternwarte Oberallgäu
Rieggis
Diepolz
Alpkönigblick
Hauchenberg 1244 m
Börlas
Knottenried
Seifen
Kranzegg
Rettenberg
Grünten 1738 m
Burgberg
Immenstadt
Bühl a.A.
Großer Alpsee
Alpsee Coaster
Immenstädter Horn 1489 m
Mittag 1451 m
Blaichach
Sonthofen
Ofter-schwang
Gunzesried
Gunzesried-Säge
Weltcup-Hütte
Ofterschwanger Horn 1411 m
Altstädten
Hinang
Eschacher Weiher
Schwarzer Grat 1118 m
Sonneck 1100 m
Weitnau
Altrauchburg
Kleinweiler
Seltmans
Sibratshofen
Wilhams
Missen
Wiede-mannsdorf
Thalkirchdorf
Hündlekopf 1112 m
Buchenegger Wasserfälle
Weißach
Hochgrat 1832 m
Naturpark
Nagelfluhkette
Isny im Allgäu
NSG Eistobel
Schütten-tobel
Ebrats-hofen
Stiefenhofen
Bayern
Maierhöfen
Riedholz
Oberstaufen
Steibis
Fluh 1391 m
Falken 1564 m
Eisenharz
Oberschwäbische Barockstraße
Gestratz
Grünenbach
Schönau
Simmerberg
Hausbachklamm
Röthenbach
Heimenkirch
Lindenberg im Allgäu
Weiler
Böserscheidegg
Aach im Allgäu
Sulzberg
Siggen
Siggener Höhe 723 m
Argenbühl
Eglofs
Obere Argen
Ratzenried
Burgruine Ratzenried
Wangen im Allgäu
Altstadt
Wohmbrechts
Opfenbach
Scheidegger Wasserfälle
Scheidegg
Skywalk Allgäu
Lindenau
Scheffau
Österreich
Berger Höhe
Humbrechts
Hiltensweiler
Neuravensburg
Burgruine Neuravensburg
Leiblach
Roggenzell
Nieder-staufen
Hergens-weiler
Hohenweiler
Pfänder 1064 m
Bregenz
Bregenzer Ach
Amtzell
Neukirch
Baden-Württemberg
Weißensberg
Lindau
Reutin
Zech
Insel (Altstadt)
Bad Schachen
Wasserburg
Bodensee
Hard
Rhein
NSG Rheindelta
5 km
N
Band 16: Mit dem Wohnmobil in den Schwarzwald und an den deutschen Bodensee
Tour 2
Tour 3
Tour 5
Tour 6
B12
B19
B31
B32
B308
St2005
St2006
St1318
St2378
980
96

TOUR 4 (ca. 140 km)

Amtzell – Neuravensburg – Lindau – Scheidegg – Lindenberg – Simmerberg – Oberstaufen – Thalkirchdorf – Bühl am Alpsee – Immenstadt

Stellplätze:	Amtzell, Neuravensburg, Lindau, Scheidegg, Lindenberg, Simmerberg, Oberstaufen-Thalkirchdorf, Bühl am Alpsee, Immenstadt.
Campingplätze:	Lindau, Lindenberg im Allgäu, Aach im Allgäu, Bühl am Alpsee.
Ver-/Entsorgung:	Amtzell, Neuravensburg, Lindau, Scheidegg, Lindenberg, Oberstaufen, Immenstadt.
Besichtigungen:	Burgruine Neuravensburg, Lindau (Altstadt).
Wandern/Radwandern:	Zu den Scheidegger Wasserfällen, Skywalk Allgäu, auf den Hochgrat, zum Hündlekopf, rund um den Großen Alpsee.
Baden/Wellness:	Freibad in Scheidegg, Strandbad am Großen Alpsee.

Die **Deutsche Alpenstraße** führt von Lindau zunächst in die Westallgäuer Berge, dann über den kurvigen Oberjochpass zu den Königsschlössern Neuschwanstein und Oberschwangau und danach weiter über die Zugspitzregion und den Chiemgau bis nach Berchtesgaden. So weit reicht unser Buch allerdings nicht, wir bleiben im westlichen Bereich dieser Touristenstraße. Östlichster Punkt ist in diesem Band die Wieskirche, die wir in der Tour 11 (siehe Seite 294) beschrieben haben.

In dieser Tour fahren wir von Wangen nach Lindau und beginnen dort unsere Reise über die Deutsche Alpenstraße, die uns in diesem Kapitel über Oberstaufen bis nach Immenstadt führt. Auf dem Weg in das malerische Lindau haben wir Stellplätze mit kulinarischen Angeboten auf dem Programm. Nach dem Besuch der Insel in Lindau geht es in die Berge, zu Wasserfällen, Bergbahnen und reizvollen Wanderwegen.

Starten wir also und verlassen Wangen in westliche Richtung. Zunächst geht es auf die Berger Höhe. Erstes Ziel ist **Leonhardts Stall-Besen,** ein rustikales Ausflugslokal mit traditioneller regionaler Küche und einem Stellplatz auf einer Wiese, den Sie mit diesen Koordinaten [**036:** N47°41'06.3" E9°47'53.5"] bequem erreichen können. Nach dem Selbstverständnis der Gastgeberfamilie wird an diesem Ort eine "etwas andere Gastronomie" präsentiert. Sie können vorab auf diese Seite schauen https://stall-besen.de. Dort sehen Sie die Familie,

Übernachtungsplatz am Stall-Besen.

den Biergarten, die Gasträume und Sie können einen Blick in die umfangreiche Speisekarte werfen.

Dass bei der Nutzung des Platzes eine Anmeldung und eine Einkehr in die Gaststätte oder den Biergarten erfolgt, sollte eine Selbstverständlichkeit sein. Wohnmobilspezifische Ver- und Entsorgungsanlagen sind an diesem Ort nicht zu verzeichnen. Das bietet der nächste Stellplatz auf unserer Reise. Es sind sauber angelegte Stellplätze mit allem Komfort. Sie finden diese in der Gemeinde **Amtzell** oberhalb eines Gasthauses.

(037) Offizieller WOMO-Gasthof-Stellplatz: Landgasthof Adler Amtzell

GPS: N47°42'29.7" E9°45'58.8", (606m); Büchel 3, 88279 Amtzell-Büchel.
Max. WOMOs: 27, maximale Länge 12 m.

Ausstattung: Frischwasserversorgung, Abwasserentsorgung mit Bodeneinlass, Kassettenentleerung, Stromanschlüsse, Behälter für die Müllentsorgung, WLAN, Brötchenservice. Im Servicegebäude gibt es Dusche und WC. Der Platz ist ganzjährig geöffnet. Restaurant mit gutbürgerlicher Küche, die ausgezeichnete Allgäuer und oberschwäbischen Spezialitäten auf der Karte hat.

Beschreibung: Große sonnige (6 x 12 m) Plätze auf Rasengittersteinen mit zusätzlichem Grünstreifen für Tisch und Stühle. Ruhige Lage außerhalb des Ortes zwischen Wiesen und Weiden.

Preise: 13,00 € für ein Fahrzeug mit 2 Personen. Jede weitere Person 2,00 €, Kinder bis 12 Jahre 1,00 €, Ver- und Entsorgung kostenlos, Strom 0,50 € pro kWh.

Zufahrt: Auf der B32 kurz vor der Autobahn am P&R-Platz links abbiegen und der Beschilderung zum Stellplatz folgen.

Reservierung/Kontakt: Tel.: 07520/19248383 oder 0176 65657468
E-Mail: info@buechelwiesen.de, Web: www.buechelwiesen.de.
Reservierungen sind nur ab einem Aufenthalt von 4 Tagen möglich.

Auf dem weiteren Weg nach Lindau statten wir in **Neuravensburg** der Burgruine einen Besuch ab. Parken können Sie an dieser Stelle [GPS: N47°38'06.6" E9°45'20.8"]. Von hier sind es nur rund 500 Meter bis zur Ruine, zu deren Füßen alljährlich ein mittelalterliches **Burgspectaculum** stattfindet. Wenn Gaukler, Märchenerzähler, Musiker und Ritter im Burggelände unterwegs sind, ist es vorbei mit der beschaulichen Ruhe, die dieser alte Bergfried hoch über dem Ort ausstrahlt. Wann das Spektakel stattfindet, können Sie auf der Seite www.oberschwaben-tourismus.de erfahren, wenn Sie unter der Rubrik "Veranstaltungen" schauen.

Die Ruine des Bergfrieds ist der verbliebene Teil einer ehemals stolzen mittelalterlichen Burg. Der Turm ist über Treppen begehbar. Von oben offenbart sich ein weiterer Blick auf die Alpen, aber auch auf Neuravensburg und den Weiher am Rande des Ortes, der zu einem Spaziergang und zu einem kleinen Bad einlädt.

Burgruine Neuravensburg.

Lang haben wir uns in diesem Ort nicht aufgehalten, uns drängt es nach Lindau. Nächste Station ist dieser Stellplatz.

(038) Offizieller WOMO-Bauernhof-Stellplatz: Hundrißhof – Josef Berle

GPS: N47°37'17.8" E9°45'50.6", (547m); Dabetsweiler 21, 88239 Wangen
Max. WOMOs: 14, maximale Länge 12 m.
Ausstattung: Frischwasserversorgung, Abwasserentsorgung mit Bodeneinlass, Kassettenentleerung, Stromanschlüsse, Behälter für die Müllentsorgung. Der Platz ist von Mitte März bis Mitte November geöffnet.
Beschreibung: Große sonnige, gepflasterte und geschotterte Stellflächen direkt neben den Hofgebäuden, sehr ruhig. Guter Ausgangspunkt für Radtouren nach Lindau und an den Bodensee. Der privat angelegte Stellplatz wird unkompliziert und familiär geführt. Es gibt einen Pizza- und einen Restaurantlieferservice für den Platz. Die Speisekarten hängen und liegen aus. Gekühlte Getränke sind in einem der Gebäude zu finden. Die Bezahlung erfolgt auf Vertrauensbasis durch Münzeinwurf in ein bereitgestelltes Kässle.

Preise: 12,00 € für ein Fahrzeug inkl. Ver- und Entsorgung und Strom. Anmeldung und Bezahlung erfolgen in Eigenregie mit ausliegenden Anmeldebögen und Kuverts, in denen die Stellplatzgebühr in bar gegeben wird.
Zufahrt: An der Straße zwischen Roggenzell und Hergensweiler auf der rechten Seite. Ein Hinweisschild am Straßenrand weist den Weg.
Reservierung/Kontakt: Tel.: 0173 1886474
E-Mail: josef.berle48@gmail.com.

Wir verabschieden uns vom netten Herrn Berle und fahren in Richtung Lindau weiter. Weit außerhalb des Zielortes, am Ortsrand von Weißensberg befindet sich ein komfortabler Campingplatz, der für einen längeren Aufenthalt sehr gute Voraussetzungen bietet. Anschließend präsentieren wir Ihnen den Stellplatz im Stadtteil Zech und zum Schluss den Campingplatz direkt am Bodensee. Erst danach geht es in die Stadt.

(039) WOMO-Campingplatz: Lindau – Campingpark Gitzenweiler Hof

GPS: N47°35'07.1" E9°42'24.0", (481m);
Gitzenweiler 88, 88131 Lindau (Bodensee).
Max. WOMOs: 320, maximale Länge 12 m.
Ausstattung: Frischwasserversorgung, Abwasserentsorgung mit Bodeneinlass, Kassettenentleerung, Stromanschlüsse, Behälter für die Müllentsorgung, WLAN, Brötchenservice, zwei Restaurants, Cocktailbar, Einkaufsmarkt, Pool, Hundedusche. Es stehen fünf Servicegebäude mit Duschen, WCs, Waschmaschinen und Trockner zur Verfügung. Der Platz ist ganzjährig geöffnet.

Beschreibung: Ein Fünf-Sterne-Platz, der mit Superlativen glänzt und ausgezeichneten Service bietet. Es gibt sonnige und schattige Stellflächen auf ebenem Rasengelände. Entfernung zur Altstadt rund 6 km.
Preise: Die Preisliste ist sehr umfangreich. Die Preise sind gestaffelt nach Saison und Komfortausstattung. Um Ihren Preis genau zu ermitteln, schauen Sie bitte auf die Webseite des Unternehmens. Bei 33,00 € geht es los für ein Fahrzeug normaler Größe mit zwei Personen an Bord. Auf der genannten Seite gibt es auch ein Kontaktformular für die Buchung.
Vor der Schranke ist eine einmalige Übernachtung möglich. Preis inkl. Strom sowie Ver- und Entsorgung 20,00 €. Nutzung der Sanitäreinrichtungen des Platzes ist eingeschlossen.
Zufahrt: In Weißensberg von der B12 abfahren und den Hinweisen zum Campingplatz folgen.
Reservierung/Kontakt: Tel.: 08382/94940, Web: www.gitzenweiler-hof.de.

(040) Offizieller WOMO-Stellplatz: Lindau – Hartplatz Zech

GPS: N47°32'27.3" E9°43'47.3", (402m);
Bregenzer Str. 177, 88131 Lindau (Bodensee).
Max. WOMOs: 32, maximale Länge 12 m, max. Aufenthalt 1 Tag.
Ausstattung: Frischwasserversorgung, Abwasserentsorgung mit Bodeneinlass, Kassettenentleerung, Müllentsorgung, ganzjährig geöffnet.

Beschreibung: Weitgehend schattenlose Schotterfläche unweit des Campingplatzes. Eine Ver- und Entsorgungsanlage vom Typ "Sani-Station" befindet sich im Bereich der Einfahrt auf der linken Seite. Eine Stromversorgung gibt es nicht. Aus Gründen des Immissionsschutzes darf zwischen 22:00 und 06:00 Uhr nicht ein- oder ausgefahren werden. Über einen Rad- und einen Fußweg entlang des Bodenseeufers lässt sich die vier Kilometer entfernte Altstadt auf der Insel bequem erreichen. Mit dem Omnibus Linie 5 (Haltestelle in der Nähe des Stellplatzes bis zur Spielbank Lindau) werden 22 Minuten benötigt. Im Umfeld des Campingplatzes gibt es mehrere Restaurants.

Preise: 20,00 € für ein Fahrzeug für 24 h. Kurzzeitparken 3,00 € für die ersten beiden Stunden, jede weitere Stunde 1,00 €. Frischwasser 1,00 €. Die Parkgebühren können mit Münzen, EC- oder VISA-Karte gezahlt werden.
Zufahrt: Einfach zu finden. Am Ortsausgang von Lindau kurz vor der Grenze zu Österreich auf der linken Seite. Die Koordinaten geben die Einfahrt zum Platz wieder. Fahren Sie entlang der Rampe eines Lagergebäudes vorbei. Nach wenigen Metern erreichen Sie das eingezäunte Stellplatzgelände.

(041) WOMO-Campingplatz: Lindau – Park-Camping

GPS: N47°32'16.4" E9°43'52.4", (402m);
Fraunhoferstraße 20, 88131 Lindau (Bodensee).
Max. WOMOs: 205, maximale Länge 12 m.
Ausstattung: Frischwasserversorgung, Abwasserentsorgung mit Bodeneinlass, Kassettenentleerung, Stromanschlüsse, Behälter für die Müllentsorgung, WLAN, Brötchenservice. Drei Servicegebäude mit Duschen, WCs, Waschmaschinen und Trockner, Hundedusche. Der Platz ist ganzjährig geöffnet.
Beschreibung: Die Stellflächen sind in drei Kategorien geteilt, die unterschiedliche Ausstattungsmerkmale haben. Sie sind 50 bis 120 Quadratmeter groß, teilweise sonnig, teilweise schattig. Alle sind auf Schotterrasen angelegt. Der Platz verfügt über Naturstrände, Liegewiesen, mehrere Sportanlagen und einen Kanuverleih. Im Umfeld des Campingplatzes gibt es mehrere Restaurants. Die Verbindung und Entfernung zur Altstadt ist dieselbe wie beim Hartplatz Zech beschrieben.
Preise: Erwachsene Personen zahlen je nach Saison 10,50 € oder 12,00 €, Kinder bis 15 Jahre 4,50 € oder 6,00 €, für den Hund sind 4,00 € oder 5,00 € zu zahlen. Für das Fahrzeug werden je nach Kategorie und Saison zwischen 11,00 € und 16,50 € fällig. Hinzu kommt ein Kurbeitrag in Höhe von 3,30 € für Personen ab 16 Jahren und für Kinder (6 bis 15 Jahre) in Höhe von 2,00 €.
Zufahrt: Einfach zu finden. Am Ortsausgang von Lindau kurz vor der Grenze zu Österreich auf der rechten Seite.
Reservierung/Kontakt: Tel.: 08382/8899999
E-Mail: info@park-camping.de, Web: www.park-camping.de.

Von welchem der drei vorgestellten Plätze Sie die Besichtigung der Altstadt auch starten, der Weg dorthin ist lang. Einen Parkplatz in der Nähe der Altstadt zu nutzen, ist nicht möglich, denn es bestehen dort Parkverbote für Wohnmobile.

Es wird Ihnen also nichts anderes übrig bleiben, als sich zu Fuß, mit dem Rad oder mit dem Omnibus von einem dieser drei Plätze auf den Weg in die Altstadt zu machen.

Vom Ortsteil Zech ist der Weg in die Altstadt entlang des Uferweges zu Fuß recht abwechslungsreich. Immer wieder schweift der Blick über den See, auf dem Paddler, Segler und Motorboote für bewegte Bilder sorgen.

Lindau, Altstadt

In der Maximilianstraße von Lindau.

Altstadtbummel durch Lindau

Über die Brücke "Chelles-Allee" geht es an der Spielbank vorbei in die Altstadt, die an sonnigen Tagen in den Sommermonaten sehr belebt ist. Besonders an den Wochenenden ist das Gedränge groß und die zahlreichen Straßencafés und Restaurants haben Hochkonjunktur.

Auf dem Weg dorthin geht es durch den Stadtpark und nachdem die Altstadt erreicht ist, sind es nur noch wenige Meter bis zum ersten Highlight.

Das Münster **"Unserer Lieben Frau"** am **Historischen Marktplatz** mit dem Neptunbrunnen ist ein lohnenswertes Ziel für jeden Liebhaber spätbarocker Pracht. Von außen wirkt die Kirche schlicht und einfach. Innen faszinieren die aufwendig verzierten Säulen, die kunstvollen und bunten Fresken sowie die goldene Hauptorgel jeden Besucher. Nach einem Brand im Jahre 1922 und einem Deckeneinsturz 1987 musste die Kirche jeweils mit großem Aufwand renoviert werden. Das ist gut gelungen, denn dem Besucher wird es nicht auffallen.

Vom Bismarckplatz ist die Nordfassade des Alten Rathauses mit dem Treppenaufgang zu sehen ...

Unweit des Münsters befindet sich in einem barocken Stadtpalais, der **"Cavazzen"** genannt wird, das Stadtmuseum. Es ist mit seiner Bemalung neben dem Alten Rathaus eines der markantesten Bauwerke auf der Insel. Zurzeit bekommt das Haus und das Museum eine "Frischzellenkur", d.h. es ist vollständig ausgeräumt und wird mit großem Aufwand renoviert und mit zeitgemäßer Technik ausgestattet. Die Neueröffnung wird vermutlich 2023 stattfinden.

Wer die belebte Flaniermeile Maximilianstraße durchschreitet, wird irgendwann an den Bismarckplatz gelangen und die Fassade des **Alten Rathauses** in den Blick nehmen. Die bunt bemalte Fassade

... und vom Reichsplatz die Südseite.

Der Lindaviabrunnen am Reichsplatz.

des 1422 begonnenen und 1436 vollendeten Gebäudes im gotischen Stil ist besonders auffallend. Es lohnt ein Gang um das Gebäude herum, denn auch die Südseite ist künstlerisch mit der Geschichte der Stadt gestaltet. Eine Besichtigung der Innenräume, in der einst Maximilian I. 1496 einen Reichstag abhielt, ist nicht möglich. Es ist übrigens derselbe Maximilian, der uns am Ulmer Tor in Memmingen bereits aufgefallen war.

Am Reichsplatz steht ein Brunnen, der mit der Figur der **Lindavia** die weibliche Personifikation Lindaus darstellt. Sie hält ein Ruder in der linken Hand als Zeichen für die Schifffahrt und in der rechten einen Lindenzweig, der an die Namensgebung der Stadt erinnert, denn die Insel war vor der Besiedlung mit einer Fülle von Linden bewachsen.

Von diesem Brunnen sind es nur noch wenige Meter bis zum Hafenplatz. War die Maximilianstraße schon sehr belebt, so müssen Sie auf dem Hafenplatz schon fast mit Gedränge rechnen. Scheinbar alle Besucher Lindaus wollen den 20 Meter hohen **Mangturm**, den **Bayerischen Löwen** und den **Neuen Leuchtturm** aus der Nähe betrachten. Während Sie auf den Mangturm nur zu einer "Märchenstunde" hinaufkommen, ist der Leuchtturm von April bis September täglich zwischen 11:00 und 18:00 Uhr geöffnet. Der Eintritt kostet 2,10 € für den Erwachsenen und 0,80 € für Kinder. 139 Stufen führen hinauf. Es ist ein kurzweiliger Aufstieg, den die meisten Besucher langsam angehen lassen, denn es gibt unterwegs sehr viel zu lesen über den Turm, die Stadt und den See.

Von oben lässt sich die "schönste Hafeneinfahrt" am Bodensee besonders gut betrachten. Immer wieder erhebend, wenn eines der Ausflugsschiffe in den Hafen hineinfährt oder ihn gerade verlässt. Apropos

Der Mangturm im Hafen von Lindau.

Ausflugsschiffe: Von Lindau werden mehrmals täglich Bregenz, Wasserburg, Nonnenhorn, Kressbronn, Langenargen, Friedrichshafen, Immenstaad, Hagnau, Meersburg, Konstanz, die Insel Mainau und Überlingen angefahren. Damit lassen sich eine Fülle von Rad-Schiffstouren kombinieren. Auf dieser Seite www.bsb.de finden Sie die Fährzeiten und Preise. Wenn es keine große Reise werden soll, sondern nur eine kleine Rundfahrt, so ist auch das möglich. Sie können eine "Dinnerfahrt" buchen, eine mehrstündige Ausfahrt mit einem leckeren Abendessen an Bord. Wenn Sie hoch hinaus wollen, nehmen Sie ein Kombiticket nach Bregenz mit einer Fahrt in der Kabinenseilbahn auf den 1064 Meter hohen **Pfänder**. Bei klarer Sicht haben Sie von dort oben einen fantastischen Blick auf Lindau, den Bodensee und natürlich auch auf die Alpen. Kehren wir aber nun zum Stadtbummel zurück.

Abendstimmung mit Leuchtturm und bayerischem Löwen in Lindau.

Um zum Bayerischen Löwen zu gelangen, müssen wir das Hafenbecken umrunden. Es geht wieder am Mangturm vorbei. Wenn Sie an einer "Märchenstunde" teilnehmen möchten, dann sollten Sie in den Sommermonaten freitags zugegen sein. Um 18:30 Uhr finden die Lesungen statt. Von außen ist dies erkennbar an dem sechs Meter langen Rapunzelzopf, der aus einem der Fenster hängt.

Sechs Meter misst auch der Löwe, der aufmerksam auf den See schaut und jeden unliebsamen Gast abzuwehren scheint. Seit 1856 wacht er über die Hafeneinfahrt, wie die Jahreszahl in römischer Schrift erkennen lässt. Der Weg auf der Kaimauer zu dieser imposanten Steinfigur aus Kehlheimer Sandstein ist schmal.

Der Diebsturm wurde als Wach- und Wehrbau im 14. Jahrhundert errichtet.

Wenden wir uns nun dem westlichen Teil der Insel zu, die durch den Bahnhof und die Eisenbahnschienen von der Altstadt getrennt ist. Hier sind mit der Karlsbastion, dem Pulverturm und der Sternschanze Reste der Befestigungsanlagen zu sehen. Ruhig ist es hier. Viele Besucher waren lange Zeit in diesem Teil, der Hintere Insel genannt wird, nicht anzutreffen.

Mit der Gartenschau 2021 hat sich dies geändert. Auch wenn einige Blumenbeete in der Folgezeit nicht mehr mit dem Aufwand gepflegt werden, der während der Blumenschau vonnöten war, bleibt doch eine neu geschaffene Parklandschaft, die zu Spaziergängen einlädt. Und wenn die Sonne blutrot im Bodensee versinkt, ist das Westufer der Insel der ideale Ort für einen romantischen Abend.

Chorbogen der Peterskirche.

Kehren wir an den Rand der Altstadt zurück und werfen noch einen Blick auf den **Diebsturm**, der nur von außen betrachtet werden kann. Gleich daneben befindet sich die **Peterskirche**. Es ist die älteste Kirche in Lindau. Beide Gebäude zusammen bilden in ihrem Erscheinungsbild ein mittelalterliches Kleinod. Im Inneren der Kirche sind die mittelalterlichen Fresken besonders beachtenswert. Sie werden Hans Holbein d. Ä. zugeschrieben. Es werden unter anderem Szenen aus der Passion Christi dargestellt. Das Fresko "Marienkrönung" im Chorraum fertigte der Lindauer Maler Mathis Miller an.

Kommen wir von der mittelalterlichen Kunst noch mal zur Freizeitgestaltung auf dem See. Zwei Bootsverleiher sind am Ufer des Kleinen Sees anzutreffen. Der Bootsverleih Hodrius und die Bootsvermietung Lindau bieten Wasserfahrzeuge aller Kategorien für einen eigenständig gestalteten Aufenthalt auf dem See an. Auf diesen Seiten https://bootsverleih-lindau.de und www.bootsvermietung-lindau.de erfahren Sie mehr.

Zwischen diesen beiden Bootsverleihern befindet sich der **Nobelpreisträger-Steg**. Den meisten Menschen bleibt es verborgen, aber jeden Sommer finden in Lindau Nobelpreisträgertagungen statt. Für eine Woche trifft sich die Crème de la Crème der internationalen Wissenschaft in dieser Stadt. Der Steg macht auf diese Tagungen aufmerksam. Alle Nobelpreisträger, die bislang teilgenommen haben, sind mit ihrem Namen, Fachgebiet und Jahr der Preisvergabe auf einer der Geländerstreben verzeichnet. Bis jetzt sind es rund 400 Wissenschaftlerinnen und Wissenschaftler. Auf der Seite http://wissenspfad.de/name-app/de/index.html, können Sie sich virtuell einen Überblick verschaffen.

Damit wollen wir unseren Stadtbummel durch Lindau beenden und kehren zum WOMO zurück.

Von Lindau geht es nun über die **Deutsche Alpenstraße** nach **Scheidegg** weiter. Zunächst ist von einer Steigung nicht viel zu spüren. Erst ab der Ortslage Niederstaufen beginnt eine kurvenreiche Strecke, die stetig in die Höhe führt. Vom Stellplatz in Zech bis zu den **Scheidegger Wasserfällen**, unserem nächsten Ziel sind es rund 16 Kilometer. Den Parkplatz an den Fällen erreichen Sie mit diesen Koordinaten [GPS: N47°35'29.9" E9°50'29.6"]. Der Parkraum ist begrenzt. An sonnigen Tagen sind die beiden zur Verfügung stehenden Plätze oft rappelvoll und es kann schwierig werden, ein WOMO normaler Größe abzustellen. Die Wasserfälle sind ein beliebtes Ziel für Familien mit kleinen Kindern.

Der kleine Wasserfall.

Wer große Wasserfälle kennt, der wird von diesen insgesamt drei Fällen vielleicht ein wenig enttäuscht sein. Große, tiefstürzende Wassermassen sind hier nicht zu bestaunen. Es sind allesamt kleine Fälle, auch wenn zwei als "groß" bezeichnet werden, die aber nur eine Höhe von 18 und 22 Metern haben.

Auf dem Geo-Erlebnispfad.

Rund um die Fälle wurden ein Geo-Erlebnispfad, ein Märchenwald, ein Wasserspielplatz und mehrere Aussichtsplattformen bzw. Aussichtspunkte eingerichtet. Lauter Einrichtungen, die dazu geführt haben, dass für den Besuch Eintritt erhoben wird. Der Erwachsene zahlt 4,50 €, Kinder bis zum 13. Lebensjahr 3,00 €.

Auf dem **Geo-Erlebnispfad** werden die Geologie des Gebietes, die Erdgeschichte und die besonderen Pflanzengesellschaften kindgerecht dargestellt. Hier können Sie also mit Ihren Kindern eine Mischung aus Geographie- und Biologiestunde im Freien veranstalten. Reizvoll ist dabei natürlich, unter dem kleinen Wasserfall hindurchzugehen. Das harte Nagelfluhgestein widersteht der Erosion besser als das weichere Gestein, auf dem es liegt und deshalb weggespült wird. Aber das müssen wir jetzt hier nicht im Einzelnen erklären, das können Sie vor Ort auf den Schautafeln nachlesen.

Auch die nächste Attraktion auf unserer Reise ist kostenpflichtig. Der Bau von Baumwipfelpfaden und Skywalks ist zurzeit sehr beliebt, wie es scheint. So ist es auch in Schei-

Auf dem Allgäu Skywalk.

degg, wo der **Allgäu skywalk** entstanden ist – ein Stahlungetüm mit hoch angelegten Wegen, die insgesamt eine Länge von 540 Metern haben. Hängebrücken und unzählige Meter Stahlseil sind in luftiger Höhe verbaut und gewähren nicht nur einen Blick in die Baumwipfel, sondern auch auf die Alpen und in das wellige Allgäu. Die beste Fernsicht bietet der 40 Meter hohe Aussichtsturm, in dem sogar ein Lift installiert ist.

Neben dieser spektakulären Konstruktion sorgen ein Abenteuerspielplatz, ein Geschicklichkeitsparcours, ein Streichelzoo, Walderlebnispfade und ein Barfußpfad dafür, dass es den Kindern nicht langweilig wird. Bei diesem umfangreichen Angebot darf eine Gastronomie natürlich auch nicht fehlen.

Über die Öffnungszeiten und Eintrittspreise informiert diese Seite www.skywalk-allgaeu.de. Mit diesen Koordinaten [GPS: N47°33'50.1" E9°49'57.5"] wird der Wanderparkplatz am skywalk erreicht. Übernachten dürfen Sie dort nicht, dafür bietet sich dieser Stellplatz an.

(042) Offizieller WOMO-Stellplatz: Scheidegg – Am Kurhaus

GPS: N47°34'19.8" E9°50'40.5", (830m);
Am Hammerweiher 1, 88175 Scheidegg.
Max. WOMOs: 22, maximale Länge 12 m.
Ausstattung: Frischwasserversorgung, Abwasserentsorgung mit Bodeneinlass, Kassettenentleerung, Behälter für die Müllentsorgung, ganzjährig geöffnet.
Beschreibung: Überwiegend schattenlose geschotterte Stellflächen in unmittelbarer Nähe des Kurhauses.
Preise: 15,50 € pro Fahrzeug inkl. Strom und Kurbeitrag.
Zufahrt: Scheidegg in Richtung Skywalk durchfahren und am Ortsende rechts halten.

Als Ort hat Scheidegg keine besonderen Sehenswürdigkeiten aufzubieten, deshalb fahren wir weiter nach Lindenberg, machen aber auf dem Weg dorthin noch einen kleinen Abstecher zu einem außergewöhnlichen Stellplatz, den Sie mit diesen Koordinaten **[043**: N47°34'52.6" E9°52'43.7"] finden können. Er befindet sich in einem großen Garten mit Sitzecken, Blumen, Gemüse, Kräutern und vielen alten Obstbäumen. Alexandra Hege, die Gastgeberin, nimmt für diesen Stellplatz 13,00 € pro Tag. Eine Ver- und Entsorgung ist nicht möglich, wohl aber ein Stromanschluss, der mit 0,50 € pro kWh vergütet werden muss. Die Kurtaxe von 1,90 € pro erwachsene Person wird ebenfalls erhoben. Der idyllische Platz reicht allerdings nur für drei Fahrzeuge. Eine Anfrage oder Reservierung ist deshalb zwingend erforderlich und lässt sich über die Website https://alex-garten.business.site vornehmen. Dagegen ist dieser Stellplatz in Lindenberg sehr gewöhnlich.

Traumhafter Stellplatz mit Fernsicht.

(044) Offizieller WOMO-Stellplatz: Lindenberg

GPS: N47°36'03.6" E9°52'33.7", (775m); Austr., 88161 Lindenberg im Allgäu.
Max. WOMOs: 11, maximale Länge 10 m, max. Aufenthalt 7 Tage.
Ausstattung: Frischwasserversorgung, Abwasserentsorgung mit Bodeneinlass, Kassettenentleerung, Stromanschlüsse, Behälter für die Müllentsorgung. Der Platz ist ganzjährig geöffnet.
Beschreibung: Schattenlose Stellflächen auf Schotterrasen am Rande des Ortes. Sehr ruhig in der Nacht. Der Waldsee mit einer Bademöglichkeit und einem kleinen Restaurant am Ufer des Sees ist 600 Meter entfernt. Bis zum Deutschen Hutmuseum sind es 1,5 Kilometer.
Preise: 10,00 € für ein Fahrzeug inkl. der Kurtaxe, Frischwasser 1,00 € für 100 Liter und Strom 1,00 € pro kWh. Abwasserentsorgung und Entleerung der Bordtoilette sind kostenfrei. Den Parkschein gibt es am Kassenautomaten.
Zufahrt: Am Ortsanfang an dem großen Betriebsgebäude der Liebherr-Aerospace Lindenberg GmbH vorbeifahren und dann den Richtungshinweisen zum Waldseebad folgen.

Dafür dürfen Sie darauf hoffen, nicht von schlechtem Wetter überrascht zu werden, denn Lindenberg rühmt sich, eine der sonnenreichsten Städte Deutschlands zu sein. In 2006 führte Sie das Feld der sonnigsten Städte an und belegte mit 2217 Stunden den ersten Platz. Das schreit doch förmlich

Das Deutsche Hutmuseum ist im Gebäude der ehemaligen Hutfabrik Ottmar Reich untergebracht.

Stadtpfarrkirche St. Peter und Paul.

nach Kopfbedeckungen gefragt, um sich vor allzu großer Einstrahlung zu schützen.

Da sind wir in Lindenberg genau richtig, denn die Stadt mit 11.500 Einwohnern ist für ihre Hüte berühmt. Auch wenn die größte Blüte der Hutmacherindustrie in diesem Ort vorbei ist, so hallt der Ruhm der Kopfbedeckungen aus dem Ort immer noch nach. 1925 gab es noch 37 Produktionsstätten in der Stadt, die rund fünf Millionen "Matelots" produziert und in alle Welt verschickt haben. Der ganzen Geschichte können Sie im **Deutschen Hutmuseum** nachgehen. Sie finden es am Museumsplatz 1, rund 1,5 Kilometer vom Stellplatz entfernt. Über die Öffnungszeiten und Eintrittspreise informiert diese Seite www.deutsches-hutmuseum.de.

Wenn Sie sich zu Fuß auf den Weg machen, dann lohnt auch ein Blick auf und in die **Stadtpfarrkirche St. Peter und Paul**, die wegen ihrer Größe und der mächtigen Kuppel auch gern "Dom des Westallgäus" genannt wird. Das neubarocke Gebäude wurde zu Beginn des 20. Jahrhunderts errichtet und wirkt ein wenig überdimensioniert für diese Kleinstadt. Die neubarocke Ausgestaltung im Inneren der Kirche ist schlichter und nicht von so überbordender Vielfalt und Ornamentik, wie wir es von den klassischen Barockkirchen kennen, die wir auf dieser Reise durch das Allgäu schon gesehen haben.

Das Waldseebad in Lindenberg.

Vom Stellplatz ist es auch nicht weit bis zum **Waldseebad**, das in den Sommermonaten gern aufgesucht wird, denn Eintritt muss nicht gezahlt werden. Das ist nur noch selten anzutreffen. Mit großen Liegewiesen, Kiosk, Duschen und WC-Anlagen ist das Naturbad mit dem weichen Moorwasser komfortabel ausgestattet. Neben dem Waldseebad befindet sich das Hotel Waldsee, in dessen Restaurant Bacalau Sie sich kulinarisch verwöhnen lassen können.

Lindenberg ist auch ein Etappenort der Wandertrilogie Allgäu, die wir bereits auf der Seite 57 skizziert hatten. Bis zu den Scheidegger Wasserfällen sind es von diesem Ort rund 12, bis nach Eglofs rund 13 Kilometer, um nur zwei Wanderziele zu nennen. Darüber hinaus gibt es weitere Möglichkeiten, wobei die Runde um den Waldsee mit zwei Kilometern die kleinste ist und der Weg rund um Lindenberg mit dem Nadenberg Turm der aussichtsreichste. Er ist rund 13 Kilometer lang und mit einem grünen Lindenblatt als Wegmarkierung versehen. Ausführliche Beschreibungen finden Sie auf dieser Seite www.lindenberg.de.

Wenn Sie in dieser Ecke des Allgäus auf der Suche nach einem Standort sind, auf dem Sie längere Zeit verweilen können, dann empfehlen wir Ihnen sich doch einmal den umseitig beschriebenen Campingplatz anzuschauen.

(045) WOMO-Campingplatz: Alpenblick

GPS: N47°35'54.7" E9°53'59.8", (739m);
Schreckenmanklitz 18, 88171 Weiler-Simmerberg.
Max. WOMOs: >20, maximale Länge 9 m.
Ausstattung: Frischwasserversorgung, Abwasserentsorgung mit Bodeneinlass, Kassettenentleerung, Stromanschlüsse, Behälter für die Müllentsorgung, WLAN, Brötchenservice. Im Servicegebäude gibt es Duschen, WCs, Waschmaschinen und Trockner. Der Platz ist ganzjährig geöffnet.

Beschreibung: Große überwiegend schattenlose Rasenstellflächen am Fuße der Burgruine Schreckenmanklitz, deren ehemaliger Burggraben heute als Badesee genutzt wird. Der Campingplatz ist klein, ruhig und glänzt mit der Sicht auf die Alpen. Es gibt ein kleines Restaurant in der Anlage und einen Streichelzoo für die Kleinen.
Preise: Die Preise sind gestaffelt nach Saison und Größe des Platzes und liegen zwischen 22,00 und 29,00 € für ein Fahrzeug mit 2 Personen. Für Kinder zwischen 6-16 Jahren sind 3,20 € oder 4,10 € zu zahlen, für den Hund 3,00 € oder 3,80 €, Kurtaxe (nur Erwachsene) 1,40 €, Strom 0,60 pro kWh, Anschluss (einmalig) 2,00 €, Dusche (4 Min.) 0,20 €. Für längere Aufenthalte werden Rabatte gewährt. Sie finden die Angaben auf der Webseite des Campingplatzes.
Zufahrt: Von der B308 in Richtung Oberstaufen hinter Lindenberg dem Richtungshinweis auf der rechten Seite nach Schreckenmanklitz folgen.
Reservierung/Kontakt: Tel.: 08381/3447
E-Mail: info@mupu.de, Web: www.camping-alpenblick.de.

Für einen Stop-over mit kulinarischen Genuss eignet sich der große Parkplatz hinter dem Gasthof **Bräustatt und Taferne** in Simmerberg, den Sie mit diesen Angaben [**046**: N47°35'14.5" E9°56'43.1"] finden. Wenn Rinder auf

Gasthofstellplatz in Simmerberg.

der angrenzenden Weide sind, gehen Sie mit Kuhglockengeläut schlafen und werden damit am folgenden Tag auch geweckt. Was in diesem urigen Lokal auf den Teller kommt und was Sie vom Ambiente erwarten dürfen, das schauen Sie sich am besten auf dieser Seite www.braeustatt-taferne.de

an. Das ganz dicke Portemonnaie müssen Sie nicht dabei haben, wie ein Blick auf die Speisekarte zeigt. Hier essen Sie gut, lecker und günstig. Ein frisch gezapftes Bier aus der Hausbrauerei gibt es obendrein. Dass der Gasthof auch noch einen schönen Biergarten hat, wollen wir nicht unerwähnt lassen.

Gasthof Bräustatt und Taferne.

Unkonventionell geht es auf dem Gelände der **artimisia** zu. Es ist eine Mischung aus Kräutergarten, Gärtnerei, Gaststube mit Vollwertkost, Hofladen mit Biogemüse und Veranstaltungsort. Nebenbei dürfen auf dem Parkplatz auch Camper gegen ein Entgelt in Höhe von zehn Euro übernachten. Darin ist die Nutzung der örtlichen Toilette enthalten. Spezielle Einrichtungen für Wohnmobilisten gibt es nicht.

Parkplatz am Kräutergarten.

Der Kräutergarten ist für die Besucher begehbar, es gibt darin auch einige Sitzplätze. In der Gaststube werden allerlei vegane und auch nicht vegane Gerichte angeboten. Dazu gibt es einen Shop mit Büchern und Kunstartikeln. Alles in einem alternativen und unkonventionellen Stil. Dass der Stellplatz Gefälle aufweist, gehört dazu und ist in diesem Ambiente zu vernachlässigen. "Beten scheef hett Gott leef" heißt das auf Plattdeutsch – das wird zwar hier nicht gesprochen, passt aber als Aussage wunderbar. Sie erreichen den Platz in der Nähe der B308 auf dem Weg nach Oberstaufen mit diesen Angaben [**047**: N47°33'41.4" E9°58'26.3"] .

Die Beschilderung ist handgemalt.

Weiter geht die Fahrt mit dem WOMO nach **Aach im Allgäu**. Dieses Pfarrdorf ist eines der 44 Gemeindeteile von

Oberstaufen. Aach liegt direkt an der Grenze zu Österreich und ist ein guter Standort für Ausflüge mit dem MTB in die nähere Umgebung.

(048) WOMO-Campingplatz: Aach

GPS: N47°31'22.9" E9°58'22.5", (647m); Aach 1, 87534 Oberstaufen.
Max. WOMOs: >20, maximale Länge 10 m.

Ausstattung: Frischwasserversorgung, Abwasserentsorgung mit Bodeneinlass, Kassettenentleerung, Stromanschlüsse, Behälter für die Müllentsorgung, WLAN, Brötchenservice, Kinderspielplatz. Im Servicegebäude gibt es Duschen, WCs, Waschmaschinen und Trockner. Der Platz ist ganzjährig geöffnet.
Beschreibung: Kleine familiär geführte und weitgehend naturbelassene ruhige Anlage an der Grenze zu Österreich. Sehr guter Standort für Wanderungen und Ausflüge in die Bergwelt. Im Restaurant Moni's Stüble gibt es Allgäuer Spezialitäten, kühle Getränke und frische Brötchen am Morgen.
Preise: Mit der Entrichtung des Entgelts für die Übernachtung auf dem Campingplatz bekommen Sie die Allgäu Walser Card, mit der Sie zahlreiche Vergünstigen in dieser Region erhalten. Personen ab 16 Jahren 7,50 €, Kinder 6-15 Jahre 5,50 €, Hund 3,50 €, Kurtaxe (nur Erwachsene) 1,90 €, Wohnmobil ab 9,00 €, Strom 0,80 pro kWh.
Zufahrt: Von Oberstaufen die St2005 in Richtung Österreich fahren. Der Platz befindet sich vor dem Ort auf der linken Seite.
Reservierung/Kontakt: Tel.: 08386/363 (Mo-Sa. 8-18 Uhr, So 9-16 Uhr) E-Mail: anfrage@camping-aach.de, Web: www.camping-aach.de.

Warnhinweise kurz hinter der Grenze in Vorarlberg.

Wer so nah an der Grenze einen spontan geplanten Ausflug in das Nachbarland machen möchte, der wird kurz hinter Grenze auf die Vignetten- oder GO-Boxpflicht erinnert und bekommt auch gleich den Hinweis, wo die nächste Verkaufsstelle zu finden ist. In Aach und an der Grenze gibt es keine.

Mit Aach haben wir den Rand des **Naturparks Nagelfluhkette** erreicht. In diesem 24.700 Hektar großen Gebiet wird versucht, Naturschutz und Tourismus miteinander zu verbinden. Im Naturparkzentrum, das sich in Bühl am Alpsee befindet, werden die Ziele und Aufgaben des Naturparks näher erläutert. Auf der Tourenkarte zu Beginn dieses Kapitels finden Sie den nördlichen Teil des Naturparks abgebildet. Zu dem südlichen Teil kommen wir später.

Die Nagelfluhkette übt einen großen Reiz auf Bergwanderer aus. Eine Wanderung auf dem Gebirgskamm ist auch für nicht durchtrainierte Wanderer möglich, schließlich lässt sich der mühsamste Teil, der Anstieg aus dem Tal mit der Imberg- oder Hochgratbahn umgehen. So finden sich in den Sommermonaten zahlreiche Ausflügler ein, die schnell erkennen lassen, dass sie keine Alpinisten sind.

Eine Folge der Naturschutzbemühungen sind auch die Regelungen für die Wohnmobiltouristen, die sich nicht überall "zur Wiederherstellung der Fahrtüchtigkeit" hinstellen und übernachten dürfen. So bekommen wir spätestens ab hier immer wieder Schilder zu Gesicht, die auf Übernachtungsverbote für Wohnmobile hinweisen. So wird Ihnen nichts anderes übrig bleiben, als die "offiziellen" Stell- oder die Campingplätze aufzusuchen. Das kann in der Hochsaison zu Engpässen führen, weil das Platzangebot

(049) Offizieller WOMO-Stellplatz: Hochgratblick

GPS: N47°31'36.8" E10°01'37.7", 880m ; Am Hößl 10, 87534 Oberstaufen.
Max. WOMOs: 40, maximale Länge 12 m, max. Aufenthalt 5 Tage.
Ausstattung: Frischwasserversorgung, Abwasserentsorgung mit Bodeneinlass, Kassettenentleerung, Stromanschlüsse, Behälter für die Müllentsorgung, WLAN. Der Platz ist ganzjährig geöffnet.

Beschreibung: Weitgehend schattenlose Asphaltplätze mit Blick auf Oberstaufen und den Hochgrat. Die Ver- und Entsorgungseinrichtungen befinden sich ca. 150 Meter vom Stellplatz entfernt bei der Kfz-Werkstatt Bechteler. Dort können Sie auch Gasflaschen tauschen.
Preise: 11,70 € für ein Fahrzeug im Sommer, 12,70 € im Winter inkl. Strom. Hinzu kommt die Kurabgabe in Höhe von 2,70 € pro Tag für den Erwachsenen und 1,35 € pro Tag für ein Kind. Frischwasser 1,00 € für ca. 100 Liter, Abwasserentsorgung und Entleerung der Bordtoilette ist kostenfrei.
Zufahrt: Von Oberstaufen in Richtung Hochgratbahn fahren. Der Stellplatz befindet sich am Ortsausgang von Steibis, einem Ortsteil Oberstaufens.
Reservierung/Kontakt: Für diesen Stellplatz können Reservierungen vorgenommen werden. Tel.: 08386/8180
E-Mail: info@womo-hochgratblick.de, Web: www.womo-hochgratblick.de.

in dieser beliebten Region sehr begrenzt ist. Nicht umsonst haben wir überall dort, wo Buchungen vorab möglich sind, die Kontaktdaten in unsere Stellplatzkästen aufgenommen, um die Suche zu erleichtern. So können Sie auf dem auf der vorangegangenen Seite beschriebenen Stellplatz in Steibis Ihr Fahrzeug für Übernachtungen abstellen. Auf den folgenden Parkplätzen an den Talstationen von Bergbahnen jedoch nicht, obwohl sie mit ihren Parkflächen um ein Vielfaches größer sind. Dies trifft zu für den Parkplatz an der **Imbergbahn** [GPS: N47°31'18.6" E10°01'27.8"] und den Parkplatz an der **Hochgratbahn** [GPS: N47°30'34.3" E10°03'30.1"], die tagsüber natürlich für Wohnmobilisten nutzbar sind.

Wenn Sie auf dem Platz "Hochgratblick" untergekommen sind, so haben Sie die Möglichkeit, mit dem Bus zu den Talstationen der Bergbahnen zu fahren. Die Busse verkehren tagsüber so ungefähr im Stundentakt.

Von den Parkplätzen haben Sie die Wahl, die Berge zu Fuß zu erklimmen oder bequem mit der Seilbahn hochzufahren und oben eine kleine Wanderung zu unternehmen. Um die Berge hochzugehen, ist schon eine gute Kondition und körperliche Fitness notwendig.

Vom Parkplatz an der Imbergbahn (910m) bis zur Bergstation (1212m) ist ein Höhenunterschied von 302 Metern zu verzeichnen, und das auf einer Distanz von etwas mehr als zwei Kilometern. Wer fit ist, schafft das in einer halben Stunde.

Panoramablick vom Hochgrat auf Wanderwege und Bergstation.

Kabine der Hochgratbahn.

Dann beginnen aber erst die Wanderungen in der Bergwelt. Verschiedene Ziele stehen an, die nicht mehr so anstrengend zu erwandern sind, wenn die Wege auf dem Kamm genutzt werden. Diese Wege sind gut zu gehen. Über die Imbergbahn erfahren Sie mehr auf dieser Seite www.huendle-imberg.de.

Hat die Wanderung rund um den Imberg eher Mittelgebirgscharakter, wird es nun auf dem Hochgrat doch wesentlich alpiner. Das beginnt schon damit, dass der Anstieg sehr viel länger ist. Vom Parkplatz an der Talstation (854m) bis zur Bergstation (1708m) beträgt der Höhenunterschied 854 Metern, den wir auf einer Strecke von 5,4 Kilometern zu bewältigen haben. Das ist anstrengend und zeitraubend. Je nach Kondition benötigen Sie dafür zwischen zwei und drei Stunden. Mit der Bergbahn sind Sie in 15 Minuten oben. Dann

Wandern auf der Nagelfluhkette.

geht es auf dem Kamm weiter. Bis zum Gipfel des Hochgrats auf 1832 Metern Höhe sind es nur noch 600 Meter. Zwei Wege stehen dazu zur Verfügung. Einer ist sicher zu gehen und führt über Treppen zum Gipfel, der andere verläuft seilgesichert entlang des steil abfallenden Grates über den "Herrgotts-Beton", wie das nackte Nagelfluhgestein auch genannt wir. Auf diesem Weg ist die Aussicht einfach grandios. Das werden Sie auch auf dem Gipfel erleben können. Einen ersten Eindruck dazu vermittelt das Foto auf der vorangegangenen Seite, auf dem Sie bei genauer Betrachtung auch die beiden genannten Wege erkennen können.

Neben dem kurzen Weg zum Gipfel stehen Ihnen noch eine ganze Reihe von Wanderpfaden offen. Das Limit setzt eigentlich nur Ihre Kondition und Trittsicherheit. An der Bergstation, wo Sie auch einkehren können, finden Sie genug Informationen, die Ihnen die Entscheidung leichter machen. Auf dieser Seite https://hochgrat.de erfahren Sie mehr. Dort sind die Zeiten und die Preise verzeichnet. Es wird auch ein Kombiticket mit der Mittagbahn bei Immenstadt angeboten. Für geübte Bergwanderer ist es sicher attraktiv, eine rund 14 Kilometer lange Gratwanderung zu unternehmen.

Parkplatz der Talstation Hündlebahn.

Wir lassen es langsamer angehen und fahren nun, nachdem wir zum WOMO zurückgekehrt sind, zur Talstation der **Hündlebahn,** auf deren großem asphaltierten Parkplatz Sie sogar kostenlos übernachten dürfen. Erstaunlich! Wir sind gespannt, wann hier die Parkautomaten aufgestellt werden.

Dieses Areal wird auch als Wanderparkplatz für die **Buchenegger Wasserfälle** genutzt. Sie erreichen den Platz mit diesen Koordinaten [**050**: N47°33'09.6" E10°03'06.4"]. Rund um die Talstation warten Sommerrodelbahn, Minigolfplatz, Kleintiergehege, Bungee Trampolin, Elektroautos und -bagger, Barfuß- und Walderlebnispfad auf Familien mit kleinen und großen Kindern. Das Fahrrad können sie in der Gondelbahn mit nach oben nehmen und anschließend den Berg wieder hinuntersausen. Es wird also viel geboten rund um den 1112 Meter hohen **Hündlekopf**, auf dessen Höhen Hütten für die Einkehr nicht fehlen. Bis zu den Buchenegger Wasserfällen sind es fast fünf Kilometer. Fast ohne Steigungen führt ein Weg um den Berg herum zu diesem Naturschauspiel. Ein weiterer Weg führt über den Hündlekopf. Der ist natürlich anstrengender, wenn die Bahn nicht genommen wird, aber im Vergleich zum Anstieg auf den Hochgrat nur ein Spaziergang. Da wir bei den anderen Bergbahnen die Höhenunterschiede aufgeführt haben, wollen wir das hier natürlich auch so handhaben. Die Talstation befindet sich auf 755 Metern Höhe, die Bergstation

Einer der Buchenegger Wasserfälle.

Blick vom Hündlekopf auf den Großen Alpsee.

auf 1056 Metern, macht eine Differenz von 301 Metern, die auf einem Wanderweg von nicht ganz zwei Kilometern Länge hochgestiegen werden. Bis zum Hündlekopf sind dann noch weitere 600 Meter zu gehen. Über die Bergbahn erfahren Sie mehr auf dieser Seite www.huendle-imberg.de, die wir schon bei der Imbergbahn genannt hatten.

Nicht weit entfernt von der Hündlebahn ist der nächste Stellplatz in **Thalkirchdorf**, den wir jetzt kurz vorstellen wollen.

(051) Offizieller WOMO-Stellplatz: Thalkirchdorf – Skilift

GPS: N47°33'05.0" E10°04'53.8", (746m); Kirchdorfer Straße 30, 87534 Oberstaufen-Thalkirchdorf.
Max. WOMOs: 25, maximale Länge 12 m, max. Aufenthalt 3 Tage.

Ausstattung: Frischwasserversorgung, Abwasserentsorgung mit Schlauch möglich, Kassettenentleerung, Behälter für die Müllentsorgung, WC am Skilift, ganzjährig geöffnet.
Beschreibung: Sehr große, schattenlose Asphaltfläche mit sehr viel Platz für Tische und Stühle. Das Dorf mit Restaurants und einem Dorfladen ist 500 Meter entfernt.
Preise: 14,28 € für ein Fahrzeug, 2,70 € Kurbeitrag pro Person. Abwasserentsorgung und Entleerung der Bordtoilette ist im Preis enthalten. Frischwasser 0,10 € für 10 Liter, Strom kostet 0,70 € pro kWh. Die Bezahlung der Parkgebühren erfolgt über das Smartphone. Dazu ist ein QR-Code abzuscannen und dann den Zahlungsmöglichkeiten zu folgen. Als analoge Alternative ist eine Barzahlung in der Touristinfo im Dorf möglich. Der Bezug von Strom und Wasser erfolgt über Münzautomaten.
Zufahrt: In die Mitte des Dorfes fahren und dem Hinweis zum Wohnmobilstellplatz folgen. Das Schild ist sehr klein und leicht zu übersehen.

Hotel/Restaurant Traube in Thalkirchdorf.

Bei einer ersten Erkundungsreise in 2021 war der Platz noch kostenlos, bei einer weiteren Reise zwei Monate später war er bereits gebührenpflichtig. Der WOMO-Boom lässt grüßen.

Wenn Sie zwischendurch Lust verspüren, die Bordküche nicht zu nutzen und einmal fein Essen zu gehen, dann können wir Ihnen die Traube empfehlen, die nur wenige Meter von dem Stellplatz entfernt ist. Hier www.traube-thalkirchdorf.de können Sie schon mal einen Blick in die

Speisekarte werfen und ein wenig mehr über die Philosophie des Hauses erfahren.

Nächste Station ist der Parkplatz des **Alpsee Coasters**, der mit diesen Koordinaten [GPS: N47°33'40.3" E10°08'23.8"] angefahren werden kann. Er wird auch als Wanderparkplatz für die Alpsee Bergwelt genutzt und befindet sich direkt neben der stark befahrenen B308. Er kann auf dem Weg in Richtung Immenstadt nicht verfehlt werden.

Alpsee Coaster in Immenstadt.

Der Coaster ist Deutschlands längste Ganzjahres-Rodelbahn. Über drei Kilometern Länge geht es durch 100 Kurven den Berg hinab und das mit einer Geschwindigkeit von bis zu 40 km/h. Darüber hinaus geht es mit der Sesselbahn in die **Alpsee Bergwelt** mit Blick auf den See, dann in einen Hochseilgarten, der für sich in Anspruch nimmt der größte in Bayern zu sein und zum Schluss wollen wir die vielen gastronomischen Angebote nicht unerwähnt lassen, die es in und in unmittelbarer Nähe der Anlage gibt. Hier erfahren Sie mehr www.alpsee-bergwelt.de.

Den Blick von oben hatten wir ja schon, jetzt sind wir am Ufer des **Großen Alpsees**, der größten Badewanne des Allgäus. In den Sommermonaten ist an heißen sonnigen Tagen

Am Großen Alpsee.

jede kleine Parkmöglichkeit, die sich entlang der Uferstraße in Richtung Immenstadt dafür eignet, mit einem Fahrzeug belegt. Mit der Ost-West-Ausrichtung im Tal herrschen auf diesem 2,5 Quadratkilometer großen See optimale Bedingungen für Segler, Surfer und Kiter. In großer Zahl kreuzen sie auf dem Wasser. Nicht wenige davon haben sich als Standort für ihren Wassersporturlaub diesen Campingplatz ausgesucht, der durch seine Lage am Ufer optimal gelegen ist.

(052) WOMO-Campingplatz: Alpsee Wellness Camping

GPS: N47°34'21.0" E10°11'37.2", (735m); Seestr. 25, 87509 Immenstadt.
Max. WOMOs: 200, maximale Länge 12 m.
Ausstattung: Frischwasserversorgung, Abwasserentsorgung mit Bodeneinlass, Kassettenentleerung, Stromanschlüsse, Behälter für die Müllentsorgung, WLAN, Frühstücksservice im Bistro, Einkaufsmöglichkeiten. Im Servicegebäude gibt es Duschen, WCs, Waschmaschinen, Trockner und auch eine Hundedusche. Der Platz ist ganzjährig geöffnet.

Beschreibung: Sehr komfortable Vier-Sterne-Campinganlage mit einem umfangreichen Wellnessangebot, Massageraum, Mietbädern, Saunen, beheiztem Pool auf der Dachterrasse mit Blick über den Alpsee und in die Bergwelt.
Preise: Je nach Saison und Lage auf dem Platz werden unterschiedliche Preise aufgerufen. Für eine erwachsene Person liegen Sie zwischen 14,00 € und 20,00 €, für Jugendliche (12 bis 17 Jahre) zwischen 11,00 € und 15,00 € und für Kinder zwischen 4 und 11 Jahren zwischen 8,00 € und 10,00 €. Als Kurbeitrag werden für Personen ab 16 Jahren 2,20 pro Tag erhoben, für Kinder zwischen 6 und 15 Jahren 1,10 €. Für Hunde müssen zwischen 4,00 € und 6,00 € ausgegeben werden. Für das Wohnmobil sind je nach Standort und Saison zwischen 13,00 € und 17,00 € abzuführen, Strom schlägt pauschal mit 3,80 € zu Buche. Ein Saunagang kostet 6,50 € und wer ein Privatbad mietet, zahlt dafür zwischen 24,00 € und 28,00 €.
Zufahrt: Auf der B308 in Bühl am Alpsee, einem Ortsteil von Immenstadt, gegenüber der Agip-Tankstelle links abbiegen und der Beschilderung zum Campingplatz folgen.
Reservierung/Kontakt: Tel.: 08323/7726
E-Mail: mail@alpsee-camping.de, Web: www.alpsee-camping.de.
Reservierungen sind in der Hauptsaison nur ab 6 Nächten möglich.

Anstrengungsfrei kann der See auf einem elf Kilometer langen Wanderweg umrundet werden. Gespeist wird der See von der Konstanzer Ach, die von West nach Ost den Großen Alpsee durchfließt und anschließend in die Iller mündet.

An der Mündung liegt **Immenstadt**, eine Stadt, die mit allen Eingemeindungen 14.000 Einwohner zählt. Zentraler Ort der Stadt ist der Marktplatz, in dessen Straßencafés Radler gern eine kleine Pause einlegen. Am Rande der Stadt befindet

Der Marktplatz von Immenstadt.

sich die Talstation der Mittagbahn, ein Sessellift der in zwei Abschnitten zum Gipfel des 1451 Meter hohen Mittag hinaufführt. Er ist ein Teil der Nagelfluhkette. Auch rund um diesen Berg gibt es zahlreiche Wandermöglichkeiten. Mehr erfahren Sie hier www.mittagbahn.de.

Um Wanderausflüge auf den Berg zu starten, ist dieser Stellplatz ein guter Standort.

(053) Offizieller WOMO-Stellplatz: Immenstadt – Viehmarktplatz

GPS: N47°33'40.1" E10°12'37.2", (729m); Viehmarktplatz, 87509 Immenstadt im Allgäu.

Max. WOMOs: 10, maximale Länge 12 m, max. Aufenthalt 3 Tage.

Ausstattung: Frischwasserversorgung, Abwasserentsorgung ohne Bodeneinlass, Kassettenentleerung, Behälter für die Müllentsorgung, WC, ganzjährig geöffnet.

Beschreibung: Riesige Schotterfläche an deren Ende ein nicht parzellierter Bereich für Wohnmobile ausgewiesen ist. Am gegenüberliegenden Ende des Platzes befindet sich ein WC-Gebäude. Hier lässt sich die Bordtoilette entleeren und es kann Wasser entnommen werden. Einen Grauwassereinlass gibt es nicht. Das kann nur eimerweise im Ausguss entsorgt werden.

Preise: 12,00 € für ein Fahrzeug. Abwasserentsorgung und Entleerung der Bordtoilette ist darin enthalten.

Zufahrt: In Immenstadt auf der B308 im ersten Kreisverkehr die zweite Ausfahrt nehmen, die Bahnlinie unterqueren und danach gleich links abbiegen.

Um weiter in die Allgäuer Hochalpen und in das Kleinwalsertal zu fahren, blättern Sie bitte zur Seite 142. Wir machen im nächsten Kapitel einen Sprung zurück nach Memmingen.

Niederrieden
Lauben
Unter-
-kammlach
Ober-
Heimertingen
Erkheim
Holzgünz
Stetten
5 km
Steinheim
Tour 1
Memmingen
Westerheim
Erisried
Sontheim
Kartause
Buxheim
Atten-
hausen
Lindauer Tor
012
Stephansried
Westl. Günz
Östl. Günz
Hawangen
Kempter Tor
Frechen-
rieden
Tour 2
54
055
Benningen
Markt
Rettenbach
Aitrach
Brüchlins
Ottobeuren
Benediktinerabtei
Woringen
Ollarzried
Illerbeuren
Wolfert-
schwenden
Ronsberg
Lautrach
Aussichtsturm
mit Hängebrücke
an der Illerschleife
Hohes
Schloss
056
Böhen
Bad Grönenbach
058
057
Berg
Maria Schnee
Legau
Burgruine
Rothenstein
Hopferbach
Ober-
günzburg
Iller
Untrasried
Aussicht
Illerdurchbruch
Iller-Hängebrücke
Probstried
Dietmannsried
Haldenwang
Altusried
Kimratshofen
Krugzell
059
Börwang
Wildpoldsried
Ursulasried
Bayern
Wiggensbach
Betzigau
060
Basilika
Arch. Park Cambodunum
Residenz
Tour 3
Kempten
062
Eschach
Schwarzer Grat
1118 m
Buchenberg
061
Eschacher Weiher
Bodelsberg
Walten-
hofen
032
Sonneck
1100 m
Klein-
weiler
Altrauchburg
Sulzberg
Rottachsee
118
Weitnau
Nieder-
sonthofen
35
Seltmans
Alpkönig-
blick
Rieggis
Petersthal
Mittelberg
Niedersonthofener See
Sibratshofen
Diep-
holz
Niedersonthofener
Wasserfall
119
121
Hauchenberg
1244 m
Allgäuer Bergbauernmuseum
Börlas
Wertach
Wilhams
Tour 3
Tour 9
Knotten-
ried
Sternwarte Oberallgäu
Missen
Seifen
Kranzegg
120

TOUR 5 (ca. 130 km)

Ottobeuren – Bad Grönenbach – Legau – Altusried – Kempten – Buchenberg – Eschach – Niedersonthofen

Stellplätze:	Ottobeuren, Bad Grönenbach, Legau, Altusried, Kempten, Buchenberg, Eschach.
Campingplätze:	Ottobeuren, Niedersonthofen.
Besichtigungen:	Ottobeuren (Basilika), Bad Grönenbach (Hohes Schloss, Kreislehrgarten), Legau (Wallfahrtskirche Maria Schlee), Kempten (Archäologischer Park Cambodunum, Residenz, Basilika, Altstadt, Allgäuer Burgenmuseum, Erasmuskapelle).
Wandern/Radwandern:	Bad Grönenbach (Glücksmomente-Runde mit Alpenpanorama, Walderlebnispfad), Legau (Entlang der Iller, Aussichtsturm mit Hängebrücke an der Illerschleife), Altusried (Illerdurchbruch und Iller-Hängebrücke).
Baden/Wellness:	Ottobeuren (Badesee Schachen), Altusried (Freibad), Buchenberg (Moorweiher), Eschach (Eschacher Weiher), Niedersonthofen (Niedersonthofener See).

Mit einem lauschigen Badesee beginnen wir die Tour und mit einem aussichtsreichen Stellplatz oberhalb eines Sees werden wir dieses Kapitel beenden. Dazwischen liegen glanzvolle Höhepunkte. In Ottobeuren ist es die Basilika und in Kempten der Archäologische Park, der uns auf die römische Vergangenheit dieser Region aufmerksam macht, sowie die Residenz, die Basilika und die Altstadt, die an die Doppelstadt Kempten als Reichs- und Stiftsstadt erinnern.

Zwischendurch wandeln wir auf den Pfaden des Wasserdoktors Sebastian Kneipp, der in einem Nachbarort von Ottobeuren geboren wurde. Wassertretbecken werden uns auf dieser Reise des Öfteren begegnen, die wir aber nicht alle aufführen werden. Spannend finden wir den Verlauf der Iller, die in dieser Region mit etlichen Laufwasserwerken bestückt ist. Spektakuläre Fußgängerbrücken überspannen diesen Fluss und erleichtern Wanderungen und Radtouren in diesem Gebiet, in dem es ansonsten nicht sehr viele Brücken gibt.

In Bad Grönenbach folgen wir der Glücksmomente-Runde, schnuppern im Kreislehrgarten an duftenden Rosen und anderen Blumen, schauen den Bienen bei der Arbeit zu und naschen einen Apfel aus dem Obstgarten. Alles in allem eine sehr abwechslungsreiche Tour.

Fahren wir also zunächst nach **Ottobeuren** oder genauer formuliert an den Rand der Stadt. Dort treffen wir auf diesen Campingplatz.

(054) WOMO-Campingplatz: Ottobeuren

GPS: N47°57'00.7" E10°16'58.3", (678m);
Hawanger Straße 20, 87724 Ottobeuren.
Max. WOMOs: 85, maximale Länge 12 m.

Ausstattung: Frischwasserversorgung, Abwasserentsorgung mit Bodeneinlass, Kassettenentleerung, Stromanschlüsse, Behälter für die Müllentsorgung, WLAN, Brötchenservice. Im Servicegebäude gibt es Duschen, WCs, Waschmaschine und Trockner. Der Platz ist ganzjährig geöffnet.
Beschreibung: Große, mindestens 100 m² umfassende schattenlose Stellflächen auf Schotterrasen abseits des Ortes. Sehr ruhig. Entfernung zur Benediktinerabtei 1,5 km, zum Badesee Schachen 1,7 km.
Preise: Erwachsene Person 8,00 €, Kinder und Jugendliche bis 16 Jahre 5,00 €, Hund 4,00 €, Wohnmobil 12,00 €, Strom 0,70 pro kWh. WLAN, Ver- und Entsorgung sind im Preis enthalten.
Zufahrt: An der St2013 von Memmingen nach Ottobeuren kurz vor dem Ortseingang auf der linken Seite.
Reservierung/Kontakt: Tel.: 08332/9256620
E-Mail: info@camping-ottobeuren.de, Web: www.camping-ottobeuren.de.

Neben diesem Platz befindet sich ein Adventure Golf Park. Es ist eine etwas geräumigere Minigolfanlage, die sich offensichtlich großer Beliebtheit erfreut https://adventuregolf-ottobeuren.de.

Ein lauschiges und ruhiges Fleckchen Erde finden Sie am **Schachenweiher**, den Sie bei **Brüchlins** mit diesen Koordinaten [GPS: N47°56'30.4" E10°16'28.9"] anfahren können.

Parkplatz am Badesee Schachen.

Der Badeweiher, der genau genommen ein kleiner Stausee ist, ist nur wenige Meter von diesem Parkplatz entfernt. Dort gibt es eine Liegewiese, einen Biergarten und einen Steg, über den Sie den Weg in das nasse Element finden. Es ist wie gesagt ein naturbelassener See und optisch nicht so sauber wie das Wasser in einem Frei- oder Hallenbad. Dass sich hier Wasservögel gelegentlich niederlassen und auch schon

Steg am Naturbadesee Schachen.

mal etwas "hinterlassen", gehört einfach dazu. Wer reine Natur will, wird sich daran nicht stören. Der Weiher wird auch als Fischgewässer vom örtlichen Fischereiverein genutzt.

Von diesem idyllischen See fahren wir nun nach Ottobeuren, das an der Westlichen Günz liegt. Wir stellen das WOMO auf dem Stellplatz am Rande von Sportanlagen ab [**055a**: N47°56'56.3" E10°17'45.2"]. Die sehr gut anzufahrende Ver- und Entsorgungsanlage ist räumlich von dem Platz getrennt. Sie erreichen sie in der Bergstraße 95 mit diesen Koordinaten [**055b**: N47°56'51.1" E10°17'40.8"].

Die Entsorgung ist kostenlos, für 100 Liter Frischwasser zahlen Sie einen Euro.

Stellplatz und Ver- und Entsorgungsstation in Ottobeuren.

Ottobeuren ist bekannt für seine **Benediktinerabtei**. Es ist eine Anlage, die in ihrer Größe und Gestaltung an die Palast- und Klosteranlage San Lorenzo de El Escorial in der Nähe von Madrid erinnert. Seit dem Jahr 764 leben hier Mönche nach den Regeln des Heiligen Benedikts von Nursia.

Zu Beginn des 18. Jahrhunderts wurden die Klosteranlagen in barockem Stil neu errichtet. Mit einer Länge von 480

Marktplatz und Basilika in Ottobeuren.

und einer Breite von 430 Metern bietet sie sehr viel Platz für ein klösterliches Leben. 1737 erfolgte die Grundsteinlegung der heutigen Klosterkirche, die in barocker Pracht 1766 fertiggestellt wurde. Die Verehrung des Hl. Benedikts kommt im besonderen Maße in einem Fresko in der Langhauskuppel der Basilika im sogenannten **"Benediktinerhimmel"** zum Ausdruck.

Blick in die Basilika.

Die Säkularisierung im frühen 19. Jahrhundert haben die Ordensbrüder erfolgreich umschifft. Das Klosterleben erlebte sogar eine neue Blüte. Doch das ist Geschichte. Die Zahl der Mönche nimmt ab. Heute leben noch 13 Ordensbrüder in der Klosteranlage, die mit ihren Räumlichkeiten als Gäste- und Tagungshaus fungiert und Menschen einen Rückzugsraum anbietet, die sich für eine begrenzte Zeit in die klösterliche Stille zurückziehen möchten.

Im Kloster gibt es auch ein Museum, das in den letzten Jahren vollständig neu gestaltet wurde. Die Neueröffnung ist für 2022 geplant. Auf dieser Seite www.abtei-ottobeuren.de können Sie mehr darüber erfahren.

Ein großes Publikum schätzt die Basilikakonzerte, die in der Kirche gegeben werden. Berühmte Dirigenten und Orchester sind auf der langen Liste der Veranstaltungen zu finden, darunter Leonard Bernstein, Kent Nagano, Herbert von Karajan, um nur einige zu nennen und mit den Wiener Symphonikern, den Münchner Philharmoniker und dem Gewandhausorchester Leipzig nennen wir auch nur einige der bekanntesten Orchester.

Ein berühmter Mann war auch **Sebastian Kneipp**, der 1821 in Stephansried, einem Ortsteil von Ottobeuren, geboren wurde. Seine Wirkungsstätte war hauptsächlich in Bad Wörishofen. Den Ruhm des "Wasserdoktors" wussten findige Tourismusmanager zu nutzen und schufen mit dem **Kneippland® Unterallgäu** gleich eine Handelsmarke. Im Kneipp-Aktiv-Park Ottobeuren, der an die Klosteranlage grenzt, können Sie auf Kneipps Spuren wandeln und die Wassertretanlage nutzen, Armbäder nehmen und Weiteres für Ihre Gesundheit tun.

Pfarrer Kneipp begegnet uns auch im nächsten Ort auf unserer Reise wieder. Der Ort heißt **Bad Grönenbach**, ist ein Kneippheilbad und zählt etwas mehr als 5.000 Einwohner. Wenn Sie nun darauf hoffen in diesem Ort ein schönes Thermalbad vorzufinden, so müssen wir Sie gleich enttäuschen. Das gibt es hier nicht, dafür aber sehr viel frische Luft, dichten Wald und schöne Blicke in die Landschaft, die auch bis zu den Alpen reichen.

Die frische Luft können Sie in Kombination mit Wanderungen genießen, denn Bad Grönenbach ist auch ein Etappenort der Wandertrilogie Allgäu, auf die wir in diesem Buch schon mehrfach hingewiesen haben. Auf der Seite 57 haben wir erläutert, was darunter zu verstehen ist. Große Etappen werden wir nicht in Angriff nehmen, kleinere Rundtouren tun es auch. Sie

Sebastian Kneipp im Kreislehrgarten.

Wanderwegweise in Bad Grönenbach.

sind gut ausgeschildert und nutzen teilweise die Hauptwege der Trilogie.

Zunächst schauen wir uns den **Kreislehrgarten** an, der auf dem Gelände des Schlosses angelegt ist. Er ist zu jeder Zeit eintrittsfrei zu begehen. In dieser Gartenanlage finden Sie einen Weinberg, einen Bauerngarten, große Beete mit Stauden, Rosenbeete, einen Kräutergarten, an dem Sebastian Kneipp mit der Gießkanne steht, einen Lehrbienenstand, "lebende" Lauben sowie Spalierobst und Beeren, von denen Sie naschen dürfen,

Stauden im Kreislehrgarten von Bad Grönenbach.

Sie hat es nicht weit bis zu ihrem Stock.

wenn Sie sich zur passenden Zeit an diesem Ort aufhalten. Weiterhin gibt es lauschige Sitzplätze und einen Aussichtspunkt von dem Sie den Ort überblicken können.

Was es leider nicht gibt, ist ein Café. Gäbe es eines, dann wäre die Gartenanlage sicher sehr belebt. So kommen nur die

Besucher, die sich tatsächlich ausschließlich für den Gartenbau interessieren und sich vielleicht auch Anregungen für den heimischen Garten holen wollen.

Hohes Schloss in Bad Grönenbach.

Das Schloss sieht nicht besonders einladend aus. Auf einer Tafel neben dem Eingang ist die Geschichte des Gebäudes mit allen ehemaligen Eignern aufgeführt. Es wurde auf und teilweise in den Nagelfluhfelsen, der an dieser Stelle aufragt gebaut. Heute werden die Räumlichkeiten für Veranstaltungen genutzt. Über Schlossführungen gibt diese Seite www.bad-groenenbach.de Auskunft. Wir haben es von innen nicht gesehen.

Starten wir nun zu einer kleinen "Glücksmomente-Runde" die ihren Ausgangspunkt am Kreislehrgarten hat, im Sinne Sebastian Kneipps angelegt ist und auf einer Tafel pathetisch beschrieben wird.

Glücksmomente-Runde

"Kleine Auszeiten entspannen und bringen uns innerlich wieder in die Balance. Sie ist die Grundlage für unser Wohlbefinden. Dieser Glücksweg führt Dich zu stillen Plätzen im Wald und eröffnet freie Blicke in die Allgäuer Landschaft. Sie geben Dir Raum, Dich selbst zu betrachten, lassen Dich durchatmen und erweitern Deinen Blickwinkel. So findest Du zurück zu Deiner Mitte und spürst wieder die Glücksmomente, die die Natur Dir schenkt: ein Windhauch, der Deine Haut streichelt oder die Bienen, die Dir ein leises Lied summen."

Terrasse des Waldcafés.

So schön formuliert ist die einleitende Beschreibung für diesen Rundwanderweg von acht Kilometern Länge. Auf der Wandertafel am Kreislehrgarten können Sie sie nachlesen.

Wie Sie die Runde drehen, bleibt natürlich Ihnen überlassen. Für uns steigern sich die Glücksmomente dadurch, das der Weg an beiden von uns ausgesuchten Stellplätzen, die wir Ihnen gleich noch nennen werden, vorbeiführen.

Wir gehen den Weg im Uhrzeigersinn, kommen zunächst in die Stadt hinunter, die einen gepflegten und zum Teil frisch renovierten Eindruck macht. Dann geht es an den Rehakliniken vorbei in den bescheidenen Kurpark, wo wir Wassertreten und Armbäder nehmen

Schaukelnd die Landschaft des Allgäus genießen.

können. Von dort geht es weiter durch frische Waldluft bis zum Waldcafé www.wald-cafe.com, das auf seiner Außenterrasse einen schönen Blick über die Landschaft des Allgäus bietet und bei klaren Sichtverhältnissen auch das Alpenpanorama erkennen lässt. Beschwingt können Sie das Alpenpanorama auch von der Schaukel betrachten, die sich wenige Meter von diesem Café am Waldrand befindet.

Von der Schaukel geht es durch einen langen Waldweg zurück zum Schloss, den wir aber nicht vollständig zurücklegen, weil wir kurz davor unser WOMO abgestellt haben.

Am Sportplatz können Sie Ihr Fahrzeug für eine Besichtigung des Kreislehrgartens abstellen. Von dort sind es nur 500 Meter über den Serpentinenweg bis zu der Anlage. Mit diesen Koordinaten [**056**: N47°52'24.9" E10°12'57.5"] finden Sie den Parkplatz. Eine weitere Möglichkeit besteht auf dem Wanderparkplatz am Walderlebnislehrpfad, der über eine Länge von fast drei Kilometern durch den Wald führt. Markiert ist der Weg mit einem Dachs. Neun Stationen informieren über die Tiere des Waldes, erklären Holzarten, machen auf den Sinn des Totholzes aufmerksam und bieten weitere Informationen über die Ökologie des Waldes. Den Wanderparkplatz erreichen Sie mit diesen Koordinaten [**057**: N47°52'22.6" E10°12'51.0"].

Wanderparkplatz am Walderlebnispfad.

Einen weiteren sehr ruhigen Parkplatz haben wir in der Nähe des **Wasserkraftwerks Legau** an der Iller gefunden. Sie finden ihn mit diesen Angaben [**058**: N47°52'03.9" E10°10'39.3"]. Der Platz eignet sich sehr gut für Ausflüge auf dem Iller-Radweg, obwohl er nicht direkt an diesem liegt. Die Iller lässt sich an dieser Stelle mit dem Rad (wenn auch schiebend) überqueren. Nur wenige Meter unterhalb des Kraftwerkes gibt es eine Hängebrücke, die von einem Aussichtsturm flankiert wird. Die Aussicht ist zwar nicht besonders spektakulär, aber der Turm ist ein Teil des "Glücksweges", wobei wir schon wieder bei der Wandertrilogie Allgäu wären. Dieser Abschnitt des Weges gehört darüber hinaus auch zum AktivPark Kneippland® Unterallgäu, weshalb es nicht verwundert, dass am Flussufer ein Wassertretbecken vorzufinden ist. Dieser Streckenabschnitt ist zudem ein Teil des Jakobus Radpilgerweges. Wenn Sie wollen, können Sie ihm eine Etappe oder mehr folgen.

Wanderparkplatz an der Illerschleife.

Aussichtsturm an der Hängebrücke über die Iller in der Nähe des Wasserkraftwerks Legau.

Wer viel mit dem E-Bike unterwegs ist, muss sich um die Stromversorgung seines Akkus an dieser Stelle keine Sorgen machen. In der Nähe des Kraftwerkes gibt es eine kostenlose Ladestation. Von dem angegebenen Parkplatz ist diese Station etwa 400 Meter entfernt, gleich neben einer Fischtreppe, mit der die Fische das Kraftwerk und das Stauwehr umgehen können.

Eine weitere Fußgängerbrücke gibt es einige Kilometer flussaufwärts, nördlich von Altusried. Den Ort haben wir als nächsten Punkt auf unserem Programmzettel. **Legau** überspringen wir. Mit dem **Rapunzel-Besucherzentrum** wird der Ort sicher in der nächsten Auflage Berücksichtigung finden. Im Herbst 2022 soll es eröffnet werden und wird schon allein wegen seiner Dimension und Architektur ein Besuchermagnet werden. Bio- und Naturkost erlebt zurzeit einen Boom, dem trägt die Firma, die in Legau ihren Sitz hat, Rechnung. In Altusried fahren wir diesen Stellplatz am Ortsrand an.

(059) Offizieller WOMO-Stellplatz: Freibad Altusried

GPS: N47°47'59.4" E10°13'10.3", (682m); Im Tal 3, 87452 Altusried.
Max. WOMOs: 10, maximale Länge 9 m.
Ausstattung: Frischwasserversorgung, Abwasserentsorgung mit Bodeneinlass, Kassettenentleerung, Stromanschlüsse, Behälter für die Müllentsorgung, ganzjährig geöffnet.

Beschreibung: Halbschattige Stellflächen auf Schotterrasen in unmittelbarer Nähe des beheizten Freibades in Ortsrandlage. Ein Autokino, eine Freilichtbühne und ein Pferdehof befinden sich in der Nähe. Dazwischen liegt das Restaurant Rosinante, das mit spanischer Küche zu überzeugen weiß.
Preise: 15,00 € für ein Fahrzeug mit 2 Personen. Der Eintritt für das Freibad ist darin enthalten. 5,00 € kostet es außerhalb der Freibadsaison. Ca. 100 Liter Frischwasser kosten 1,00 €, Strom 0,50 € pro 1,5 kWh. Die Entsorgung des Grauwassers und die Entsorgung des Inhaltes der Bordtoilette sind kostenfrei.
Zufahrt: In Altusried den Hinweisen zum Autokino folgen, das sich 250 Meter hinter dem Stellplatz befindet.

Der Bären in Altusried.

Der Markt **Altusried** zählt mit all seinen Eingemeindungen rund 10.000 Einwohner. Bekannt geworden ist der Ort durch seine extravagante Freilichtbühne und hat mit den **Kluftinger-Krimis** Berühmtheit erlangt. Sie können verschiedene Original-Schauplätze der Krimireihe in einer "Krimi-Führung" anschauen und erläutert bekommen. Anmeldungen nehmen die Gästeinformation und das Kulturamt Altusried entgegen. Auf dieser Seite www.altusried.de erfahren Sie mehr, wenn Sie auf den Reiter "Freizeit&Urlaub" klicken. Der Besuch der Freilichtbühne ist Bestandteil der Führung. Wenn Sie wissen möchten, ob eine Veranstaltung auf der Bühne zu Ihrer Reiseplanung passt, dann schauen Sie bitte hier nach www.allgaeuer-freilichtbuehne.de. Was immer passt ist ein Besuch des Zentrums, das mit einigen bunt bemalten Häusern zu glänzen

Illerdurchbruch bei Altusried.

weiß und wo Sie auch gut einkehren können (wie zum Beispiel im Bären www.zumbären-altusried.de). Das bietet sich zum Beispiel nach einer kleinen Rad- oder Wandertour zum **Illerdurchbruch** an, der sich rund 2,5 Kilometer nördlich der Ortsmitte von Altusried befindet. Über schmale Pfade können Sie zum Flussufer hinuntergehen.

Die kleine **Burgruine Kalden**, die es an dieser Stelle auch noch gibt, wollen wir nicht unerwähnt lassen.

Iller-Hängebrücke bei Altusried.

Nicht weit entfernt ist die Iller-Hängebrücke, eine Stahlkonstruktion, die 2007 errichtet wurde. Viele Brücken über die Iller gibt es für Radler und Wanderer nicht. In südliche Richtung ist die nächste Brücke bei Krugzell und in nördliche Richtung gibt es eine zwischen Bad Grönenbach und Legau. Die Staustufen mit ihren Laufwasserwerken, die sich in diesem Flussabschnitt befinden, sind für Überquerungen nicht nutzbar.

Kehren wir zurück zum WOMO und setzen unsere Reise nach **Kempten** fort. Der Ort mit rund 70.000 Einwohnern ist nach Ulm und Augsburg die größte Stadt, die wir während unserer Fahrt durch das Allgäu aufsuchen. Gleichzeitig ist sie eine der ältesten Städte Deutschlands und hat damit eine lange Geschichte, die wir in kurzen Zügen beleuchten wollen. Um den Besuch der Stadt zu starten parken wir unser WOMO auf dem offiziellen Stellplatz am Illerstadion.

(060) Offizieller WOMO-Stellplatz: Kempten (Allgäu) – Illerstadion

GPS: N47°43'44.7" E10°19'07.8", (664m); Illerdamm, 87437 Kempten.
Max. WOMOs: 7, maximale Länge 9 m, max. Aufenthalt 3 Tage.
Ausstattung: Frischwasserversorgung, Abwasserentsorgung mit Bodeneinlass, Kassettenentleerung, Behälter für die Müllentsorgung, ganzjährig geöffnet.

Beschreibung: Eng beieinanderliegende Asphaltstellflächen neben einem Pkw-Parkplatz am Stadion auf der rechten Seite der Iller. Über eine Fußgängerbrücke (Illersteg) gibt es einen bequemen und kurzen Zugang in die Innenstadt mit ihren Sehenswürdigkeiten. Der Archäologische Park Cambodunum ist nur 500 Meter entfernt.
Preise: 5,00 € für ein Fahrzeug, zu zahlen am Parkscheinautomat. Frischwasser 1,00 €, Abwasserentsorgung und Entleerung der Bordtoilette sind kostenfrei.
Zufahrt: Der Beschilderung zum Stadion folgen.

Wenn Sie nicht übernachten wollen, so können Sie als Tagesgast Ihr Fahrzeug auch am Illerdamm, der Zufahrtsstraße zum Stellplatz abstellen (Tagesticket 2,50 €). Hier steht ausreichend Parkraum zur Verfügung.

Um unseren Beschreibungen besser folgen zu können und sich einfacher zu orientieren, haben wir für diese Stadt wieder einen Stadtplan eingefügt.

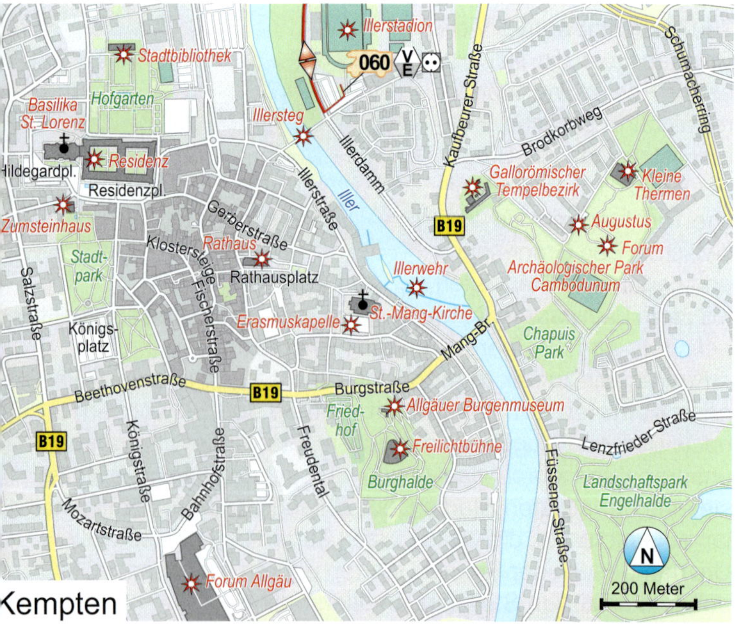

Kempten

Stadtspaziergang durch Kempten

Beginnen wir unseren Stadtrundgang mit dem Besuch des **Archäologischen Parks Cambodunum** (Kurzform APC), der vom Stellplatz bequem zu Fuß zu erreichen ist. Für den Gang durch die Anlage ist es hilfreich, einen elektronischen Führer dabei zu haben, den Sie als App auf ihrem Smartphone installieren können. Den QR-Code dazu finden Sie am Eingang des Parks oder auch auf dieser Seite https://apc-kempten.de.

Der Park befindet sich auf einer Schotterterrasse des östlichen Illerhochufers und zeigt die heute noch erhaltenen Reste der Römerstadt **Cambodunum**, die eine der bedeutendsten römischen Siedlungen nördlich der Alpen war. Gegründet um Christi Geburt, wird Cambodunum in der "Geographika" des antiken griechischen Geschichtsschreibers und Geographen Strabon um 18 n. Chr. als polis des keltischen Stammes der Estionen erwähnt. Die Römer übernahmen diese keltische Siedlung, die vermutlich im 1. Jahrhundert n. Chr. als Statthaltersitz der römischen Provinz Rätien diente. Die römische Siedlung wurde als Planstadt nach mediterranem Vorbild angelegt und wies eine kulturelle Mischung aus einheimischen, westlich-keltischen und mediterranen Einflüssen auf. Cambodunum war ein bedeutender Etappenort auf der Römerstraße Kempten–Kellmünz–Günzburg.

Eingang zum Gallorömischen Tempelbezirk. Hier befindet sich auch der Ticketshop und eine Taberna.

Modell des Forums von Cambodunum.

Im Original sind tatsächlich nur Reste, in der Regel Grundmauern, dieser römischen Siedlung zu sehen. Alle Gebäude, die ein Dach tragen, sind neuzeitlichen Ursprungs und dienen als Museum, Ticketshop oder wurden zum Schutz der freigelegten Grundmauern errichtet. Auf dem Gelände finden noch immer Ausgrabungen statt, das ist an den Zeltplanen erkennbar.

Dort, wo die Grundmauern nicht mehr zu sehen sind, vermitteln Markierungen den Grundriss der ehemaligen Gebäude. Damit lässt sich die Größe der Anlage nachvollziehen. Dies geschieht zum Teil auch auf den Straßen, denn ein Teil der alten Römerstadt ist mit Häusern überbaut. Viele Tafeln und Modelle erläutern die einzelnen Areale des Archäologischen Parks. So können Sie die Anlage auch dann gut erfassen, wenn Sie die App nicht installiert haben.

Der Mittelpunkt des rechtwinkeligen Straßensystems befand sich vor dem Propylon, dem Haupteingang des Forums. Hier kreuzten sich die cardo maximus und die decumanus maximus. Zwischen den

Mauerresten des Torbaues wurde der Sockel einer Statue gefunden, von der nicht bekannt ist, wessen Abbild einst auf ihr stand. So übernahm die Fantasie die Regie und man kam auf den Gedanken, ein Abbild von **Kaiser Augustus** an dieser Stelle aufzustellen. Es ist eine Kopie des Standbildes aus Primaporta bei Rom. Das Original können Sie in den Vatikanischen Museen in Rom bewundern. Wenn Ihnen bei dem Namen Augustus die Weihnachtsgeschichte einfällt (Es begab sich aber zu der Zeit, dass ein Gebot ...), dann liegen Sie richtig. Er führte das Römische Reich von 27 v. Chr. bis 14 n.Chr. Während seiner Regierungszeit wurde diese Römerstadt an der Iller gegründet und besagte Schätzung im Nahen Osten durchgeführt. Wie die Geschichte weiterging, dürfen wir als bekannt voraussetzen.

Kaiser Augustus.

Schlagen wir nun einen Bogen zu denen, die die christliche Lehre weiterentwickelt haben und gehen wir in die **Fürstäbtliche Residenz**, die Sie vom Stellplatz nach der Überquerung der Iller schnell erreichen können. Es bestand an dieser Stelle eine Klosteranlage, die im Verlauf des Dreißigjährigen Kriegs zerstört wurde. Schon kurze Zeit nach dem Westfälischen Frieden von 1648 ließ Fürstabt Giel von Gielsberg die Residenz,

Die Fürstäbtliche Residenz in Kempten.

Audienzzimmer in der Residenz Kempten.

die Sie unten auf dem Foto sehen, errichten. Es ist ein gewaltiger Komplex, der im Wesentlichen zwischen 1651 und 1674 gebaut wurde. Die Anlage hat zwei große Innenhöfe. Der Konventhof blieb dem Klerus vorbehalten, der Residenzhof war dagegen auch für die Bürger der Stadt zugänglich. Heute sind in der Residenz das Amtsgericht und die Staatsanwaltschaft untergebracht.

Die Prunkräume mit ihrer mannigfaltigen Innenausstattung wurden in den Jahren zwischen 1732 und 1742 im Stile des Rokoko gestaltet. Da die Residenz von der Bayerischen Schlösserverwaltung betreut wird, finden Sie die Öffnungszeiten und Eintrittspreise auf dieser Seite www.schloesser.bayern.de unter der Rubrik "Schlösser".

Neben der Residenz steht die **Basilika St. Lorenz**, die ungefähr zur gleichen Zeit gebaut wurde wie das Kloster. Es ist damit eines der ersten großen Kirchengebäude, das nach dem Dreißigjährigen Krieg entstanden ist. Innen ist es mit spät-barocker Pracht ausgestattet, die im frühen 18. Jahrhundert von mehreren namhaften Künstlern dieser Zeit vorgenommen wurde. Ähnlich wie in Buxheim bereits gesehen (siehe Seite 45), erfolgte eine räumliche Zweiteilung in eine Stiftskirche, die nur dem Klerus vorbehalten war, und eine Pfarrkirche, die dem gemeinen Volk diente.

Vor der Kirche befindet sich der Hildegardplatz, der nicht

Basilika St. Lorenz.

Das Kirchenschiff von St. Lorenz.

nach Hildegard von Bingen benannt ist, sondern nach der Gemahlin Karls des Großen (*748; † 814), die in Kempten immer noch sehr verehrt wird und als "Wilde Hilde" Werbeträgerin der Stadt ist. Sie wird Ihnen in diesem Ort oft begegnen. Auf dem Hildegardplatz findet jeden Mittwoch und jeden Samstag zwischen 7:00 und 13:00 Uhr ein klassischer Wochenmarkt statt.

In Sichtweite des Platzes befindet sich das **Zumsteinhaus**, in dem das städtische Museum untergebracht ist und in dem die mehr als 2.000 Jahre alte Geschichte der Stadt präsentiert wird. Hier erfahren Sie auch, warum Kempten über 600 Jahre eine Doppelstadt war (Reichs- und Stiftsstadt), was das bedeutet hat und wie der Zusammenschluss unter bayerischer Oberhoheit erfolgte. Diese spannende Geschichte bekommen Sie hier erzählt und müssen dafür noch nicht einmal Eintritt zahlen.

Vom Zumsteinhaus gehen wir nun hinunter in die ehemalige Reichsstadt. Rund um das Rathaus finden Sie eine Vielzahl von Cafés und Restaurants. Über Treppen kommen Sie vom Rathausplatz auf die Fischerstraße, die Flaniermeile Kemptens, in der zahlreiche Kleingeschäfte zu finden sind. Wenn Sie richtig shoppen gehen möchten, dann gehen Sie weiter bis zum **Forum Allgäu**. Hier treffen Sie auf einem Konsumtempel mit etwa 90 Geschäften und einigen Restaurants.

Rathaus und Rathausplatz in Kempten.

Allgäuer Burgenmuseum.

Auf dem Weg zurück geht es an der Freilichtbühne vorbei (das Programm können Sie hier einsehen https://theaterinkempten.de) zum **Allgäuer Burgenmuseum**. Präsentiert wird die Entwicklungsgeschichte der Allgäuer Burgen vom 12./13. Jahrhundert bis in die Gegenwart. Ein Schwerpunkt ist dabei das häusliche Leben in diesen alten Gemäuern. Über die Öffnungszeiten und Eintrittspreise informiert diese Seite www.allgaeuer-burgenmuseum.de.

Zufälle führen manchmal zu außergewöhnlichen archäologischen Ausgrabungen. So führte die geplante Neugestaltung des Platzes an der **Mangkirche** 2003 zu einem Fund von 500 frühmittelalterlichen Grabstellen und zur gut erhaltenen unterirdischen **Erasmuskapelle**. Ein archäologischer Schauraum wurde daraus gestaltet, der acht Jahrhunderte Stadtgeschichte multimedial widerspiegelt. Das Museum kann nur im Rahmen einer Führung besichtigt werden. Die Zeiten und die Eintrittspreise finden Sie hier https://erasmuskapelle-kempten.de.

Über die Mang-Brücke geht es wieder zurück auf die rechte Seite der Iller und am Illerwehr vorbei zum WOMO-Stellplatz. Den Besuch des **Landschaftsparks Engelhalde**, der aus einer ehemaligen Kiesgrube entstanden ist, lassen wir aus.

Nachdem wir nun den Besuch dieser sehr reizvollen Stadt abgeschlossen haben, setzen wir unsere Fahrt nach **Buchenberg** fort. Am Moorweiher gibt es einen kleinen Freizeitpark mit einem frei zugänglichen Moorbad und einem für diese Region unvermeidlichen Wassertretbecken. Neben der Anlage gibt es einen offiziellen Stellplatz für maximal vier Wohnmobile ohne irgendwelche Ver- und Entsorgungseinrichtungen. Sie erreichen den Platz mit diesen Koordinaten [**061**: N47°41'55.4" E10°13'49.9"]. Wenn Sie den durchaus ruhigen und kostenlosen Platz für eine Übernachtung nutzen wollen, steht Ihnen natürlich die örtliche Gastronomie mit ihren kulinarischen Angeboten offen, die Sie auf kurzen Wegen erreichen können. Der nächste Stellplatz auf dieser Reise bietet das nicht, hier sind Sie auf sich allein gestellt und müssen die eigene Kombüse aktivieren. Dafür hat er andere Qualitäten, die ihnen beim Umblättern gleich auffallen werden.

Sie erreichen den Wanderparkplatz oberhalb des Eschacher Weihers auf 1037 Metern Höhe mit diesen Koordinaten [**062**: N47°42'00.5" E10°11'23.7"].

Parkplatz am Eschacher Weiher.

Der Parkplatz besticht durch eine traumhafte Lage. Er wird tagsüber von den Badegästen, die zum Weiher hinuntergehen, genutzt. Den Nudisten unter den Lesern sei gesagt, dass es hier sogar einen FKK-Bereich gibt. Auch für Radler und Wanderer ist dieser Platz eine wunderbare Position, um Ausflüge in die Umgebung zu machen. Zahlreiche Wanderwege sind ausgewiesen. Ein Weg führt zum Schwarzen Grat, dem Hausberg Isnys, auf den wir schon auf der Seite 79 hingewiesen haben. Der Weg dorthin ist nur rund sieben Kilometer lang. Die Beschilderung weist freundlicherweise auch gleich darauf hin, dass mit dieser Strecke eine 20-prozentige Steigung verbunden ist. Für eine Wanderung dorthin müssen Sie zwei Stunden veranschlagen.

Der Eschacher Weiher ist ein kleiner Stausee, den einer der Fürstäbte aus Kempten im 17. Jahrhundert anlegen ließ. Ziel war es, die Quellflüsse der Region zu bündeln, um durch den

Sonnenaufgang am Eschacher Weiher.

von Menschenhand geschaffenen See immer genug Wasser für den Betrieb von Mühlen zu haben. Insgesamt sollen es 24 Wassermühlen gewesen sein, deren Betrieb durch diesen Weiher sichergestellt werden konnte. Für die fürstäbtliche Tafel hatte der See noch einen kulinarischen Nebeneffekt, denn in diesem Gewässer konnte auch Fischzucht betrieben werden. Geangelt wird hier auch heute noch.

Aktuell werden keine Mühlen mehr durch das Wasser des Stausees angetrieben. Ein Teil des Weihers ist den Badegästen vorbehalten, in einem anderen tummeln sich Wasservögel und haben im Schilf ihre Nester und Brutplätze. Diese Doppelnutzung ist nicht immer einfach, aber wenn Badegäste und Camper behutsam mit dem wunderschönen Flecken Erde umgehen, kann das noch lange so bleiben und Sie haben die Möglichkeit, nach einer sehr ruhigen Nacht einen Sonnenaufgang wie auf diesem Foto zu genießen. Das Kuhglockengeläut von den ringsum liegenden Weiden liefert die morgendliche Musik dazu.

Von diesem Platz machen wir uns nun auf den Weg zum Niedersonthofener Weiher, den wir bereits am Ende der Tour 3 aufgesucht hatten, und lassen die Tour dort enden. Die Beschreibungen dazu können Sie ab der Seite 92 nachlesen.

In der nun folgenden Etappe geht es über Sonthofen und Oberstdorf in das Hochgebirge der Allgäuer Alpen und in das Kleinwalsertal. Ruhige Plätze wie der am Eschacher Weiher sind dort Mangelware.

B12
032
Sonneck
1100 m
Kleinweiler
Altrauchburg
Tour 5
Walten-
hofen
Sulzberg
7
Iller
B19
Nieder-
sonthofen
35
Niedersonthofener See
Weitnau
Seltmans
Sibratshofen
Alpkönig-
blick
W
Rieggis
Diep-
holz
Niedersonthofener
Wasserfall
C
Petersthal
B
118
Rottachsee
119
121
Hauchenberg
1244 m
St2006
Wilhams
Börlas
Allgäuer Bergbauernmuseum
Sternwarte Oberallgäu
Tour 3
Missen
Knotten-
ried
Seifen
Wertach
Tour 9
Kranzegg
B310
120
52
Großer Alpsee
Bühl a.A.
B308
Immenstadt
Rettenberg
Alpe Hintere Kölle
Grünten
1738 m
Grüntenhütte
Wertacher
Hörnle
1695 m
051
V
E
WC
053
063
Alpe Roßberg
Tour 4
Thalkirchdorf
Alpsee
Coaster
Immenstädter
Horn 1489 m
Blaichach
Burgberg
Obere Schwandalpe
Erzgruben-Erlebniswelt
Unterjoch
Berggasthof Alpenblick
Mittag
1451 m
B19
Starzlachklamm
Naturpark
Gunzesried
Sonthofen
Bad
Hindelang
Oberjoch
Weißach
Gunzesried-Säge
Ofter-
schwang
B308
Tour 9
Bad
Oberdorf
Hochgrat
1832 m
Weltcup-Hütte
Ofterschwanger
Horn 1411 m
64
065
Imberg
Altstädten
Imberger
Horn
1656 m
126
Hinterstein
067
Nagelfluhkette
Hinang
Hinanger Wasserfall
Ostrachtal
Balder-
schwang
Weiherkopf
1665 m
068
Bolster-
lang
Sonnenklause
1786 m
Oberthalhofen
Fischen
im Allgäu
Gr. Daumen
2280 m
Obermaiselstein
070
069
071
066
Schnippenkopf
1833 m
Alpenwildpark
Sturmannshöhle
Nebelhorn
2224 m
73
Riedbergpass
1407 m
72
Tiefenbach
Giebelhaus
Starzlachtal
NSG
Aibele Alpe
Oberst-
dorf
074
Laufbacher Eck
2178 m
Rohrmoossattel
Breitachklamm
Oytal
Freibergsee
Breitach
Skiflugschanze
Gutenalpe
Höfats
2295 m
75
Söllereck
1706 m
Dietersbachtal
Stuibenfall
Hoher Ifen
2230 m
Riezlern
76
Stillachtal
Käseralpe
Fellhorn
2038 m
Faistenoy
Rauheck
2384 m
Hirschegg
Allgäuer
Alpe Oberau
Kreuzeck
2376 m
Mittel-
berg
77
Trettachtal
Kleinwalsertal
Kanzelwand
2059 m
Walmen-
dinger Horn
1996 m
Einödsbach
Ofnerspitze
2579 m
Baad
Walser
Hammerspitze
2170 m
Hochalpen
78
Mädelegabel
2644 m
Güntlespitze
2039 m
Schwarze Hütte
Rappenseehütte
Haldenwanger
Kopf
2002 m
Wilder Mann
2578 m
Gr. Widderstein
2533 m
Biberkopf
2599 m
Lech
N
Schröcken
Karhorn
2416 m
Warth
Lech
Steeg
5 km
Mittagspitze
2370 m
Braunarlspitze
2649 m
ÖSTERREICH
Band 60:
Mit dem Wohnmobil nach Österreich:
Teil 2: Der Westen
Lech

TOUR 6 (ca. 160 km)

Immenstadt – Blaichach – Sonthofen – Fischen im Allgäu – Ofterschwang – Bolsterlang – Obermaiselstein – Riedbergpass – Balderschwang – Breitachklamm – Oberstdorf – Kleinwalsertal

Stellplätze:	Immenstadt, Blaichach, Sonthofen, Fischen, Ofterschwang, Obermaiselstein, Riedbergpass, Balderschwang, Oberstdorf.
Campingplätze:	Sonthofen, Oberstdorf, Riezlern, Mittelberg-Vorderboden.
Besichtigungen:	Erzgruben-Erlebniswelt Grünten, Obermaiselstein (Alpenwildpark, Sturmannshöhle), Oberstdorf (Altstadt, Heini-Klopfer-Skiflugschanze).
Wandern/Radwandern:	Gunzesrieder Tobelweg, Grünten, Starzlachklamm, Hinanger Wasserfall, Ofterschwanger Horn, Riedberger Horn, Breitachklamm, Nebelhorn, Oytal, Stillachtal, Fellhorn, Kanzelwand, Hoher Ifen, Walmendinger Horn.
Baden/Wellness:	Fischen im Allgäu (Erlebnis- und Familienbad), Oberstdorf (Freibergsee).

In dieser Tour stehen keine Klöster, Kirchen, Schlösser und Museen auf dem Programm. Wir widmen uns fast ausschließlich Bergbahnen, Bergtouren, engen Tälern, Wasserfällen, Radtouren und unglaublichen Fernsichten in einer mehr als wunderbaren Gebirgslandschaft.

Los geht es mit einer Wandertour durch das Gunzesrieder Tal und einer Seilbahnfahrt auf das Ofterschwanger Horn. Anstrengender wird der Weg hinauf auf den Grünten. Schweißtreibend und spannend zugleich ist der Pfad durch die Starzlachklamm, die Sie auch mit einer Canyoningtour verbinden können. Wir begleiten Sie danach durch die einfach zu gehende Breitachklamm und nehmen Sie dann mit auf das Nebelhorn bei Oberstdorf. Zweifellos ein besonderer Höhepunkt dieser Reise. Es folgen Touren durch das Oy- und das Stillachtal, die Sie sehr gut mit dem Rad bewältigen können. Auch von diesen Tälern geht es hoch in die Berge, mal ohne, mal mit der Seilbahn. Hier ist die Bergwelt zwischen Fellhorn und Kanzelwand in besonderer Weise hervorzuheben. Wenn Sie zur richtigen Zeit vor Ort sind, werden Sie auf der Höhe Alpenrosen in voller Pracht erleben können. Den Abschluss dieser Tour bildet das Kleinwalsertal. Neben der bereits genannten Kanzelwand ist der Hohe Ifen besonders spektakulär, der schon bei der Einfahrt in das Tal ins Auge sticht.

Von Immenstadt kommend fahren wir in **Blaichach** diesen komfortablen Stellplatz an, der als ein ruhiger und guter Standort für Touren in die angrenzende Bergwelt dienen kann.

(063) Offizieller WOMO-Stellplatz: Alpen-Rundblick Mobil Camping

GPS: N47°32'46.5" E10°15'31.9", (732m); Am Eichbichl 1, 87544 Blaichach.
Max. WOMOs: 55, maximale Länge 12 m.
Ausstattung: Frischwasserversorgung, Abwasserentsorgung mit Bodeneinlass, Kassettenentleerung, Stromanschlüsse, Behälter für die Müllentsorgung, WLAN, Gasflaschentausch. Im Servicegebäude gibt es Duschen, WCs, Waschmaschinen und Trockner. Der Platz ist ganzjährig geöffnet.

Beschreibung: Schattenlose, geschotterte 5,5 bis 6 Meter breite Stellflächen am Weidachsee in unmittelbarer Nähe der Iller mit Blick auf das Burgberger Hörnle. Sehr ruhig. Die Ver- und Entsorgungsstation befindet sich im Eingangsbereich.
Preise: 15,50 € für ein Fahrzeug, unabhängig von der Personenzahl und inkl. Hund. Kurtaxe ab dem 15. Lebensjahr 2,20 € pro Person, Kinder zwischen 6 und 15 Jahren 1,10 €, Frischwasser (ca. 100 Liter) 1,00 €, Strom 0,70 € pro kWh. Die Entsorgung ist für Übernachtungsgäste kostenlos. Wird der Platz nur für eine Entsorgung angefahren, kostet diese 2,00 €. Für die Nutzung der Dusche und der Toilettenräume sind pro Person und Tag 2,50 € zu zahlen.
Zufahrt: In Blaichach von Immenstadt kommend vor der Motorradwerkstatt Kneifel links abbiegen und der Straße bis zum Stellplatz folgen.
Reservierung/Kontakt: Tel.: 08321/88026
E-Mail: info@alpen-rundblick.de, Web: www.alpen-rundblick.de.

Um zum Beispiel zum Nebelhorn bei Oberstdorf zu kommen, müssen Sie nicht einen der dort zumeist engen Plätze aufsuchen, sondern können diesen "luftigen" Platz nutzen. Mit der Bahn sind Sie in 26 Minuten in Oberstdorf und den Weg vom dortigen Bahnhof bis zur Talstation der Nebelhornbahn erledigen Sie in 15 Minuten.

Wanderungen auf dem **Gunzesrieder Tobelweg** entlang der Gunzesrieder Ach, sind direkt vom Stellplatz aus möglich. Bis zur Talstation der **Ossi-Reichert-Bahn** sind es rund fünf Kilometer ohne besonders starke Steigungen. Die Kabinenseilbahn bringt Sie in fünf Minuten auf das 1411 Meter hohe **Ofterschwanger Horn**, von dem Sie einen wunderbaren Blick hinunter in das Tal und auf die Allgäuer Alpen haben.

Schauen wir auf die andere Seite der Iller, dann haben wir den 1738 Meter hohen **Grünten** vor uns, den "Wächter des Allgäus", wie er gern genannt wird. Eine Tour zu diesem Berg können Sie ebenfalls vom Stellplatz starten. Der Weg ist fast acht Kilometer lang. Auf ihm haben Sie einen Höhenunter-

Blick vom Ofterschwanger Horn.

schied von rund 1000 Meter zu bewältigen. Ohne ein Mindestmaß an Kondition und Fitness ist das nicht machbar. So bequem wie auf das Ofterschwanger Horn kommen Sie allerdings nicht hoch. Es gibt zwar eine kleine Kabinenseilbahn, doch die ist den Mitarbeitern vorbehalten, die den Sendemast des Bayerischen Rundfunks betreiben. Der Bau einer Bahn von Kranzegg zur Grüntenhütte auf 1477 Metern Höhe ist geplant. Wann sie erstellt werden wird, ist uns nicht bekannt. Eine Alternative, den Berg zu erklimmen, ist eine Kombination aus MTB-Tour und Wanderung. Bis zur **Alpe Roßberg** oder

Blick vom Grünten auf den Sendemasten des Bayerischen Rundfunks mit der Nagelfluhkette im Hintergrund. Am rechten Bildrand sind Immenstadt und der Große Alpsee erkennbar.

der **Oberen Schwandalpe** auf 1330 Metern Höhe können Sie mit einem E-Bike fahren. Damit haben Sie den längsten Teil der Tour schon geschafft. Bis zum Sendemast und dem Jägerdenkmal sind es dann zu Fuß nur noch rund zwei Kilometer. Auf der Oberen Schwandalpe gibt es übrigens eine leckere Brotzeit, unter anderem mit vor Ort erzeugtem Käse. Hier www.schwandalpe.de können Sie sehen, wie er gemacht wird.

Dem Grünten nähern wir uns auch noch einmal in der Tour 9, wie Sie ab Seite 248 lesen können. Dort stehen wir auf einem der wenigen freien Wanderparkplätze, auf dem eine Übernachtung (noch) nicht untersagt ist.

Das sind jetzt nur wenige Beispiele für Ausflüge, die Sie von dem Stellplatz in Blaichach starten können. Wenn Sie vor Ort sind, werden Sie noch sehr viel mehr Möglichkeiten in der Rezeption des Stellplatzbetreibers genannt bekommen, wenn Sie danach fragen. Leider konnten wir bislang nicht allen Optionen nachgehen, da fehlte einfach die Zeit. Es gibt also noch sehr viel Luft für Erweiterungen dieses Buches für die zukünftigen aktualisierten Auflagen.

Mit der folgenden Tour durch die enge und spektakuläre **Starzlachklamm** haben wir uns etwas intensiver befasst und dazu unser WOMO auf diesem gebührenpflichtigen (Tagessatz 3,00 €) Parkplatz [GPS: N47°31'50.1" E10°17'56.3"] am Fuße des Grünten nördlich von Sonthofen im Örtchen Winkel abgestellt.

Durch die Starzlachklamm

Die Starzlach hat ihre Quellflüsse zwischen dem Grünten und dem 1695 Meter hohen Wertacher Hörnle. Über eine relativ kurze Distanz hat sie eine tiefe Schlucht in das Gestein gefräst.

Vom komplett belegten Parkplatz, auf dem Sie nicht übernachten dürfen und auf dem Sie Gefahr laufen, zugeparkt zu werden, geht es der Wegbeschilderung folgend zum Eingang der Klamm. Der Weg dorthin ist noch einfach, auch wenn es teilweise über Stock und Stein geht. Am Eingang steht ein Kassenhäuschen. Der Erwachsene zahlt einen Eintritt in Höhe von 3,50 €, für Kinder sind 2,00 € zu entrichten. Mit der Gästekarte ist es etwas billiger. Für den Gang durch die Klamm ist festes Schuhwerk unabdingbar. Wer sich längere Zeit nicht sehr viel bewegt hat, wird mangelnde Fitness schnell bedauern, denn die Wege sind zum Teil sehr steil, dazu steinig und mit vielen Stolperfallen versehen. Die Breitachklamm, die wir im Verlauf dieser Tour auch noch

Parkplatz an der Starzlachklamm.

durchstreifen werden (siehe Seite 158), ist mit ihren gut ausgebauten Wegen und Stegen sehr viel bequemer zu gehen. Der Weg in der Starzlachklamm ist nur in einer Richtung begehbar. "Gegenverkehr" käme auf den sehr schmalen Pfaden, die in den Fels geschlagen sind, kaum vorbei.

Nicht alle gehen auf den angelegten Strecken. Canyoninggruppen suchen einen Weg durch das Wasser in der tiefen Schlucht und rutschen bei den Schleiherfällen sogar den Fels hinunter. Wenn Ihnen auch die großen Wasserrutschen, die es in den vielen Spaßbädern der Nation gibt, zu langweilig sind, können Sie sich einer der Canyoninggruppen anschließen, die unter fachkundiger Leitung durch diese Klamm geführt werden. Buchen können Sie hier https://canyoningallgäu.de. Ein Verzeichnis von Outdoor-Unternehmen, die Canyoning und auch Rafting im Allgäu anbieten, finden Sie auf dieser Seite www.va-outdoor.

Im Fels eingeschlagener Pfad in der Starzlachklamm.

Canyoning, diese Trendsportart kann in der Starzlachklamm ausgeübt werden.

de. Da bekommt der Urlaub doch gleich einen Hauch von Abenteuer.

Hier sind die Kleinen im Vorteil. Wer als Erwachsener den Kopf nicht einzieht, holt sich auf schmerzhafte Weise eine Beule.

Wir bleiben auf dem Weg und stapfen munter weiter die Klamm hinauf.

Irgendwann geht es aus der engen Schlucht heraus, aber der Anstieg hört deshalb noch nicht auf. Nun geht es über schmale Wege und Stufen weiter bergan. Es dauert noch eine ganze Weile, der Schweiß tropft, so manch einer nutzt mit hochrotem Kopf und schnellem Puls die Sitzgelegenheiten am Rande des Wanderweges für eine Pause. Schließlich wird nach rund zwei Kilometern Fußmarsch der Berggasthof Alpenblick erreicht. Gleich daneben befindet sich die Alpe Topfen. Mehr als 200 Höhenmeter haben wir nun überwunden, die meisten davon während der zweiten Hälfte der Wanderung. Wer nach einer Rast wieder Kraft gesammelt hat, kann von diesem Gasthof zum Grünten weiterwandern. Das sind nur noch 3,5 Kilometer, davon ist das erste Drittel leicht zu gehen. Der Höhenunterschied beträgt nicht unbeträchtliche 680 Meter.

Der Berggasthof Alpenblick ist in Sicht.

Dass am Grünten auch einmal Bergbau betrieben wurde, erfahren Sie in der **Erzgruben-Erlebniswelt am Grünten**. Es ist ein kleines

Blick auf Sonthofen und die Allgäuer Bergwelt.

Museumsdorf das in Schaugruben und Hütten die Geschichte des Erzbergbaues in diesem Gebirge erzählt. Öffnungszeiten und Eintrittspreise finden Sie hier www.erzgruben.de.

Von dem Museum fährt das Erzbähnle hinunter zum Parkplatz. Wer diese Möglichkeit wählt, verpasst allerdings den wunderbaren Blick auf Sonthofen, den Sie vom Wanderweg genießen können.

Die nächste Station auf unserer Reise ist **Sonthofen**. Den Campingplatz und den Stellplatz stellen wir kurz vor.

(064) WOMO-Campingplatz: Sonthofen – Campingplatz an der Iller

GPS: N47°30'22.1" E10°16'24.7", (741m); Sinwagstraße 2, 87527 Sonthofen.

Max. WOMOs: 30, maximale Länge 10 m.

Ausstattung: Frischwasserversorgung, Abwasserentsorgung mit Bodeneinlass, Kassettenentleerung, Stromanschlüsse, Behälter für die Müllentsorgung, WLAN, Bistro, Kinderspielplatz. Im Servicegebäude gibt es Duschen, WCs, Waschmaschinen und Trockner. Der Platz ist ganzjährig geöffnet.

Beschreibung: Große Stellflächen auf Schotterrasen in unmittelbarer Nähe der Iller und des Freizeitbades Wonnemar.

Preise: Für ein Fahrzeug mit 2 Personen werden 24,00 € berechnet. Für jede weitere Person ab 16 Jahren sind 7,00 € zu zahlen, für Kinder ab 6 Jahren 5,00 € und für den Hund 2,00 €. Strom kostet pauschal 2,50 € pro Tag oder 0,80 pro kWh. Die Nutzung der Waschmaschine und des Trockners kosten 3,00 € bzw. 2,00 €.

Zufahrt: In Sonthofen den Hinweisen zum Freizeitbad Wonnemar folgen, die Einfahrt des Campingplatzes ist 500 Meter davon entfernt.

Reservierung/Kontakt: Tel.: 08321/2350
E-Mail: info@tourismus-sonthofen.de, Web: www.illercamping.de.

(065) Offizieller WOMO-Stellplatz: Sonthofen

GPS: N47°30'12.5" E10°16'44.8", (743m); Stadionweg 5, 87527 Sonthofen.

Max. WOMOs: >5, maximale Länge 10 m, max. Aufenthalt 24 h.

Ausstattung: Keinerlei wohnmobilspezifische Einrichtungen, ganzjährig geöffnet.

Beschreibung: Schattige Stellflächen auf einem Nebengelände des Pkw-Parkplatzes am Freizeitbad Wonnemar, das nur 250 Meter entfernt liegt. Nachts ruhig. Tagsüber durch den Straßenverkehr und dem angrenzenden Gewerbegebiet recht laut.

Preise: 6,50 € für ein Fahrzeug, unabhängig von der Personenzahl.

Zufahrt: In Sonthofen den Hinweisen zum Freizeitbad Wonnemar folgen, den Pkw-Parkplatz überqueren und in den hinteren Bereich fahren.

Hinanger Wasserfall.

In Sonthofen finden wir keine malerische Altstadt und keine besonderen kulturhistorischen Bauwerke vor, deshalb halten wir uns hier nicht lange auf. Den Klotz der ehemaligen NS-Ordensburg in der heutigen Generaloberst-Beck-Kaserne, der in der Nähe des Wohnmobilstellplatzes auffällt, zählen wir auch nicht dazu. Er ist ohnehin nicht zu besichtigen.

Interessant ist das Umland Sonthofens. Die Starzlachklamm hatten wir schon, jetzt kommt der **Hinanger Wasserfall** hinzu. Er geht über mehrere Felsstufen. Der Hauptfall, den Sie auf dem nebenstehenden Foto abgebildet sehen, ist zwölf Meter hoch. Schattig und frisch ist es hier.

Wie kommen Sie hin? Fahren Sie über Altstädten nach Hinang in die Ortsmitte und von dort zu dem kleinen Wanderparkplatz am Rande eines Waldes auf 841 Metern Höhe. Von dort ist es nur ein kleiner Spaziergang von rund 600 Metern Länge. Trotzdem wird es den einen oder anderen ins Schnaufen bringen, denn auf dieser kurzen Distanz sind etwas mehr als 100 Höhenmeter zu überwinden. Von Sonthofen bis zu diesem Wanderparkplatz sind es rund vier

Kilometer. Der Platz, den Sie mit diesen Koordinaten [GPS: N47°28'34.2" E10°17'45.3"] erreichen, eignet sich allerdings nur für Kastenwagen.

Wer mit einem ausgewachsenen WOMO unterwegs ist, sollte diesen Platz [GPS: N47°28'25.3" E10°18'27.6"] anfahren. Er befindet sich unterhalb des Berghotels Sonnenklause. Von hier aus ist der Weg zum Wasserfall zwar deutlich länger, aber das Gefälle bzw. die Steigung ist nicht so heftig. Hier stehen Sie auf 1042 Metern Höhe und gehen dann über eine Distanz von 1,6 Kilometern zu dem Wasserfall hinunter, der sich auf einer Höhe von rund 930 Metern befindet. Den Höhenunterschied den Sie zu überwinden haben, ist zwar in etwa gleich, jedoch fällt er über die Distanz betrachtet nicht so ins Gewicht. Auf beiden Plätzen besteht ein Übernachtungsverbot. Was die nahe gelegene Sonnenklause zu bieten hat, erfahren Sie hier www.sonnenklause.de.

Die nächste Gelegenheit, eine Übernachtung einzulegen, besteht bei unserem Tourverlauf am Südrand von Fischen in der Nähe des Erlebnis- und Familienbades.

(066) Offizieller WOMO-Stellplatz: Fischen im Allgäu

GPS: N47°26'57.1" E10°16'10.9" (764m); Mühlenstraße 24, 87538 Fischen im Allgäu.

Max. WOMOs: 17, maximale Länge 12 m.

Ausstattung: Frischwasserversorgung, Abwasserentsorgung mit Bodeneinlass, Kassettenentleerung, Stromanschlüsse, Behälter für die Müllentsorgung, ganzjährig geöffnet.

Beschreibung: Überwiegend schattenlose, geschotterte, ebene Stellflächen neben einer Tennisanlage. Das Erlebnis- und Familienbad ist 200 Meter entfernt. Der Stellplatz ist durch die Zufahrtsstraße geteilt. Nachts ist es ruhig.

Preise: 12,00 € für ein Fahrzeug plus Kurtaxe in Höhe von 2,50 € pro Person und Nacht. Dafür gibt es die Hörnerdörfer Card. Die Anmeldung und die Bezahlung der Stellplatzgebühren erfolgen über einen Mitarbeiter, der zweimal täglich vor Ort ist. Die Entsorgung ist kostenlos, über Münzautomaten gibt es Frischwasser für 1,00 €, Strom für 0,50 € pro kWh.

Zufahrt: Auf der B19 von Fischen in Richtung Oberstdorf fahren und am südlichen Ortsrand den Hinweisen zum Freizeitbad/Stellplatz folgen.

Mit **Fischen im Allgäu** haben wir eines der **Hörnerdörfer** erreicht. Unter diesem Namen vermarkten die Gemeinden Balderschwang, Bolsterlang, Fischen im Allgäu, Obermaiselstein und Ofterschwang gemeinsam ihre touristischen Angebote. Hörnerdörfer heißen Sie deshalb, weil viele ihrer Hausberge ein "Horn" im Namen haben. Wenn Sie auf die Tourkarte zu Beginn dieses Kapitels auf die Seite 142 schauen, dann sehen Sie auch, dass wir uns nun im südlichen Bereich des Naturparks Nagelfluhkette befinden. Von jedem dieser Orte haben Sie unzählige Möglichkeiten, Wander- und MTB-Touren zu starten. Zuweilen überbrücken Bergbahnen die Höhenunterschiede. Eine davon ist direkt neben diesem Stellplatz in **Ofterschwang** zu sehen. Grund genug, ihn kurz vorzustellen.

(067) Offizieller WOMO-Panoramastellplatz: Ofterschwang

GPS: N47°29'50.8" E10°13'59.9" (880m); Panoramaweg 7, 87527 Ofterschwang. **Max. WOMOs:** 9, max. Länge 12 m, max. Aufenthalt 48 h.

Ausstattung: Behälter für die Müllentsorgung, WC in der Talstation der Bergbahn, Restaurant in Sichtweite. Der Platz ist von Anfang April bis Ende November geöffnet.
Beschreibung: Große, geschotterte, sonnige Stellflächen mit Panoramablick.
Preise: 8,00 € für ein Fahrzeug plus Kurtaxe in Höhe von 1,50 € pro Person und Nacht ab dem Alter von 14 Jahren. Die Beträge sind an der Kasse der Bergbahn zu entrichten. Wenn Sie die Bergbahn nutzen, werden einmalig 5,00 € auf den Ticketpreis der Bahn angerechnet. Wenn Sie nicht übernachten wollen, können Sie auf die umliegenden kostenlosen Parkplätze ausweichen.
Zufahrt: Den Hinweisen zur Bergbahn folgen.

Mit dem **Weltcup-Express** fahren Sie von 881 Metern auf 1306 Metern Höhe. Oben ist das Ofterschwanger Horn, auf dem wir schon zu Beginn dieses Kapitels hingewiesen haben, der Anziehungs- und Aussichtspunkt schlechthin. Darüber hinaus gibt es hier ein weitverzweigtes Wanderwegenetz, das zu größeren und kleineren Bergtouren einlädt. Das **"Stuimändle"** führt durch einen fast vier Kilometer langen Erlebnisweg, der allerlei Wissenswertes über die Bergwelt vermittelt.

Downhillroller am Sessellift in Ofterschwang.

Einkehrmöglichkeiten gibt es hier natürlich auch. Und noch eine Attraktion wollen wir erwähnen. Statt hinunterzulaufen, haben Sie eine ganz spezielle Möglichkeit, ins Tal zu kommen. Mieten Sie sich

Panoramablick auf Ofterschwang mit dem Nebelhorn im Hintergrund.

einfach gleich unten an der Talstation einen "Downhillroller" und sausen damit den Berg hinab. Über die Öffnungszeiten des Bahnbetriebs und die Ticketpreise informiert diese Seite www.go-ofterschwang.de.

Ähnlich wie in Ofterschwang ist es in **Bolsterlang**. Hier ist der Stellplatz [**068**: N47°27'47.5" E10°13'41.3"] an der Hörnerbahn mit den kleinen Kabinen nur etwas teurer. Ver- und Entsorgungsanlagen gibt es auch hier nicht.

Von der Bergstation auf 1540 Metern Höhe können Sie unter anderem zum Weiherkopf auf 1665 Meter und zum Riedberger Horn auf 1786 Metern Höhe wandern. Ein Klassiker ist die Hörner-Tour, die über den Weiherkopf, Rangiswanger Horn, Sigiswanger Horn und Ofterschwanger Horn führt. Von dort geht es zur Bergstation der Sesselbahn, mit der Bahn wieder hinunter und dann mit dem Omnibus zurück nach Bolsterlang. Alle Angebote finden Sie auf dieser Seite www.hoernerbahn.de verzeichnet. Statt eines Rollers wie in Ofterschwang gibt es in Bolsterlang ein "Dreirad" für Erwachsene mit einem tiefen Schwerpunkt, mit dem Sie von der Bergstation den Weg auf markierten Routen wieder hinunter zur Talstation sausen. Was der Spaß mit diesen **"mountaincarts"**, wie sie genannt werden, kostet, finden Sie auf der angegebenen Seite der Hörnerbahn.

Kranzrind bei der Viehscheid.

Eine lange Tradition hat die **Viehscheid** in den Hörnerdörfern, so auch in Bolsterlang. Alljährlich werden Tausende Zuschauer durch dieses Schauspiel angelockt, wenn die buntgeschmückten Rinder im September von den Almwiesen hinuntergetrieben werden, wo sie in ihren Ställen über den Winter versorgt werden. Das hat Volksfestcharakter. Hier erfahren Sie mehr darüber www.hoernerdoerfer.de/viehscheid-allgaeu.

Bevor wir uns Oberstdorf und dem Kleinwalsertal zuwenden, machen wir einen Abstecher auf den **Riedbergpass** (1407m) und fahren weiter bis nach **Balderschwang**, dem "Bayerisch Sibirien", wie es wegen seiner hohen Schneesicherheit und Kälte im Winter auch genannt wird.

Auf der Passstraße in Richtung Balderschwang.

Die Passstraße gibt es erst seit 1961. Vor dieser Zeit war Balderschwang mit dem Pkw nur von österreichischer Seite über Vorarlberg erreichbar. Es ist der höchste befahrbare Pass in Deutschland, die Steigungen von bis zu 16% sind nichts für schwach motorisierte Fahrzeuge. Auf dem Pass gibt es an der Zufahrt zur Skilift Basisstation Grasgehren einen der wenigen gebührenpflichtigen Parkplätze im Oberallgäu, auf dem Sie auch über Nacht stehen bleiben dürfen. Sie erreichen den Platz auf 1396 Metern Höhe mit diesen Koordinaten [**069**: N47°26'21.6" E10°10'33.7"]. In der Nacht ist es hier sehr ruhig.

Übernachtungsplatz am Riedbergpass.

Wer es komfortabler mag und dazu noch Allgäuer Küche genießen möchte, der sucht diesen Stellplatz vor Balderschwang auf.

(070) Offizieller WOMO-Gasthof-Stellplatz: Alpengasthof Schwabenhof

GPS: N47°27'28.9" E10°07'45.3", (1074m); Schwabenhof 23, 87538 Balderschwang.
Max. WOMOs: 50, maximale Länge 12 m.

Ausstattung: Frischwasserversorgung, Abwasserentsorgung mit Bodeneinlass, Kassettenentleerung, Stromanschlüsse, Behälter für die Müllentsorgung, Brötchenservice, Frühstücksservice im Gasthof, Gasflaschentausch, Dusche im Gasthof. Restaurant mit traditioneller Allgäuer Küche.
Beschreibung: Große schattenlose, terrassenförmig angelegte Stellflächen auf Schotterrasen. Abseits der Straße, sehr nah am Gasthof. Nachts absolut ruhig. Sehr guter Standort für Wanderungen.
Preise: Gestaffelt nach Größe des Fahrzeuges und der Saison, werden für ein Wohnmobil zwischen 12,00 € und 19,00 € in Rechnung gestellt. Personen ab 15 Jahren entrichten zusätzlich 3,00 €, für Kinder bis 14 Jahren sind 1,50 € zu zahlen und für den Hund 3,00 €. Ver- und Entsorgung sind kostenlos, Strom wird pauschal mit 4,00 € pro Tag abgerechnet. Weitere Preisoptionen, insbesondere für mehrtägige Aufenthalte, finden Sie auf der Webseite des Gasthofes.
Zufahrt: Hinter dem Riedbergpass auf der Fahrt nach Balderschwang/österreichische Grenze auf der linken Seite, nicht zu verfehlen.
Reservierung/Kontakt: Tel.: 08328/924060
E-Mail: info@schwabenhof.com, Web: www.schwabenhof.com.

Blick auf Balderschwang.

Ruhig ist es auch auf dem Wanderparkplatz in Balderschwang [GPS: N47°27'48.5" E10°06'06.1"] , jedoch dürfen Sie hier nicht übernachten. Der Platz liegt auf 1018 Metern Höhe. Sollten Sie es versäumt haben, rechtzeitig etwas einzukaufen, so steht Ihnen an dieser Stelle ein Automat zur Verfügung, aus dem Sie Käse, Wurst, Milch und andere Dinge ziehen können. Damit sind Sie gut gewappnet, um eine längere Wanderung in dieser reizvollen Bergwelt zu unternehmen. Es stehen, wie an anderen Orten im Allgäu mehr Wege zur Verfügung, als wir an dieser Stelle aufführen können. Vor Ort finden Sie auf Tafeln und Karten genug Hinweise auf Touren aller Schwierigkeitsgrade.

Wir machen uns nun auf den Weg in das nur 1000 Einwohner zählende Obermaiselstein und fahren dort diesen Stellplatz an.

(071) Offizieller WOMO-Stellplatz: Obermaiselstein – Rieder Wiesen

GPS: N47°26'40.5" E10°14'34.6", (837m);
Am Goldbach 3, 87538 Obermaiselstein.
Max. WOMOs: 36, maximale Länge 12 m.
Ausstattung: Frischwasserversorgung, Abwasserentsorgung mit Bodeneinlass, Kassettenentleerung, Stromanschlüsse, Behälter für die Müllentsorgung, WLAN. Im Servicegebäude gibt es Duschen, WCs, Waschmaschinen und Trockner. Der Platz ist ganzjährig geöffnet.

Beschreibung: Asphaltierte Stellflächen, relativ eng beieinanderliegend. Das Restaurant Hirschsprungstuben mit guter traditioneller Allgäuer Küche und freundlich-zuvorkommendem Service befindet sich direkt neben dem Stellplatz. Es ist ein idealer Standort, um die Sturmannshöhle, den Alpenwildpark und die Breitachklamm zu besuchen.
Preise: 12,00 € für ein Fahrzeug, Strom pauschal 2,00 € im Sommer, 4,00 € im Winter. Abwasserentsorgung und Entleerung der Bordtoilette sind kostenfrei. Frischwasser kann gratis gebunkert werden. Eine Kurtaxe in Höhe von 1,80 € pro Person und Tag ist ab dem Lebensalter von 16 Jahren zu zahlen. Waschmaschine und Trockner sind ab 2,00 € nutzbar. Für eine Dusche ist 1,00 € zu zahlen.
Zufahrt: Von der Ortsmitte in Obelmaiselstein in Richtung Breitachklamm fahren. Der Stellplatz befindet sich am Ortsende auf der rechten Seite.
Reservierung/Kontakt: Tel.: 08326/7950
E-Mail: info@wohnmobilplatz-allgaeu.de
Web: www.wohnmobilplatz-allgaeu.de.

Vom Stellplatz ist es nicht weit bis zur **Sturmannshöhle** und dem **Alpenwildpark** oberhalb des Ortes, die Sie keinesfalls mit dem WOMO anfahren sollten. Gehen Sie zu Fuß oder nehmen Sie das Rad. Sie werden vor Ort keinen Parkplatz finden, zumindest ist das sehr unwahrscheinlich.

Im Alpenwildpark können Steinböcke, Gemsen, Hirsche und andere Wildtiere beobachtet werden. Zum Teil sind Sie handzahm. Erwarten Sie aber nicht zu viel von dieser nicht allzu großen Anlage.

Spannend ist ein Gang in die Sturmannshöhle, die über sehr viele Treppenstufen in die Tiefe führt, denn sie ist in einer senkrechten Schichtfuge angelegt, die durch die Auffaltung der Alpen entstanden ist. Allein können Sie den Weg in diese Spalthöhle nicht gehen. Es geht immer nur im Rahmen von Führungen, die sowohl in den Sommer- als auch in den Wintermonaten angeboten werden. Bei einem Rundgang bekommen Sie die geologischen Prozesse, die zur Bildung dieser Hohlform geführt haben, sehr gut erläutert. Über die Öffnungszeiten informiert diese Seite www.hoernerdoerfer.de/a-sturmannshoehle-obermaiselstein-allgaeu.

Eingang der Sturmannshöhle.

Eine schöne kleine Radtour von insgesamt nur 25 Kilometern Länge können Sie vom Stellplatz durch das **Starzlachtal** unternehmen. Auf asphaltierten, schmalen Wegen geht es rund 300 Meter hoch, die mit einem E-Bike leicht zu fahren sind. Auf der Fahrt haben Sie immer die steilen Flanken der Unteren Gottesackerwände im Blick. Nach der Überquerung des Rohrmoossattels, der Teil der europäischen Wasserscheide ist, lohnt eine Einkehr in die Aibele Alpe oder auch schon vorher in das Berggasthaus Rohrmoos www.berggasthaus-rohrmoos.com.

Nun wollen wir uns der **Breitachklamm** zuwenden. Mit diesen Koordinaten [GPS: N47°24'10.3" E10°13'44.8"] erreichen wir den gebührenpflichtigen Wanderparkplatz P1 am Fuße der Klamm. Es empfiehlt sich, diesen Platz in den Sommermonaten deutlich vor 10:00 Uhr morgens anzufahren. Obwohl er recht groß erscheint, ist er bei dem hohen Besucherandrang, den diese Klamm zu verzeichnen

Der Parkplatz der Breitachklamm.

In der Breitachklamm.

hat, schnell gefüllt. Eine Übernachtung ist übrigens nicht gestattet, das sei noch einmal gesagt.

Der Weg durch die Klamm ist gebührenpflichtig. Über die Öffnungszeiten und die Eintrittspreise informiert diese Webseite www.breitachklamm.com. Über diese Seite können Sie Tickets auch online erwerben.

Für den Weg durch die tiefste Felsenschlucht Mitteleuropas und dem Rückweg durch die bewaldeten Höhen benötigen Sie rund 45 Minuten, wenn Sie stramm durchmarschieren. Das macht natürlich niemand, denn zu aufregend ist der gut begehbare Weg durch die Schlucht, in der sich mit den Strudellöchern, den Felsformationen, dem Treibgut, den rauschenden Fällen immer wieder neue Perspektiven ergeben, die den Schritt ganz einfach langsam werden lassen. Und dann sind da ja noch die Selfies zu machen, um alle daheimgebliebenen Freunde darüber zu informieren, wo man sich gerade aufhält.

Es ist ein Wunderwerk der Natur, das die aus dem Kleinwalsertal kommende Breitach, in den letzten 10.000 Jahren nach dem Ende der Eiszeit geschaffen hat. Wie immer in solchen Fällen, wird das weiche Gestein durch das Wasser weggeräumt. Das harte widersetzt sich dagegen der Erosion und lässt die Bildung einer Schlucht nur durch die ständige Arbeit des Flusses zu, der mit Steinen und Kieseln als seinen "Erosionswaffen" die Abflussrinne kontinuierlich bearbeitet. Besonders während der Schneeschmelze, wenn die Wassermassen steigen und mehr Geröll aus den Bergen abtransportiert wird. Dann kann es auch schon einmal zu einem Felssturz kommen, der die Breitach aufstaut. Das ist nicht ungefährlich, denn wenn dieser durch den Fluss aufgeschüttete Damm durch den Wasserdruck bricht, kann das am Ausgang der Klamm verheerende Folgen haben. 1995 hat es so ein Ereignis gegeben.

Das soll uns aber nicht davon abhalten, dieses durch Stege zugängliche Wunder der Natur zu betreten. Mindestens 300.000 Besucher tun dies pro Jahr. Das sind rund 820 Personen pro Tag, wenn nur der Durchschnitt gerechnet wird. Da die meisten Besucher aber in den Sommermonaten auf dieser 2,5 Kilometer langen Strecke unterwegs sind, können Sie ahnen, was Sie erwartet. Am oberen und am unteren Ende der Klamm bieten Gasthäuser ihre Dienste an. Die sind an sonnigen Tagen in der Ferienzeit schnell an ihren Kapazitätsgrenzen. Seien Sie deshalb nicht böse, wenn es nicht so flott geht, wie Sie es sich vielleicht wünschen. Die Wirtsleute haben in den letzten Jahren genug gelitten. Das obere Gasthaus (Klamm-Stüble) befindet sich übrigens schon in Österreich. Hier gibt es auch einen Parkplatz [GPS: N47°23'12.5" E10°13'45.3"], den Sie nutzen können, wenn der untere belegt ist. Der Weg durch die Breitachklamm ist als Rundweg angelegt, das sei noch abschließend gesagt.

Nun machen wir uns auf den Weg nach **Oberstdorf** und präsentieren Ihnen zunächst die Campingplätze und den Stellplatz. Die Suche nach einem freien Stellplatz können Sie sich sparen. Hier, wie in allen Seitentälern von Oberstdorf und im Kleinwalsertal, dürfen Sie nur auf den offiziellen Plätzen übernachten. Tagsüber woanders zu parken, ist aber erlaubt, wenn es nicht auch dort durch ein Schild ausdrücklich untersagt ist.

(072) WOMO-Campingplatz: Oberstdorf

GPS: N47°25'22.9" E10°16'36.3", (791m); Rubinger Str. 16, 87561 Oberstdorf.

Max. WOMOs: >20, maximale Länge 11 m.

Ausstattung: Frischwasserversorgung, Abwasserentsorgung mit Bodeneinlass, Kassettenentleerung, Stromanschlüsse, Behälter für die Müllentsorgung, WLAN, Brötchenservice, Gasflaschentausch, Campingklause mit Sonnenterrasse. Im Servicegebäude gibt es Duschen, WCs, Waschmaschinen und Trockner. Der Platz ist ganzjährig geöffnet.

Beschreibung: Die Stellflächen bieten eine Mischung aus gekiestem und steinigem Untergrund mit angrenzenden Rasenflächen. Sie sind zwischen 6 und 7,50 Metern breit und bis zu 11 Meter lang. Eine genaue Übersicht bietet der Lageplan auf der Webseite des Platzes. Eine Bushaltestelle befindet sich in unmittelbarer Nähe, sodass sich die vielen Ausflugsziele wie Breitachklamm oder Talstationen der Bergbahnen bequem erreichen lassen.

Preise: Je nach Saison zahlen Personen ab 16 Jahren 5,60 € oder 6,10 €, Jugendliche zwischen 12 und 15 Jahren 3,60 € oder 4,10 €. Für Kinder unter 12 Jahren wird keine Gebühr erhoben. Für den Hund sind 3,00 € zu zahlen. Zusätzlich ist eine Kurtaxe in Höhe von 2,60 € für den Erwachsenen und 1,95 € für Jugendliche pro Person und Tag zu entrichten. Der Stellplatz für das Wohnmobil kostet 8,50 € im Sommer und 9,00 € im Winter. Für Strom sind 0,75 € pro kWh zu zahlen, die Müllgebühren betragen 1,20 € pro Tag.

Zufahrt: Auf der B19 nach der Überquerung der Breitach im ersten Kreisverkehr die zweite Ausfahrt nehmen im zweiten Kreisel die dritte und dann ist der Campingplatz nach 600 Metern erreicht.

Reservierung/Kontakt: Tel.: 08322/6525
E-Mail: info@camping-oberstdorf.de, Web: www.camping-oberstdorf.de.

(073) WOMO-Campingplatz: Oberstdorf – Rubi-Camp

GPS: N47°25'26.6" E10°16'44.5", (788m); Rubinger Str. 34, 87561 Oberstdorf.

Max. WOMOs: 100, maximale Länge 12 m.

Ausstattung: Frischwasserversorgung, Abwasserentsorgung mit Bodeneinlass, Kassettenentleerung, Stromanschlüsse, Behälter für die Müllentsorgung, WLAN, Brötchenservice, Bistro-Café, Kinderspielplatz, Gasflaschentausch. Im Servicegebäude gibt es Duschen, WCs, Wasch-

maschinen und Trockner, Sanitäranlagen mit Mietkabinen, Fass-Sauna. Der Platz ist ganzjährig geöffnet.
Beschreibung: Perfekt angelegte, bis zu 100 Quadratmeter große schattenlose Stellflächen auf Rasengittersteinen mit einem gepflasterten Bereich für den Ein- und Ausstieg sowie angrenzenden Rasenflächen für Tisch und Stühle. Eine Bushaltestelle befindet sich in unmittelbarer Nähe, sodass sich die vielen Ausflugsziele wie Breitachklamm oder Talstationen der Bergbahnen bequem erreichen lassen.

Preise: Saisonabhängig werden für Personen ab 14 Jahren zwischen 5,95 € und 15,80 € in Rechnung gestellt. Für Kinder zwischen 3 und 14 Jahren sind zwischen 5,45 € und 5,70 € zu zahlen, für den Hund 5,00 €. Zusätzlich ist eine Kurtaxe in Höhe von 2,60 € für den Erwachsenen und 1,95 € für Jugendliche pro Person und Tag zu entrichten. Für den Stellplatz des Wohnmobils werden je nach Kategorie und Saison zwischen 13,80 € und 18,50 verlangt. Strom wird mit 0,70 pro kWh abgerechnet. Das Mietbad kostet 9,00 €.
Zufahrt: Auf der B19 nach der Überquerung der Breitach im ersten Kreisverkehr die zweite Ausfahrt nehmen im zweiten Kreisel die dritte, dann am Campingplatz Oberstdorf vorbeifahren, über die Brücke der Trettach fahren und schon ist der Platz erreicht.
Reservierung/Kontakt: Tel.: 08322/959202
E-Mail: info@rubi-camp.de, Web: www.rubi-camp.de/campingplatz.

(074) Offizieller WOMO-Stellplatz: Oberstdorf

GPS: N47°24'31.1" E10°17'11.2", (817m);
Hermann-von-Barth-Straße 9, 87561 Oberstdorf.
Max. WOMOs: 200, maximale Länge 12 m, max. Aufenthalt 5 Tage.
Ausstattung: Frischwasserversorgung, Abwasserentsorgung mit Bodeneinlass, Kassettenentleerung, Stromanschlüsse, Behälter für die Müllentsorgung, WLAN, Brötchenservice. Im Servicegebäude gibt es Duschen, WCs, Waschmaschinen und Trockner. Der Platz ist ganzjährig geöffnet.

Beschreibung: Eng beieinanderliegende Stellflächen. Überwiegend Asphalt, sonnig, zentrale Lage. Nur 400 Meter bis zur Talstation der Nebelhornbahn, 600 Meter bis zur Ortsmitte.
Preise: 15,00 € für ein Fahrzeug inkl. aller mitfahrenden Personen, Strom 2,50 € pro Tag. Zusätzlich ist eine Kurtaxe in Höhe von 2,60 € für den Erwachsenen und 1,95 € für Jugendliche pro Person und Tag zu entrichten. Abwasser, Frischwasser und Entleerung der Bordtoilette sind kostenfrei. Die Nutzung der Duschen und der WCs sind im Preis enthalten. Waschmaschine und Trockner funktionieren über Münzautomaten.
Zufahrt: Den Hinweisen zur Talstation der Nebelhornbahn folgen, deren Parkplatz 400 Meter hinter dem Stellplatz liegt.
Reservierung/Kontakt: Tel.: 08322/180 (Reservierungen sind nicht möglich)
Web: www.wohnmobilstellplatz-oberstdorf.de.

Malerisch liegt Oberstdorf am Fuße des Nebelhorns. Das Schattenberg-Skistadion, Auftaktort der Vierschanzen-Tournee, ist auf der rechten Seite am Rande der Stadt gut zu erkennen. Darüber hinweg führt die Nebelhornbahn nach oben. Der gesamte Gebirgskomplex rund um das 2224 Meter hohe Nebelhorn ist auf der linken Seite des Bildes zu sehen. In der Bildmitte befindet sich das Oytal, hinter dem Skistadion erhebt sich die Höfats- und Rauheckgruppe mit dem 2384 Meter hohen Rauheck auf der Grenze zu Österreich und dem 2259 Meter hohen Höfats als markanteste Spitzen. Danach folgt am rechten Rand das Dietersbachtal, bevor es mit der nächsten Gebirgskette weitergeht.

Das gesamte Gebiet ist als **Naturschutzgebiet Allgäuer Hochalpen** ausgewiesen, dessen Größe und Grenzen Sie auf der Seite 142 in der Tourenkarte verzeichnet finden. Mit einer Fläche von 20.724 Hektar gehört es zu den größten der unter besonderem Naturschutz stehender Gebiete in Deutschland. Die Naturschutzregelungen gehen damit weiter und sind stringenter, als im gegenüberliegenden Naturpark Nagelfluhkette.

Es gilt, die besonderen Landschaftsformen, die Artenvielfalt von Flora und Fauna sowie die Wasserläufe zu erhalten und nur Veränderungen durch Mutter Natur zuzulassen. Infolgedessen werden den Besuchern dieser Landschaft gewisse Re-

Oberstdorf mit dem Nebelhorn sowie der Höfats- und Rauheckgruppe.

striktionen auferlegt. Bestimmte Bereiche sind einfach nicht zu betreten. Eine Folge davon ist auch das Übernachtungsverbot in Wohnmobilen außerhalb der dafür vorgesehenen Plätze.

Es ist ein Gebiet, das mit Wanderschuhen und in den Tälern auch mit dem Rad erkundet und vor allem genossen werden kann, denn die Landschaft ist einfach erhaben. Das werden Sie erleben, wenn Sie vor Ort sind. Unsere Bilder geben nur einen Vorgeschmack.

Bevor es nun in die Berge geht, schauen wir uns Oberstdorf an. Das Städtchen mit dem klangvollen Namen hat mit all seinen Ortsteilen etwas weniger als 10.000 Einwohner. Es ist ein heilklimatischer Kur- und Kneippkurort, dessen Kurbetrieb im späten 19. Jahrhundert begann. Mit der Eröffnung der Breitachklamm im Jahre 1905 und mit der Inbetriebnahme der ersten Nebelhornbahn 1930 stieg die Zahl der Feriengäste rasch an.

Auch wenn der Ort sich alle Mühe gibt, ein pittoreskes Altstadtbild dürfen Sie nicht erwarten. Malerische Altstadtgassen sind nicht zu verzeichnen, worunter die Qualität der Restaurants im Ort aber nicht leidet. Auch finden Sie, wie in Touristenorten üblich, allerlei Souvenirläden, die bayerische Bierkrüge, Brettchen mit flotten Sprüchen und andere Dinge anbieten, die Sie Ihren Lieben daheim mitbringen können.

Die Stadt lebt von ihrem Umland im Sommer wie im Winter. Mehr als 200 Kilometer Wanderwege in unterschiedlichen Höhenlagen, unzählige Kilometer Loipen und rund 20 Skilifte sprechen für sich. Dazu locken große Sportveranstaltungen wie die jährliche stattfindende Vierschanzentournee viele Besucher in diese Stadt.

In der Innenstadt von Oberstdorf.

Von der Talstation zur Seealpe.

Hauptanziehungspunkt über das gesamte Jahr hinweg ist das **Nebelhorn**, das sich bequem mit der Seilbahn erreichen lässt. Die Bahn hat drei Stationen. Die erste ist die **Seealpe** auf 1280 Metern Höhe, die zweite die **Bergstation Höfatsblick** auf 1932 Metern Höhe und die dritte ist die **Gipfelstation**. Alle Stationen bieten Einkehrmöglichkeiten.

Nur wenige Wanderer machen sich zu Fuß auf den Weg, den 2224 Meter hohen Berg zu erklimmen. Vom Stellplatz sind dazu fast acht Kilometer zurückzulegen. Dabei ist ein Höhenunterschied von 1407 Metern zu überwinden. Hört sich anstrengend an und ist es auch – und deshalb auch nur etwas für geübte, konditionsstarke Bergwanderer.

Dasselbe gilt für alle, die mit dem MTB hochfahren wollen. Auch wenn Sie mit einem E-Bike unterwegs sind, wird es anstrengend und ist nicht ungefährlich. Bis zur Seealpe ist das sicher kein Problem, danach wird es aber teilweise sehr steil. So steil, dass Sie absteigen müssen. Zudem haben wir es nicht mit einem glatten Asphaltsträßchen zu tun, sondern mit einer löcherigen Schotterpiste. Ein Lenkfehler kann fatale Folgen haben. Auf dem schmalen Weg zum Gipfel sind zudem noch einige Wanderer unterwegs, was die Situation nicht einfacher und ungefährlicher macht. Die Strecke sollten Sie unseres Erachtens meiden, selbst wenn Sie es als sportlicher und durchtrainierter Mensch schaffen würden.

Die allermeisten Besucher fahren mit der Seilbahn. Selbst den Weg von der Bergstation Höfatsblick bis zur Gipfelstation wird mit der Bahn zurückgelegt. Oben angekommen, bietet

Nebelhornbahn von der Station Höfatsblick zur Gipfelstation.

sich ein fantastischer Panoramablick auf die Alpen und in das Voralpenland, der wahrlich unbeschreiblich ist. Schauen Sie sich die Fotos an. Sie werden dabei den "Da-muss-ich-hin"-Impuls kaum unterdrücken können.

Das Schöne daran ist, dass dies auch etwas für konditionsschwache Menschen ist. Selbst Besucher, die in ihrer motorischen Beweglichkeit stark eingeschränkt sind, können hier hochfahren. Die Modernisierungen und Erneuerungen der Gondeln sowie der Stationen, die in den letzten Jahren durchgeführt wurden, haben dies möglich gemacht. Bis zu 1200 Fahrgäste können pro Stunde befördert werden. Die Tarife für die Fahrten finden Sie hier www.ok-bergbahnen.com/bergbahnen/nebelhornbahn.

Die Gipfelstation der Nebelhornbahn.

Dass der Kaffee im Gipfelrestaurant etwas teurer ist, als in den Cafés der Stadt, ist sicher nicht überraschend. Aber bei dieser Aussicht kann das leicht hingenommen werden.

Ein besonderer Nervenkitzel wird Ihnen geboten, wenn Sie auf dem Gipfel den kleinen Tunnel durchschreiten und auf den **Nordwandsteig** gehen. Wie ein Balkon ist er an den Fels montiert. Von diesem Steg haben Sie einen atemberaubenden Blick in das Alpenvorland. Es ist ein erhebendes Gefühl, dort zu stehen. Den Blick können Sie allerdings auch nur bei klarer Sicht genießen. Dass der Berg "Nebelhorn" heißt, hat schon seinen Grund, denn oft ist der Gipfel von einer Wolke umgeben, der Sie sprichwörtlich im Nebel stehen lässt.

Der Nordwandsteig auf dem Nebelhorn.

Wenn Sie mit dem Spaziergang auf dem Nordwandsteig Ihre Nerven noch nicht genug gekitzelt haben, dann versuchen Sie es mit einem **Gleitschirmflug** vom Gipfel hinunter ins Tal. Dazu müssen Sie kein passionierter Gleitschirmflieger sein, eine normale Fitness reicht. Ein erfahrener Pilot nimmt Sie in einem Tandemflug einfach mit. Wie das geht und welche Bedingungen einzuhalten sind, können Sie auf der bereits genannten Webseite nachlesen.

Für alle anderen, die lieber festen Boden unter den Füßen haben, bietet sich auf dem Rückweg noch eine kleine Wanderung von der Bergstation Höfatsblick zum **Zeigersattel** an. Von Sattel bis zur Berghütte **Hintere Seealpe** gibt es einen gut begehbaren, etwa einen Kilometer langen Weg, von dem sich erneut fantastische Aussichten bieten. Diesmal mit dem 42 Meter tiefen **Seealpsee**, der sich malerisch in die Bergwelt einfügt.

Der Seealpsee.

Im weiteren Verlauf führt der "Gleitweg" hinunter in das Oytal. Es ist ein Weg, den Sie nur dann gehen sollten, wenn Sie über viel Bergerfahrung verfügen. Der Weg ist steil und rutschig. Für den "normalen" Bergwanderer ist es besser, zur Station Höfatsblick zurückzugehen und von dort entweder zu Fuß oder mit der Bahn ins Tal zurückzukehren.

Das bereits genannte **Oytal** hat für eine kleine Radtour mit dem **Stuibenfall** (bitte nicht mit dem grandiosen Fall im Ötztal verwechseln) und der **Käseralpe** zwei reizvolle Ziele. Vom Stellplatz in Oberstdorf bis zum Ziel auf der Alpe auf 1406 Metern Höhe sind das nur rund zehn Kilometer. Die 589 Meter Höhenunterschied kommen erst auf den letzten Kilometern

Im Oytal.

Blick vom Stuibenfall in das Oytal.

zum Tragen, sind aber mit einem E-Bike gut zu bewältigen. Der weitaus größte Teil der Strecke ist asphaltiert. Auf halber Distanz befindet sich ein Berggasthof www.berggasthof-oberstdorf.de, der offensichtlich ein beliebtes Wanderziel ist. Bis dorthin mussten wir vielen Wanderern ausweichen, danach wurde es sehr viel ruhiger und wir waren fast nur mit anderen Radlern unterwegs. Noch ein Hinweis wenn Sie diesen Gasthof als Wanderziel auserkoren haben: Für den Rückweg können Sie sich einen Roller ausleihen, mit dem Sie die Strecke zurück nach Oberstdorf bequem zurücklegen können. Mehr dazu finden Sie auf der angegebenen Webseite.

Kehren wir zu unserer Radtour zurück. Der Stuibenfall entpuppte sich bei unserem Besuch eher als ein Rinnsal. Die Wassermenge, die wir vorher auf Fotos gesehen hatten, bot er bei unserer Ankunft nicht. Das ist im Hochsommer aber auch nicht weiter verwunderlich. Schön ist der Blick von der Höhe in das Tal, auch wenn er mit dem vom Nebelhorn nicht mithalten kann. Vom Stuibenfall ist es nicht mehr weit bis zur Käseralpe.

Wir haben noch weitere reizvolle "Ausblicke" auf unserem Programmzettel stehen. Nächster Punkt ist die **Heini-Klopfer-Skiflugschanze** im Stillachtal bei Oberstdorf, dessen gebührenpflichtigen Parkplatz [GPS: N47°22'22.6" E10°16'09.1"] Sie auch für Radtouren in das Stillachtal nutzen können.

Es ist die drittgrößte Skiflugschanze der Welt. Gewöhnlich werden Skiflugschanzen an einen Hang gebaut. Mit dieser wurde architektonisch ein anderer Weg beschritten. Der "schiefe Turm von Oberstdorf", wie er auch genannt wird, ist eine Betonkonstruktion, die schräg in den Himmel ragt und nur durch die Fundamente im Schanzentisch gehalten wird. Ein Aufzug, der in diesem Bauwerk installiert ist, bringt die Skiflieger nach oben. Wenn keine Wettbewerbe stattfinden, steht die Anlage für Besucher offen. Sie können, nachdem Sie den Eintritt entrichtet haben, nach oben fahren, die Aussicht von der Besucherplattform genießen oder sich mit einer VR-Brille in die Situation eines Skifliegers begeben und sich auf den Abflugbalken setzen. Allein der Blick hinunter ist schon beängstigend. Da auch noch hinuntersausen? Nichts für uns!

Wir genießen lieber den Blick hinunter auf den **Freibergsee** und liebäugeln mit einem Besuch des Restaurants am Seeufer, das von oben be-

Die Heini-Klopfer-Skiflugschanze.

Freibergsee, Blick von der Aussichtsplattform der Skiflugschanze.

trachtet, verlockend aussieht. Am Fuße der Schanze gibt es ebenfalls ein Restaurant. Es ist der Schonzewiert, dessen Karte https://schonzewiert.de ähnliche Speisen zu ähnlichen Preisen aufzuweisen hat wie das Restaurant am Freibergsee https://naturbad-freibergsee.de. Am See haben Sie darüber hinaus die Möglichkeit eine Runde baden zu gehen oder eine Kahnpartie zu machen.

Der Freibergsee. Im Hintergrund die Heini-Klopfer-Skiflugschanze.

Den Freibergsee erreichen Sie übrigens am einfachsten von diesem Wanderparkplatz [GPS: N47°23'15.2" E10°16'50.3"]. Etwas mehr als einen Kilometer haben Sie von hier bis zum See zu gehen. Der Höhenunterschied beträgt 134 Meter. Auch dieser gebührenpflichtige Parkplatz eignet sich als Standort für Radtouren. Für die Versorgung gibt es sogar einen Proviantautomaten, aus dem Sie sich mit Spezialitäten aus der Region versorgen können. Hirsch, Reh und Gams finden Sie hier zu Wurst verarbeitet vor.

An der Talstation der Fellhornbahn.

Von diesem Wanderparkplatz können Sie auch eine Tour in das **Trettachtal** starten. Bis zur **Sennalpe Oberau**, der letzten bewirteten Hütte im Tal, sind es nur sechs Kilometer bei 200 Metern Höhenunterschied. Auf dem Weg dahin gibt es mehrere Gasthöfe.

Einen weiteren Wanderparkplatz, den Sie sowohl für eine Radtour in den hinteren Bereich des **Stillachtales,** als auch für Gratwanderungen zwischen Kanzelwand, Fellhorn und Söllereck auf der Grenze zwischen Österreich und Deutschland nutzen können, erreichen Sie mit diesen Koordinaten [GPS: N47°21'12.1" E10°15'58.0"]. Er befindet sich an der Talstation der **Fellhornbahn** und ist gebührenpflichtig.

Ab hier ist der weitere Verlauf der Straße durch das Stillachtal für den öffentlichen Verkehr mit Motorfahrzeugen gesperrt. Sie kommen nur noch zu Fuß oder mit dem Fahrrad weiter.

Eine ganze Reihe von bewirtschafteten Hütten sind am Ende des Tales zu verzeichnen. Der **Gasthof Einödsbach** www.einoedsbach.de befindet sich in rund fünf Kilometern Entfernung. Er liegt auf angenehmen 1127 Metern Höhe. Bis dorthin sind nur etwas mehr als 200 Höhenmeter zu überwinden.

Bis zur **Rappenseehütte** www.rappenseehuette.de auf 2092 Metern Höhe sind es zu Fuß schon elf Kilometer mit fast 1200 Meter Höhenunterschied. Besonders im dritten Drittel der Tour geht es ordentlich hoch. Von der Hütte lassen sich weitere Wanderungen starten. Welche das im Einzelnen sind, lesen Sie am besten auf der Webseite der Hütte nach. Das sind dann Mehrtagestouren mit Hüttenübernachtungen.

Im Stillachtal.

Wer lieber mit dem MTB unterwegs ist, wird die Rappenseehütte mit dem Rad nicht erreichen können. Im Tal ist kurz hinter der **Schwarzen Hütte** Schluss, dann müssen Sie umkehren oder das Fahrrad abstellen und zu Fuß weitergehen. Von der Talstation der Fellhornbahn bis zur Schwarzen Hütte sind es nur neun Kilometer bei 340 Metern Höhenunterschied. Also keine große Herausforderung, eher eine Genusstour durch eine schöne Berglandschaft.

Gratwanderweg am Fellhorn mit Blick nach Norden.

Der Schlappoldsee mit blühenden Alpenrosen am Hang.

Bleibt noch, mit der **Fellhornbahn** auf den Gipfel zu fahren und dort oben eine schöne "Gratwanderung" zu unternehmen. Die ist hier gefahrlos möglich. Auf der einen Seite haben Sie Österreich mit dem Kleinwalsertal, auf der anderen Seite das Allgäu mit dem Stillachtal im Blick. Wenn Sie einmal zurückblättern, sehen Sie den schmalen Wanderweg, von dem wir gerade sprechen. Im Norden sind am Ausgang des Tales Sonthofen und der Grünten zu sehen.

Die Höhenunterschiede auf diesem Weg sind erträglich, die Steigungen und Gefällstrecken nicht besonders steil. Dennoch sind auch hier feste Bergschuhe erforderlich. Denn

ganz so einfach, wie es das Foto vielleicht vermittelt, ist es nicht überall auf dem Weg. Besonders dann nicht, wenn der **Schlappoldsee** in die Wanderung eingebunden wird. Dies ist in den Sommermonaten zwischen Juni und August außerordentlich reizvoll. Zu dieser Zeit blühen die Alpenrosen, das sind über einen Meter hoch wachsende Strauchgewächse, die zur Gattung der Rhododendren gehören. Speziell in den Hanglagen des Fellhorns scheinen sie ideale Wachstumsbedingungen vorzufinden. Die Aufnahme auf der linken Seite wurde Ende Juni gemacht.

Wechseln wir den Standort. Wir kehren in das Tal zurück, fahren Richtung Oberstdorf und wenden uns nun dem **Kleinwalsertal** zu. Wir kommen an der Breitachklamm vorbei und erreichen danach das Hochtal, das auf ganzer Länge von der Breitach durchflossen wird. Dabei eröffnet sich uns das Panorama, was Sie auf dieser Doppelseite unten sehen. Es gibt nur diese eine Straßenverbindung, die in das österreichische Staatsgebiet führt. Das Tal ist ringsum von hohen Bergen umgeben, die andere Verkehrsverbindungen nicht zulassen.

Der Name des Tales geht auf die Walser zurück. Es handelt sich dabei um eine alemannische Volksgruppe, die im Hochmittelalter im Alpenraum an mehreren Orten Siedlungen gründete. Ursprünglich kamen die Walser aus dem Oberwallis. Sie waren bei den Herrschern dieser Zeit beliebt, denn sie verstanden es, hoch gelegene Bergregionen erfolgreich zu bewirtschaften.

Das Kleinwalsertal. Links der Gebirgszug mit dem Fellhorn, rechts der markante Felsen des Hohen Ifen.

Es sei an dieser Stelle noch einmal darauf hingewiesen, dass eine Übernachtung mit dem Wohnmobil im gesamten Tal auf freien Plätzen untersagt ist. Wenn Sie im Kleinwalsertal mehrer Tage bleiben wollen, müssen Sie sich für einen der insgesamt vier Campingplätze entscheiden, von denen wir Ihnen jetzt die ersten drei, die relativ dicht beieinanderliegen, vorstellen. Mit allen Betreibern haben wir vor Ort gesprochen. Unisono haben alle eine Buchung oder telefonische Voranfrage empfohlen, denn die Plätze sind sehr begehrt. Wir haben alle nahezu vollständig ausgebucht vorgefunden.

(075) WOMO-Campingplatz: Kleinwalsertal – Camping Jochum

GPS: N47°21'44.7" E10°11'41.6", (1089m); Walserstraße 10, 6991 Riezlern.
Max. WOMOs: 75, maximale Länge 12 m.

Ausstattung: Frischwasserversorgung, Abwasserentsorgung mit Bodeneinlass, Kassettenentleerung, Stromanschlüsse, Behälter für die Müllentsorgung, WLAN, Gasflaschentausch, Hundedusche. Im Servicegebäude gibt es Duschen, WCs, Waschmaschinen und Trockner. Der Platz ist ganzjährig geöffnet.
Beschreibung: Eng beieinanderliegende, weitgehend schattenlose Stellflächen auf Schotter und Rasen.
Preise: Erwachsene (ab 14 Jahre) inkl. Bergbahnticket 12,50 €, Kinder bis 14 Jahre inkl. Bergbahnticket 7,50 €, Kinder bis 2 Jahre kostenlos, Hund 2,00 €, Kurtaxe (ab 14 Jahre) 3,70 €, Wohnmobil 9,00 €, Strom 0,90 € pro kWh. Für die Nutzung der Waschmaschine und des Trockners sind jeweils 3,00 € zu zahlen. Für längere Aufenthalte werden Rabatte gewährt. Mit dem Bergbahnticket hat man freie Fahrt bei allen Bahnen im Kleinwalsertal und Oberstdorf. Kurzzeitaufenthalt: Eine Nacht mit einem WOMO und 2 Personen ohne Bergbahnticket 26,00 €.
Zufahrt: Am Ortseingang von Riezlern auf der rechten Seite.
Reservierung/Kontakt: Tel.: 0043 55175792
E-Mail: info@camping-jochum.at, Web: www.camping-jochum.at.

(076) WOMO-Campingplatz: Kleinwalsertal – Alpencamping Haller

GPS: N47°21'23.6" E10°11'13.8", (1099m); Köpfleweg 10a, 6991 Riezlern.
Max. WOMOs: 33, maximale Länge 12 m.
Ausstattung: Frischwasserversorgung, Abwasserentsorgung mit Bodeneinlass, Kassettenentleerung, Stromanschlüsse, Behälter für die Müllentsorgung, WLAN, Spielplatz, Hundedusche. Im Servicegebäude gibt es Duschen, WCs, Waschmaschinen und Trockner. Der Platz ist vom Weißen Sonntag bis Pfingsten und im November geschlossen, zu allen anderen Zeiten durchgehend geöffnet.
Beschreibung: Sonnige Stellflächen, terrassenförmig angelegt. Eine sehr gepflegte Anlage mit freundlich-zuvorkommendem Service.
Preise: Erwachsene (ab 14 Jahre) inkl. Bergbahnticket 12,50 €, Kinder 5 bis 13 Jahre inkl. Bergbahnticket 9,70 €, Kleinkinder 2,00 €, Hund 2,60 €,

Kurtaxe (ab 14 Jahre) 3,70 €, Wohnmobil 10,90 €, Strom 0,90 € pro kWh. Für die Nutzung der Waschmaschine und des Trockners sind jeweils 3,00 € zu zahlen. Für längere Aufenthalte werden Rabatte gewährt, die auf der Webseite nachgelesen werden können. Mit dem Bergbahnticket hat man freie Fahrt bei allen Bahnen im Kleinwalsertal und Oberstdorf. Das Bergbahnticket ist allerdings nur in den Sommermonaten im Preis enthalten.

Zufahrt: Riezlern bis zur Kirche durchfahren, dort in die gegenüberliegende schmale Straße abbiegen, hochfahren und nach wenigen Metern erneut links abbiegen.
Reservierung/Kontakt: Tel.: 0043 55175343
E-Mail: info@camping-haller.at, Web: www.camping-haller.at.

(077) WOMO-Campingplatz: Kleinwalsertal – Campingplatz Zwerwald

GPS: N47°21'00.5" E10°10'46.6", (1069m);
Zwerwaldstr. 29, 6991 Riezlern. **Max. WOMOs:** 16, max. Länge 8 m.
Ausstattung: Frischwasserversorgung, Abwasserentsorgung, Kassettenentleerung, Stromanschlüsse, Behälter für die Müllentsorgung, Gasflaschentausch, Abenteuerspielplatz. Im Servicegebäude gibt es Duschen, WCs, Waschmaschinen und Trockner. Der Platz ist ganzjährig geöffnet.

Beschreibung: Große sonnige Rasenplätze in Ortsrandlage. Die Nutzung des Platzes ist an einen Mindestaufenthalt von 3 Nächten gebunden.
Preise: Für Personen ab 14 Jahren werden zwischen 5,90 € und 6,40 € abgerechnet, für Kinder zwischen 4 und 14 Jahren müssen 4,10 € oder 4,60 € gezahlt werden, der Hund kostet 2,90 € und als Kurtaxe (ab 14 Jahre) müssen 3,70 € abgeführt werden. Der Stellplatz für das Wohnmobil kostet je nach Saison zwischen 6,90 € und 11,90 €, Strom 0,80 pro kWh. Für längere Aufenthalte werden Rabatte gewährt.
Zufahrt: In Riezlern bis zur Talstation der Kanzelwandbahn fahren und kurz danach links abbiegen. Der Campingplatz ist ausgeschildert.
Reservierung/Kontakt: Tel.: 0043 55175727
E-Mail: specht@camping-zwerwald.de, Web: www.camping-zwerwald.de.

Hausberg von Riezlern ist die 2059 Meter hohe **Kanzelwand**. Sie lässt sich mit der **Kanzelwandbahn** am besten erreichen. Natürlich können Sie sich auch zu Fuß auf den Weg begeben und die etwas mehr als vier Kilometer in einer zweistündigen Wanderung bewältigen. Auf den gut ausgewiesenen Wanderwegen ist das möglich, macht aber kaum jemand. Den Höhenunterschied von 870 Metern zwischen Tal- und Bergstation der Bahn lässt sich in acht Minuten überbrücken. Dann sind immer noch mindestens 20 Minuten zu gehen, um den Gipfel zu erreichen. Der Höhenunterschied beträgt dabei rund 100 Meter.

Die Bergstation ist auch mit dem E-Bike erreichbar. Sie nehmen dafür einen Fahrweg mit einer fast gleichbleibenden Steigung, der auch von Versorgungsfahrzeugen genutzt wird. Bei genauer Betrachtung des Fotos sehen Sie ein Fahrzeug auf dem Weg nach unten.

Blick von der Kanzelwand auf die Bergstation der Kanzelwandbahn. Am rechten Bildrand der Riezler Alpsee, im Hintergrund das Gottesackerplateau.

Um den Aufenthalt auf dem Berg für Kinder noch interessanter zu machen, wurde der **"Erlebnisweg Burmiwasser"** geschaffen. Ein Wasserspielplatz, der von der Bergstation hinunter an den **Riezler Alpsee** führt. Wasserräder, Schleusen und die eine oder andere Pfütze laden zum Spielen und Matschen ein. Nasse Füße inklusive. Den Weg können Sie auch gehen, wenn Sie einen Kinderwagen dabeihaben.

Das trifft aber nur für den Bereich zwischen Bergstation und dem See zu. Für alle anderen Wege sind festes Schuhwerk, Trittsicherheit und ein Mindestmaß an Kondition notwendig. Wenn Sie es verpasst haben, auf das Fellhorn mit den blühenden Alpenrosen zu steigen oder zu fahren, so haben Sie von der Kanzelwand noch eine gute Gelegenheit dazu. Der Gipfel des Fellhorns ist nur zwei Kilometer entfernt und über den Gundsattel leicht zu erreichen. Bis zum Schlappoldsee sind es drei Kilometer. Die Wege sind hervorragend angelegt und gut zu gehen. An den Bergstationen gibt es gute Einkehrmöglichkeiten, so wird die Wanderung durch die Bergwelt für Sie zum Genuss. Alle Sinne werden angesprochen, be-

Mit der Kabinenseilbahn zum Hohen Ifen.

sonders die Fernsicht ist immer wieder faszinierend. Zu den Bergbahnen sei hier noch einmal die Seite www.ok-bergbahnen.com genannt, unter der Sie alle weiteren Information zum Betrieb bekommen.

Wir nehmen gleich die nächste Bahn und fahren auf den **Hohen Ifen**. Wer mit dem WOMO die Talstation anfahren möchte, findet den großen Parkplatz mit diesen Koordinaten [GPS: N47°20'34.9" E10°08'21.2"] . Die Bergstation liegt auf 2030 Metern Höhe. Dort befinden wir uns am Rande des sogenannten **Gottesackerplateaus**. Es ist eine schroffe Kalksteinlandschaft, die aus dem Boden des ehemaligen Tethysmeeres entstanden ist. Bevor Sie aber in dieses Gebiet wandern gehen, sollten Sie wissen, dass es durch die Klüfte

Hoher Ifen mit dem Gottesackerplateau im Hintergrund.

und Spalten nicht ganz ungefährlich ist. Die angelegten Wege sollten Sie besser nicht verlassen und mit Kindern und Hunden von diesem Gebiet fernbleiben.

Den Hohen Ifen von der Bergstation aus hochzugehen, ist eine kleine Kraxelei. Für ungeübte Bergwanderer sicher nicht einfach, aber auch nicht unmöglich. Es geht über Geröll und über einen mit Stahlseilen abgesicherten Pfad. Wem schnell die Puste ausgeht, der sollte diesen Weg meiden.

Kaum vorstellbar, dass wir einen Jahrmillionen alten Ozeanboden vor uns haben, der so weit nach oben gelupft wurde. Die Funde ehemaliger Korallenriffe und die Fossilien von Meerestieren lassen jedoch keine andere Schlussfolgerung zu. Plattentektonik und Auffaltung der Alpen in der geologisch betrachtet relativ jungen Zeit des Tertiärs drückten die Gesteinsmassen nach oben. Mit der folgenden Eiszeit im Quartär begann die Erosionsarbeit an diesem aufgewölbten Gebirge. Weiche Gesteine wurden von den Gletschern weggeräumt, nur was besonders hart war, widerstand der Abtragung. Mehrlagige, ehemals waagerecht liegende Schichten sind am Hohen Ifen gut zu sehen. Die Kraft der Tektonik formte sie zu Wellen, stellte sie hoch, verformte alles. Die Erosion macht diese Strukturen sichtbar. Der Gesteinsschutt wurde in die Täler abtransportiert, Hänge entstanden, mal steiler, mal flacher, ganz nach Laune der Natur. Diese Hänge tragen heute Wälder und bilden mit großen Wiesen die Basis für die Weide- und Milchwirtschaft im Allgäu und im Kleinwalsertal. Ein typisches Landschaftsbild, das dieses Foto unten widerspiegelt. Für den Besucher ist es einfach eine fantastische Landschaft, in der wir nun den letzten Punkt dieser Tour anfahren.

Blick auf die Walser Hammerspitze.

Es geht nach **Baad** am Ende des Tales. Der Ort ist vollständig von hohen Bergen umgeben. Von hier aus geht es nur noch zu Fuß weiter. Kurz vor dem Ort befindet sich dieser Campingplatz.

(078) WOMO-Campingplatz: Kleinwalsertal – Camping Vorderboden

GPS: N47°18'44.7" E10°08'01.1", (1192m); Vorderboden 1, 6993 Mittelberg. **Max. WOMOs:** 80, max. Länge 12 m.

Ausstattung: Frischwasserversorgung, Abwasserentsorgung mit Bodeneinlass, Kassettenentleerung, Stromanschlüsse, Behälter für die Müllentsorgung, WLAN, Lebensmittel-Shop mit Brötchenservice, Restaurant mit regionaler Küche, Kinderspielplatz und Trampolin. Im Servicegebäude gibt es Duschen, WCs, Waschmaschinen und Trockner. Der Platz ist ganzjährig geöffnet.
Beschreibung: Moderne, sehr komfortable Anlage mit freundlichem und zuvorkommendem Service. Die Stellflächen befinden sich auf einem Rasengelände am Ufer der noch jungen Breitach. Es ist ein sehr ruhiger und familiärer Platz, dessen Nutzung an einen Mindestaufenthalt von 2 Nächten gebunden ist.
Preise: Personen ab 14 Jahren inkl. Bergbahnticket ab 4 Nächten 12,70 €, Kinder 3 bis 13 Jahre 7,50 €, Kleinkinder 3,00 €, Hund 3,00 €, Kurtaxe (ab 14 Jahre) 3,70 €, Wohnmobil 10,50 €, Strom 0,90 pro kWh. Für die Nutzung der Waschmaschine und des Trockners sind jeweils 3,00 € zu zahlen.
Zufahrt: Die Hauptstraße durch das Tal bis zum Ende durchfahren. Kurz vor Baad sehen Sie den Platz auf der linken Seite.
Reservierung/Kontakt: Tel.: 0043 55176138
E-Mail: info@camping-vorderboden.at, Web: www.camping-vorderboden.at.

Wer noch einmal eine kleine Wanderung auf der Höhe machen möchte, ohne vom Tal hochzusteigen, der nimmt die Bahn zum **Walmendinger Horn**. Vom Gipfel haben Sie einen wunderbaren Blick über das Schwarzwassertal hinweg auf den Hohen Ifen. Von der Bergstation bis zum Gipfel sind es nur 250 Meter. Auf der Südseite lockt eine Aussichtsplattform mit fantastischem Blick auf die Gebirgswelt.

Mit der nächsten Tour machen wir einen Sprung zurück und begleiten die Reisenden, die als Startpunkt für Ihren Weg in das Allgäu das Legoland bei Günzburg gewählt haben.

Baad, der letzte Ort im Kleinwalsertal.

Band 95:
Mit dem Wohnmobil nach Bayern
Teil3: Der Nordwesten mit der
Romantischen Straße
N
5 km
Leipheim
Günzburg
079
Legoland
Burgau
Großkötz
B16
Günz
Rieden an der Kötz
Wettenhausen
Kloster
Scheppach
8
Ikonenmuseum
Bayerisches Schulmus.
Autenried
080
082
083
Naturpark
Jettingen
Freihalden
Ichenhausen
Kammeltal
Ettenbeuren
Torferlebnispfad
Brauerei-museum
081
Heiligmannsee
084
Waldstetten
Oberwaldbach
Steinekirch
Ellzee
Stoffenried
Burtenbach
Dinkelscherben
Augsburg
Kammel
Schießen
Neuburg a.d.K.
Edelstetten
Münsterhausen
Oberschöneberg
Zusam
Ziemetshausen
B300
Attenhausen
Thannhausen
Wallfahrtskirche Maria Vesperbild
W
Krumbach (Schwaben)
Ursberg
Breitenthal
Nattenhausen
Westliche
Langenneufnach
86
085
Niederraunau
Balzhausen
Günz
Oberrieder Weiher
Mindel
Aichen
Walkertshofen
Ebershausen
Obergessertshausen
Aletshausen
Haselbach
Waltenhausen
Hasberg
Wälder
Könghausen
087
Kirchheim in Schwaben
088
Kirchhaslach
Loppenhausen
Fuggerschloss
Mittelneufach
Eppishausen
Immelstetten
Ch. Scheiner Turm
Breitenbrunn
Mörgen
Oberneufach
Schöneberg
Angelberger Forst
Oberschönegg
Bedernau
Pfaffenhausen
Salgen
Markt Wald
089
090
Fuggerschloss
Unterrieden
Zaiseritshofen
Tussenhausen
Oberrieden
Frickenhausen
Mattsies
093
Nassenbeuren
Westernach
Unterkammlach
Nordsee
Erkheim
Rammingen
Ober-
092
Mindelheim
Türkheim
96
Oberauerbach
091
Allgäu Skyline Park
Sontheim
Kirchdorf
Stetten
Östl. Günz
Apfeltrach
Tour 8
094
095
Attenhausen
Erisried
Dirlewang
Bad Wörishofen

TOUR 7 (ca. 160 km)

Legoland – Autenried – Ichenhausen – Kammeltal – Jettingen – Ziemetshausen – Krumbach (Schwaben) – Breitenthal – Kirchheim (Schwaben) – Markt Wald – Tussenhausen – Rammingen – Mindelheim

Stellplätze:	Legoland, Ichenhausen, Kammeltal, Jettingen, Ziemetshausen, Krumbach (Schwaben), Kirchheim (Schwaben), Markt Wald, Tussenhausen, Rammingen, Mindelheim.
Campingplätze:	Breitenthal.
Ver-/Entsorgung:	Legoland, Kammeltal, Krumbach (Schwaben), Markt Wald.
Besichtigungen:	Günzburg (Legoland), Autenried (Ikonenmuseum, Brauereimuseum), Ichenhausen (Bayerisches Schulmuseum), Ziemetshausen (Wallfahrtskirche Maria Vesperbild), Krumbach (Altstadt), Kirchheim (Fuggerschloss), Rammingen (Allgäu Skyline Park), Mindelheim (Altstadt, Mindelburg).
Wandern/Radwandern:	Ichenhausen (Keltenpfad), Jettingen (Torferlebnispfad), Ziemetshausen (Botanischer Schlosspark), Markt Wald (Angelberger Forst, Christian-Scheiner-Turm).
Baden/Wellness:	Ichenhausen (Frei- und Flussbad an der Günz), Jettingen (Heiligmannsee), Breitenthal (Badesee), Mindelheim (Nordsee).

Dieses Kapitel beginnt mit dem Legoland-Freizeitpark, der unweit der A8 südlich von **Günzburg** liegt. Die Stadt selbst wollen wir nicht behandeln, das haben wir bereits im Band 95 der WOMO-Reihe getan.

Nachdem wir das Legoland besucht haben, pendeln wir zwischen den Flüssen Günz und Mindel hin und her und schauen uns auf dem Weg nach Mindelheim alles an, was uns sehenswert erscheint. Wohl wissend, dass dies nicht die großen Highlights sind – im Vergleich zu denen, die noch kommen werden. Dafür werden wir auf dem Weg dorthin in diesem Tourverlauf schöne, ruhige Übernachtungsplätze vorfinden, die es weiter im Süden wiederum nicht oder nur selten gibt. Suchen Sie sich also auf dieser Strecke die Etappenziele aus, die am besten Ihren Bedürfnissen entsprechen. Langatmig präsentieren wollen wir die Zwischenziele nicht.

Starten wir also von der Autobahn A8, nehmen die Abfahrt Günzburg und folgen der Beschilderung "Legoland", die uns zu unserem ersten Punkt führt.

Wer nicht über Nacht bleiben will, der kann das WOMO auf diesem Parkplatz [GPS: N48°25'28.4" E10°17'43.8"] abstellen. Da eine Übernachtung an dieser Stelle nicht gestattet ist, müssen Sie nach dem Besuch der Anlage entweder weiterfahren oder sich auf folgendem Platz einquartieren.

(079) Offizieller WOMO-Stellplatz: Günzburg – Feriendorf Legoland

GPS: N48°25'32.9" E10°18'41.6", (509m);
Legoland-Allee 3, 89312 Günzburg. **max. WOMOs:** > 25, max. Länge 12 m.
Ausstattung: Befestigte große Plätze mit Wasserver- und Abwasserentsorgung, Kassettenentleerung, Stromanschlüssen, Behälter für die Müllentsorgung. Im Servicegebäude gibt es Dusche, WC, Waschmaschine und einen Trockner. Der Platz ist von Anfang April bis Ende Oktober/Anfang November geöffnet.
Beschreibung: In einer Sackgasse am Rande des Freizeitparks, tagsüber sehr lebendig.

Preise: 242,00 € für zwei Übernachtungen für ein Fahrzeug mit 2 Personen und zweimaligen Eintritt in den Freizeitpark. Die Ver- und Entsorgung, die Stromversorgung sowie die Nutzung von Waschmaschine und Trockner sind im Preis enthalten. Am Platz gibt es ein großes Info-Center. Hier sind die Stellplatzgebühren zu entrichten.
Zufahrt: Der Beschilderung zum Legoland und zum Feriendorf Legoland folgen.
Reservierung/Kontakt: Onlinebuchungen sind möglich unter www.legolandholidays.de.

Erkennen Sie ihn? Für diese Nachbildung wurde mehr als ein Stein verwendet.

Es ist eines der beliebtesten Freizeit- und Themenparkresorts in Deutschland. Fast zwei Millionen Besucher kommen jährlich hierher und lassen sich von der "Bausteinwelt" verzaubern.

Was mit den kleinen Steinchen alles möglich ist, zeigen verschiedene Modelle, die wir uns teilweise in diesem Buch auch noch in natura ansehen werden. Dazu gehören das Rathaus in Augsburg, die Wallfahrtskirche Maria Vesperbild in Ziemetshausen und das "Märchenschloss" Neuschwanstein, das allein aus rund 300.000 Lego-Steinen besteht. Viele weitere Gebäude aus der ganzen Welt sind in

Die Pirateninsel am Stellplatz Legoland.

faszinierender Exaktheit nachgebaut. Insgesamt wurden in dem Miniland, wo diese Modelle stehen, mehr als 23 Millionen Steinchen verbaut. Auch Köpfe prominenter Menschen werden in dem Park präsentiert, Einstein gehört dazu.

Neben der ganzen Bausteinwelt gibt es eine Vielfalt anderer Attraktionen, die wir gar nicht alle darstellen können und wollen. Um einen Überblick zu bekommen, schauen Sie bitte auf diese Seite www.legoland.de.

Nach dem Besuch des Legolands fahren wir nach **Autenried** weiter, einem Dorf mit nicht einmal 600 Einwohnern. Auch wenn das Dorf sehr klein ist, hat es mit dem **Ikonenmuseum Schloss Autenried** das größte Museum für ostchristliche Kunst außerhalb der slawischen Länder und Griechenlands. Über 2000 Ikonen und mehr als 4000 kunstgewerbliche Exponate sind hier ausgestellt. Zudem gibt es außergewöhnliche Goldschmiedearbeiten, Bronzegüsse, Stickereien, Gewänder, Holzschnitzereien und Elfenbeinarbeiten zu sehen.

Schloss Autenried.

Das Schloss, das eigentlich nur ein großes herrschaftliches Haus darstellt, ist umgeben von den Gebäuden und Produktionsstätten der **Schlossbrauerei Autenried**, die auch einen Gasthof betreibt. Auf engstem Raum lassen sich hier Kunst- und Kulturgenuss mit kulinarischen Erlebnissen verbinden. Für den Besuch empfehlen wir Ihnen, diesen Parkplatz [**080**: N48°21'53.2" E10°15'13.1"] in unmittelbarer Nähe des

Schlosses in der Bräuhausstraße zu nutzen. Nach dem Essen bietet sich ein Spaziergang um den Schlossparkweiher an (nur 800 Meter), bevor es zum nächsten Ziel weitergeht.

Über die Öffnungszeiten und die Geschichte des Museums informiert diese Seite http://ikonenmuseum-autenried.de.

Wenn Sie Bierkenner sind oder werden wollen, dann wird für Sie ein Besuch der Brauerei sicher von Interesse sein. Wenn Sie das Brauen erlernen wollen, sollten Sie einmal auf diese Seite schauen https://brauereigasthof-autenried.de und prüfen, ob das Angebot für Sie passt.

Nächster Ort auf unserer Reise ist **Ichenhausen**. Mit dem Städtischen Frei- und Flussbad an der Günz hat der Ort eine beliebte Freizeiteinrichtung. Direkt daneben befindet sich ein Parkplatz [**081**: N48°21'56.8" E10°18'01.8"], auf dem drei Stellflächen für Wohnmobile reserviert sind.

Einen Blick zurück in die Schulzeit bietet das **Bayerische Schulmuseum** am Schlossplatz. Was Sie dort erwartet, erfahren Sie auf dieser Seite www.schulmuseum-ichenhausen.de.

Von Ichenhausen an der Günz fahren wir weiter nach Ettenbeuren an der Kammel, einem Nebenfluss der Mindel. Dort steuern wir diesen Stellplatz an.

(082) Offizieller WOMO-Stellplatz: Wohnmobilcamping Kammelaue

GPS: N48°22'32.4" E10°21'36.6", (464m);
Zum Sportplatz 12, 89358 Kammeltal-Ettenbeuren.

Max. WOMOs: 40, maximale Länge 12 m, max. Aufenthalt 5 Tage.

Ausstattung: Frischwasserversorgung, Abwasserentsorgung mit Bodeneinlass, Kassettenentleerung, Stromanschlüsse, Behälter für die Müllentsorgung, WLAN, „Camping Stüberl" mit kleinen Gerichten und bayerischem Bier. Im Servicegebäude gibt es Duschen, WCs und eine Waschmaschine. Für sportliche Aktivitäten steht eine Anlage mit Beachvolleyball, Tischtennis und anderem bereit. Der Platz ist von Ende März bis Ende Oktober geöffnet.

Beschreibung: Ausreichend große, halbschattige Rasenflächen in unmittelbarer Nähe der Kammel. Idealer Ort für Rad- und Wandertouren in die nähere Umgebung und für Hundespaziergänge.

Preise: 11,50 € für ein Fahrzeug mit 2 Erwachsenen und 2 Kindern, Frischwasser 0,25 € für 10 Liter, Strom pauschal 3,50 €. Dusche/WC für 4 Personen 6,00 €, 2 Personen zahlen die Hälfte. Abwasserentsorgung und Entleerung der Bordtoilette ist kostenfrei.

Zufahrt: Am Ortsausgang in Richtung Wettenhausen gegenüber dem Al-Ko-Werk links abbiegen.

Reservierung/Kontakt: Tel.: 0173/8548165
E-Mail: info@kammelaue.de,
Web: www.schindlerfamilie.de/womokammelaue.

Von diesem Stellplatz lassen sich auf dem Kammeltal-Radweg angenehme Radtouren unternehmen. Bis nach Krumbach im Süden sind es 16 ebene Kilometer, bis zum **Kloster Wettenhausen** im Norden noch nicht einmal drei.

Die Klosterkirche in Wettenhausen.

Der Kaisersaal und das Klostermuseum stehen den Besuchern täglich zwischen 14:00 und 16:00 Uhr offen. Im Kaisersaal ist für kunsthistorisch Interessierte die Stuckdecke im Akanthusstil mit ihrer reichen und verspielten Ornamentik von besonderer Bedeutung. Im Klostermuseum lernen Sie die wechselvolle Geschichte des Klosters kennen, in dem heute Dominikanerinnen leben und arbeiten. Mehr dazu erfahren Sie auf dieser Seite www.klosterwettenhausen.de.

Nächste Station auf unserer Reise nach Mindelheim ist der **Torferlebnispfad Bremental**, auf den wir südwestlich von Jettingen treffen [**083**: N48°22'51.1" E10°25'06.7"].

Biotop am Torferlebnispfad Bremental.

Der Pfad ist im Brementai angelegt, das eines der letzten intakten Niedermoore im Mindeltal vorweisen kann, wie es gleich zu Beginn des Weges auf einer Tafel geschrieben steht. Zur Pflege der Landschaft wurden Dexter Rinder aus Irland angesiedelt, die in Mutterkuhhaltung die Weideflächen bevölkern. In dieser Haltungsform werden nicht, wie sonst üblich, die Kälber nach der Geburt von den Mutterkühen getrennt, sondern verbleiben mit ihnen auf dem Weidegrund.

Der Torfstich war in den vergangenen Jahrhunderten in dieser Region eine wichtige Quelle für Brennmaterial. Entlang des Pfades wird an insgesamt elf Stationen der Naturraum und die Gewinnung des Torfes erläutert. So erfahren Sie, wie das Mindeltal entstanden ist und wie es zur Entstehung des Niedermoores kam. Mit einigen Torfstichen und Torfhütten bekommen Sie nicht nur eine Vorstellung davon, wie die Arbeitsabläufe waren. Es wird auf den nebenstehenden Schautafeln auch über das harte Los derjenigen berichtet, die in diesen feuchten Gräben arbeiten mussten.

Torfstich im Torferlebnispfad Brementai.

Neben den Themen Niedermoor und Torfstich finden Sie auch einige Biotope vor, die Ihnen das Leben in und an Teichen näher bringen.

Sie können den Pfad bequem auf eigene Faust erkunden. Fachkundiger und erlebnisreicher wird es mit einer Führung. Wann sie angeboten werden, erfahren Sie auf dieser Seite https://torferlebnispfad.de. Im Rahmen einer Führung bekommen Sie auch die Möglichkeit, durch das kleine Museum zu gehen, das sich in dem Torfstadel am Beginn des Erlebnispfades befindet.

Unser nächstes Ziel, der **Heiligmannsee**, ist nur zwei Kilometer vom Torferlebnispfad entfernt. Den Parkplatz erreichen Sie mit diesen Koordinaten [**084**: N48°22'18.3" E10°25'38.8"].

Badeseen in dieser Ruhe und Abgeschiedenheit sind selten. Es ist ein naturbelassener See, dessen Gewässerqualität in der Badesaison alle vier Wochen überprüft wird. Auf einer Webseite, deren Adresse am See ausgehängt ist, können die Prüfberichte abgerufen werden. Sie können an diesem See also gefahrlos baden. Es gibt am Ufer eine kleine Liegewiese, über der Sie in den See gelangen können. Wer mit Hunden unterwegs ist, hat allerdings Pech. Das Mitbringen der vier-

Ruhig und idyllisch, der Heiligmannsee in Jettingen an der Mindel.

beinigen Freunde ist nicht erlaubt. Sie dürfen nicht auf die Wiese und auch nicht ins Wasser.

Parkplatz am Heiligmannsee.

Neben dem Badesee sind noch einige Fischgewässer zu verzeichnen. Die Wege durch das Gebiet laden zu ruhigen Spaziergängen ein. Auch Radtouren können Sie von diesem Parkplatz starten. Der Mindeltal-Radweg ist zum Beispiel einfach zu fahren und gilt aufgrund der zu vernachlässigenden Steigungen bis Mindelheim als sehr familienfreundlich.

Die Wallfahrtskirche.

Wir wechseln den Standort und das Thema. Nächstes Ziel ist der Wallfahrtsort **Maria Vesperbild**, der südlich von **Ziemetshausen** liegt. Im Legoland Günzburg haben wir die Wallfahrtskirche schon aus den Plastiksteinchen gebaut gesehen. Jetzt stehen wir davor.

Den Parkplatz der Kirche erreichen Sie mit diesen Koordinaten [GPS: N48°16'47.2" E10°32'25.0"].

Jährlich sollen zwischen 400.000 und 500.000 Menschen nach Ves-

Die Fatima-Grotte unweit der Wallfahrtskirche Maria Vesperbild.

perbild zum Gnadenbild der Schmerzhaften Muttergottes pilgern, so die offizielle Verlautbarung des Bistums Augsburg.

Wer diesen Weg auf sich genommen hat, der wird auch noch den kurzen Kreuzweg zur Fatima-Grotte gehen. Bei unserem Aufenthalt vor Ort war sie zu unserem Erstaunen stark besucht. Kerzen wurden aufgestellt, Gebete gesprochen und Blumen abgelegt. Neben der Grotte zeugen unzählige Votiv-Tafeln von der Dankbarkeit der Gläubigen, die mit ihren Gebeten glauben Gehör gefunden zu haben.

In Lebensgröße ist an diesem Ort auch ein Abbild Padre Pios zu sehen, den jeder kennt, der schon einmal in Italien auf der Halbinsel Gargano war, wo er gelebt und gewirkt hat.

Nach diesem kurzen Ausflug in die Glaubenswelt geht es nach **Krumbach** weiter, wo wir diesen Stellplatz anfahren.

(085) Offizieller WOMO-Stellplatz: Krumbach (Schwaben)

GPS: N48°14'31.6" E10°21'59.4", (508m); Gärtnerweg 18, 86381 Krumbach.
Max. WOMOs: 3, maximale Länge 8 m, max. Aufenthalt 5 Tage.

Ausstattung: Frischwasserversorgung, Abwasserentsorgung mit Bodeneinlass, Kassettenentleerung, Stromanschlüsse, Behälter für die Müllentsorgung. Der Platz ist von März bis November geöffnet.
Beschreibung: Eng beieinanderliegende Stellflächen auf Pflastersteinen. Ideal für den Besuch der Altstadt, die nur 400 Meter entfernt ist. Bis zum Mittelschwäbischen Heimatmuseum sind es rund 600 Meter.
Preise: Kostenlos, Frischwasser 1,00 € (ca. 50 Liter), Strom 0,50 € pro kWh. Abwasserentsorgung und Entleerung der Bordtoilette ist kostenfrei.
Zufahrt: Von der B16 Richtung Zentrum fahren. Nach der Überquerung der Kammel im ersten Kreisverkehr die erste Ausfahrt nehmen und nach 150 Metern rechts abbiegen.

Das beschauliche Städtchen an der Kammel hat mit allen Teilorten und Eingemeindungen rund 14.000 Einwohner. Es ist einer der Etappenorte, die sich auf einer gemütlich geplanten Reise auf dem Weg zu den Hauptattraktionen des Allgäus gut anfahren lassen. Hier stehen Sie ruhig und günstig in einem netten, von Touristen nicht überlaufenem Ort.

Gasthof Diem und Michaelskirche.

Der Weg vom Stellplatz bis zum Alten Rathaus in der Mitte der Altstadt ist kurz. Das altehrwürdige Gebäude aus dem 17. Jahrhundert wurde als Schranne errichtet, diente dann als Gerichts- und Schreibstube und wurde schließlich zu einem Rathaus umfunktioniert. Heute ist in diesem Haus die Touristinformation der Stadt untergebracht.

Das Alte Rathaus in Krumbach.

In unmittelbarer Nähe des Alten Rathauses gibt es einige Einkehrmöglichkeiten. Hier ist als Beispiel der Gasthof Diem www.gasthof-diem.de zu nennen, den Sie auf dem Foto oben mit der Michaelskirche im Hintergrund sehen. Dort werden in erster Linie regional erzeugte Lebensmittel zu leckeren Menüs verarbeitet.

Freunde der spätbarocken Kirchenkunst werden den Gang in die **Michaelskirche** sicher nicht versäumen wollen. Sie ist, wie so viele in dieser Region, mit überbordender Ornamentik, sehr vielen Gemälden und Schnitzereien ausgestattet.

Hinter der Kirche befindet sich das **Schloss**. Es ist ein dreigeschossiges Renaissancegebäude aus dem frühen 16. Jahrhundert, in dem heute die Joseph-Bernhart-Fachakademie für Sozialpädagogik untergebracht ist. Erzieher und Erzieherinnen werden in diesem Haus ausgebildet.

Das Hürbener Wasserschloss.

Das Schloss kann ebenso wenig besichtigt werden wie das **Hürbener Wasserschloss**, das adrett renoviert, auf der rechten Seite der Kammel, unweit des Schlossparks zu sehen ist. Daneben befinden sich ein neu eingerichtetes Eiscafé und ein Wasserspielplatz für die Kleinen, der bei hohen Temperaturen regen Zuspruch findet.

Wer sich über die Regionalgeschichte informieren möchte, der geht in das **Mittelschwäbische Heimatmuseum**, das nicht weit vom Stellplatz entfernt liegt. Was in dem Museum geboten wird und wann es geöffnet ist, erfahren Sie hier www.museum-krumbach.de.

Nach einem kurzen Aufenthalt in diesem hübschen Städtchen fahren wir von der Kammel an die Günz und steuern in Breitenthal diesen Campingplatz am **Oberrieder Weiher** an.

(086) WOMO-Campingplatz: See Camping Günztal

GPS: N48°13'32.4" E10°17'28.0", (512m);
Oberrieder Weiherstraße 5, 86488 Breitenthal.
Max. WOMOs: 120, maximale Länge 9 m.
Ausstattung: Frischwasserversorgung, Abwasserentsorgung mit Bodeneinlass, Kassettenentleerung, Stromanschlüsse, WLAN, Behälter für die Müllentsorgung, Brötchenservice, Kiosk und Bistro mit Biergarten. Kinderspielplatz, Boccia, Volleyball, Tischtennis, Surf- und Stand-up-Paddel- Schule, Tretboot und Tretautoverleih. Im Servicegebäude gibt es Duschen, WCs, Waschmaschinen und Trockner. Der Platz ist von Anfang März bis Anfang November geöffnet.

Beschreibung: Große sonnige und halbschattige Stellflächen, teilweise direkt am See. Neben dem Campinggelände gibt es einen separaten Stellplatz für Wohnmobile mit Blick auf die Wasserfläche, auf den sich auch die folgenden Preise beziehen.
Preise: Stellplatz ohne Strom pro Nacht 8,00 €, mit Strom 12,00 €, Inanspruchnahme der Campingeinrichtungen mit Dusche und WC 2,50 € pro Person, Nutzung der Ver- und Entsorgung 2,50 €. Die Preise für die Stellflächen auf dem Campinggelände finden Sie auf der unten aufgeführten Webseite.
Zufahrt: Von Breitenthal in Richtung Babenhausen fahren und gleich hinter der Brücke über die Günz links abbiegen.
Reservierung/Kontakt: Tel.: 08282/881870
E-Mail: info@see-camping-guenztal.de, Web: www.see-camping-guenztal.de.

Der Weiher ist aus einer Kiesgrube entstanden, deren Betrieb vor etlichen Jahren aufgegeben wurde. Mit rund 40 Hektar Wasserfläche bietet er sehr viel Raum zum Baden, Segeln, Surfen und Angeln.

Von der Günz geht es nun wieder zurück an die Mindel. **Kirchheim in Schwaben** ist unser nächstes Ziel. Im Hinterhof des Gasthofs Lechler [**087**: N48°10'22.4" E10°28'24.2"], in der Brandgasse 1, lässt sich das WOMO gut abstellen. Er befindet sich direkt neben dem Fuggerschloss. Eine Einkehr in den Gasthof wird dabei natürlich erwartet. Was dort kulinarisch geboten wird, erfahren Sie auf dieser Seite https://gasthoflechler.eatbu.com.

Für eine ruhige Übernachtung eignet sich auch der Parkplatz am Sportplatz abseits der Ortsmitte, den Sie mit diesen Koordinaten finden [**088**: N48°10'41.0" E10°29'06.2"]. Hier stehen Sie sehr ruhig und kostenlos.

Hauptattraktion des Ortes ist das **Schloss**. Das Renaissanceschloss wurde in den Jahren 1578 bis 1583 für Hans Fugger gebaut. Es befindet sich seit dieser Zeit im Besitz des Hauses Fugger von der Lilie, einem Zweig des schwäbischen Kaufmannsgeschlechts. Das Schloss wird von der Familie bewohnt und bewirtschaftet und kann deshalb bis auf den berühmten **Zedernsaal** nicht besichtigt werden. In dem rund 360 Quadratmeter großen Raum ist die meisterhaft gearbeitete Decke von besonderer künstlerischer Bedeutung. Sie besteht hauptsächlich aus Zedernholz aus dem Libanon, es wurde aber auch Linde, Eiche, Eibe, Esche, Ahorn, Zwetschge, Nuss und Zirbelkiefer verarbeitet. Durch die Konstruktion erhielt der Raum eine außerordentlich gute Akustik. Lange Zeit wurde er deshalb auch für Konzerte und andere Veranstaltungen genutzt. Überlegungen zum Brandschutz haben aber dazu geführt, dass keine Veranstaltungen mehr

Decke des Zedernsaals.

stattfinden. Denn ein Feuer würde die wertvolle Decke aus dem 16. Jahrhundert unwiederbringlich zerstören.

Wann Sie diese herausragende Kassettendecke im Original betrachten können, entnehmen Sie bitte dieser Seite www.fugger-kirchheim.de.

Auch der nächste Ort auf unserer Reise hat ein Fuggerschloss. Auch dieses wird von einem Zweig der großen Fugger-Familie bewohnt und kann deshalb nur von außen besichtigt werden. Um den Ort und die Umgebung zu besuchen, stellen wir unser WOMO auf diesem Platz ab.

(089) Offizieller WOMO-Badeplatz: Wohnmobilpark Markt Wald

GPS: N48°08'43.7" E10°34'29.3", (587m); Bürgle 1, 86865 Markt Wald.
Max. WOMOs: 20, maximale Länge 12 m.
Ausstattung: Frischwasserversorgung, Abwasserentsorgung mit Bodeneinlass, Kassettenentleerung, Stromanschlüsse, Behälter für die Müllentsorgung, WLAN, Brötchenservice (auch sonn- und feiertags), Restaurant mit Café. Im Servicegebäude gibt es Duschen, WCs, Waschmaschine und Trockner. Der Platz ist ganzjährig geöffnet.

Beschreibung: Große sonnige, 6,5 Meter breite Stellflächen mit ausreichend Platz für Tisch und Stühle entlang des Badeweihers, der kostenlos genutzt werden kann.
Preise: 10,00 € für ein Fahrzeug, Frischwasser 1,00 € und Strom 0,50 € pro kWh. Abwasserentsorgung und Entleerung der Bordtoilette sind kostenfrei. Die Nutzung der Duschen und der WCs kosten pro Tag und Person 3,00 €. Die Anmeldung und Bezahlung erfolgt vor Ort beim Platzwart, der an das Fahrzeug kommt.
Zufahrt: In Markt Wald in den Ortsteil Bürgle fahren und der Beschilderung zum Stellplatz folgen.
Reservierung/Kontakt: Tel.: 08262/1429
E-Mail: mail@wohnmobilpark-markt-wald.de,
Web: www.wohnmobilpark-markt-wald.de.

Der Ort oben auf der Höhe gibt nicht so viel her, dass er unbedingt besucht werden muss. Rad- und Wandertouren erscheinen uns in dieser Region interessanter. Da wir auf dem Stellplatz direkt an der **Zusam** stehen, bietet sich als Erstes eine Tour auf dem Zusam-Radweg an. Von hier aus können Sie noch einmal zur Wallfahrtskirche Maria Vesperbild fahren, die auch an dem Radweg liegt. Das sind nur 18 einfach zu fahrende Kilometer. Abseits des Radweges befindet sich der **Christoph-Scheiner-Turm** auf einer Anhöhe. Von dem nur neun Meter hohen Turm hat man bei schönem Wetter eine gute Aussicht über die Umgebung von Markt Wald und kann in der Ferne die Alpen erkennen.

Christoph Scheiner, nach dem der Turm benannt ist, war Jesuit, Physiker, Optiker und Astronom. Er wurde 1573 in Markt Wald geboren und war ein Zeitgenosse Galileo Galileis, mit dem er sich bei seinem längeren Aufenthalt in Rom über dessen heliozentrisches Weltbild stritt.

Er gilt als Mitentdecker der Sonnenflecken, die einen erheblichen Einfluss auf die Strahlungsintensität des Sonnenlichts auf die Erde haben.

Christoph-Scheiner-Turm bei Markt Wald.

Darüber hinaus beschäftigte er sich viel mit der Anatomie des Auges und erfand den Pantographen, mit dem sich auf einfache Weise Vergrößerungen oder Verkleinerungen anfertigen lassen.

Für eine Wanderung in schattigem Wald bietet sich der Wanderparkplatz im **Angelberger Forst** an, den Sie mit diesen Koordinaten [**090**: N48°07'35.7" E10°34'14.6"] erreichen.

Wanderparkplatz im Angelberger Forst.

Von diesem sehr ruhigen, abgelegenen Parkplatz, auf dem Sie getrost eine Nacht verbringen können, führt ein sechs Kilometer langer Rundwanderweg durch den Wald. Es ist ein leicht zu gehender Weg durch würzig-frische Waldluft, ohne große Steigungen oder Gefällstrecken, für den Sie nicht viel Zeit benötigen. Ein idealer Weg für einen schönen Spaziergang mit dem Hund oder für die morgendliche Joggingrunde, den Sie mit einem Abstecher zur Quelle der Zusam verbinden können.

Waren die letzten Plätze und Orte von großer Ruhe gekennzeichnet, wird es nun sehr viel lebendiger. Nächstes Ziel ist der **Skyline Park**, der sich nah an der A96 nördlich von Bad Wörishofen befindet.

Den Parkplatz, auf dem Sie auch übernachten dürfen, finden Sie mit diesen Koordinaten [**091**: N48°02'37.1" E10°35'26.9"].

Parkplatz am Allgäu Skyline Park.

Er ist kostenlos zu nutzen, wenn Sie Eintrittskarten für den Park lösen. In der Nacht ist es ruhig, Ver- und Entsorgungsanlagen gibt es nicht, eine Stromversorgung auch nicht.

Seit mehr als 20 Jahren betreibt die Schaustellerfamilie Löwenthal den Park an diesem Ort.

Mit kontinuierlich ausgeführten Verbesserungen und Ausweitungen der Anlage mit immer neuen und immer spektakuläreren Attraktionen hat der Park ein großes Publikum gefunden. Aufgrund der Nähe zur Autobahn kann er schnell erreicht werden. So müssen die Münchener nicht bis zur Wiesn warten, wenn sie Karussell fahren wollen. Mit dem Auto sind sie in einer Stunde hier. Über 400.000 Besucher hatte der Park vor den Lockdowns pro Jahr zu verzeichnen.

Allgäuflieger, kreisend geht es in die Höhe.

Neueste der über 60 Attraktionen des Parks ist der **Allgäuflieger**. Es ist das höchste Flugkarussell der Welt. Kreisend werden die Fahrgäste auf 100 Meter Höhe gelupft. Es ist nicht das einzige Gerät was für Adrenalinstöße sorgt, das können wir ganz sicher sagen. Alle Attraktionen wollen wir aber nicht aufführen, das würde den Rahmen dieses Buches sprengen. Um sich einen Überblick zu verschaffen, schauen Sie am besten auf diese Seite www.skylinepark.de. Dort finden Sie auch die Eintrittspreise und die Öffnungszeiten. Neben den nervenkitzelnden Fahrgeschäften gibt es selbstredend auch einfach gestaltete Spielgeräte, die den Magen bei den Auf- und Abwärtsbeschleunigungen nicht gleich revoltieren lassen. Apropos Magen: Gut Essen können Sie in dem Park auch. Wie sich das allerdings mit diesem Gerät verträgt, in dem Sie in einer Kugel sitzend an Stahlseilen auf und ab katapultiert werden, haben wir nicht ausprobiert.

Sky Shot im Skyline Park. Mit der 4,5-fachen Kraft des eigenen Körpergewichts werden Sie raketengleich an Stahlseilen gesichert bis zu 90 Meter in die Höhe geschleudert.

Die Mindelburg liegt hoch über der Stadt.

Wenden wir uns nun dem letzten Ort auf dieser Tour zu und fahren nach **Mindelheim**.

Bei der Einfahrt in die Stadt fällt sogleich die **Mindelburg** auf, die über den Ort zu wachen scheint. Am Fuße des Hanges, auf dem die Anlage aus dem Mittelalter steht, befindet sich der Festplatz Schwabenwiese und gleich daneben das Freibad. Dazwischen sorgt der Biergarten HeimatStrand mit Livemusik und Liegestühlen für relaxte Strandatmosphäre.

Auf der Schwabenwiese [**092**: N48°02'15.8" E10°29'16.9"] können Sie kostenlos parken. Es ist geplant, an dieser Stelle einen Wohnmobilstellplatz anzulegen. Wann das so weit sein wird, wissen wir nicht. Bislang ist es nur ein einfacher Parkplatz ohne irgendwelche Einrichtungen.

Oberes und Unteres Tor in Mindelheim.

Die Altstadt ist etwa einen Kilometer entfernt, bis zur Burg sind es, rund 500 Meter, wenn Sie den Hang hinaufgehen.

Aus der Vogelperspektive betrachtet, ist die mittelalterliche Struktur der Stadt gut erkennbar. Im 7. Jahrhundert soll es hier schon eine Siedlung gegeben haben. Aus karolingischer Zeit wird auf einen Reichshof an dieser Stelle verwiesen. Zwischen dem 12. und dem 15. Jahrhundert hatte die Stadt und die Burg eine große Bedeutung zur Sicherung der Salzstraße zwischen München und dem Bodensee.

Das Einlasstor.

Berühmtester Sohn der Stadt ist **Georg von Frundsberg**, der 1473 auf der Mindelburg geboren wurde. Er ging als "Vater der Landsknechte" in die Geschichte ein. Als gewiefter Infanterietaktiker ist sein Name mit den langwierigen Kämpfen zwischen dem Habsburger Kaiser Maximilian I.

und Kaiser Karl V. um die Vorherrschaft in Oberitalien verbunden. Mit dem **Frundsbergfest** wird die Geschichte dieser Zeit wieder lebendig und das sind *"Bürger, Bauern und Bettler, Gaukler und Spielleut, Morisken und Tänzer, Handwerker und Falkner, der Henker und seine Steckenknechte, schwer bewaffnete Landsknechtshaufen gefolgt vom Tross der Marketenderinnen, Vertreter der Geistlichkeit, Kaiser Maximilian I. und Kaiser Karl V. mit Hofstaat und natürlich die Hauptperson selbst: Georg von Frundsberg hoch zu Ross"*, wie es auf dieser Seite heißt www.frundsbergfest.de, auf der Sie sich Bilder der vergangenen Veranstaltungen anschauen und die nächsten Termine erfahren können.

Das Rathaus von Mindelheim schmückt ein Frundsberg-Standbild.

Einen Spaziergang durch die Altstadt zu unternehmen, lohnt sich zu jeder Zeit. Von der Maximilianstraße, die das Obere mit dem Unteren Tor verbindet und mitten durch die

Wochenmarkt auf dem Marktplatz in Mindelheim.

Der Innenhof der Mindelburg mit dem begehbaren Bergfried.

Altstadt führt, gehen eine Reihe von Gassen in die etwas versteckten Bereiche. Dazu gehören das Schwäbische Turmuhrenmuseum, das Heimatmuseum, die Museen im Colleg und der Gefängnisturm mit der Fronfeste. Mittelpunkt des Ortes ist der Marktplatz, an dem das Rathaus mit dem Standbild Georg von Frundsbergs zu sehen ist.

Das Torgebäude der Mindelburg.

Auf dem Platz finden samstags und dienstags vormittags klassische Wochenmärkte statt.

Gehen wir zum Abschluss unseres Spaziergangs durch Mindelheim noch kurz hoch auf die Burg. Der Innenhof und der Bergfried sind frei begehbar. Einige Gebäudeteile werden von dem Verlag W. Sachon als Firmensitz genutzt, in anderen Gebäudeteilen ist die Burggaststätte untergebracht, die im Innenhof auch einen Biergarten aufzuweisen hat. Hier bekommen Sie klassische Allgäuer Küche serviert.

Der Bergfried ist frei begehbar und verschafft Ihnen eine bessere Rundumsicht über die Stadt und die angrenzende Allgäuer Landschaft. Um sich über die Details der Sehswürdigkeiten dieses Ortes zu informieren, erfahren Sie mehr in der Tourist-Information im Rathaus oder Sie schauen auf dieser Seite www.mindelheim.de nach.

Mindelheim ist der nördlichste Ort der Wandertrilogie Allgäu, die wir auf der Seite 57 bereits vorgestellt hatten. Die Stadt ist ein Etappenort der Wiesengänger Route. Nächstes Wanderziel ist Bad Wörishofen das auf der ausgewiesenen Wanderroute nach rund 17 Kilometern erreicht wird.

Wir werden dort nicht hinwandern, sondern in der nächsten Tour hinfahren. Bevor wir das tun, möchten wir noch auf den **Nordsee** hinweisen, der sich nördlich von Mindelheim befindet [**093**: N48°04'05.2" E10°29'20.2"].

Es ist ein ehemaliger Baggersee, der nun die Funktion eines Badesees bekommen hat. Einzige Infrastrukturmaßnahme, die bislang ergriffen wurde, ist die Installation eines WC-Containers, der allerdings nur bei gutem Wetter geöffnet ist.

Als Übernachtungsplatz ist dieser Flecken Erde ideal, vor allem dann, wenn Sie mit Hunden unterwegs sind, mit denen Sie eine Runde um den See gehen können.

Parkplatz am Nordsee.

Kleiner Badestrand am naturbelassenen Nordsee.

Nordsee
093
092
Mindelheim
Tour 7
Rammingen
091
Allgäu Skyline Park
Türkheim
Amberg
Wiedergeltingen
Buchloe
96
Singold
N
5 km
Kirchdorf
095
094
Apfeltrach
Dirlewang
Dorschhausen
Kurpark
Kneippmus.
Bad Wörishofen
Wertach
Stockheim
Weicht
096
Jengen
Waal
Erpfting
B16
B12
Unterdießen
Schlingen
Ketterschwang
Unteregg
Lauchdorf
St2015
Rieden
Baisweil
Ingenried
Westendorf
Oberostendorf
Fuchstal
Pforzen
Germaringen
Dösingen
Kloster Irsee
Neugablonz
Isergebirgs Museum
Irsee
Kaltental
Eggenthal
097
098
Kleinkemnat
Burg Kemnat
Kaufbeuren
099
Osterzell
Friesenried
Oberbeuren
Gennachhausen
Biessenhofen
Bidingen
Ruderatshofen
Ingenried
Aitrang
Ebenhofen
Altdorf
100
Elbsee
Marktoberdorf
Bertoldshofen
B472
Kraftisried
101
Rettenbach am Auerberg
Burggen
Unterthingau
Geisenried
Kohlhunden
Oberthingau
Leuterschach
Römerbad
Klobunzeleweg
Rieder
Bernbeuren
Balteratsried
Stötten a. Auerbg.
Wald
102
Sulzschneid
144
Lechstaustufe 3
Außerlengenwang
Görisried
Lechbruck am See
Lengenwang
W
Hängesteg
Wildberg
Lechstaustufe 2
103
Hitzleried
104
Tour 11
Rückholz
Seeg
Roßhaupten
Ried
Lechstaustufe 1
Oy
7
105
Halblech
Tour 9
Nesselwang
Forgensee
Hohenfreyberg
Eisenberg
Burgruine
Rieden am Forggensee
Berghof
Buching
117
Zell
Hopferau
Hopfen am See
B17
Eisenberg
Hopfensee
112
Bannwaldsee
113
107
Kappel
Alpspitz 1575 m
Weißbach
111
Waltenhofen
Brunnen
Pfronten
Burgruine Falkenstein
Festspielhaus
106
108
110
Schwangau
Branderschrofen 1881 m
114
Steinach
Vils
Weißensee
Füssen
Schloss Hohenschwangau
Schloss Neuschwanstein
Sorgschrofen 1635 m
115
Alpsee
Hohenschwangau

TOUR 8 (ca. 190 km)

Bad Wörishofen – Stockheim – Irsee – Kaufbeuren – Aitrang – Marktoberdorf – Wald – Rückholz – Seeg – Roßhaupten – Schwangau – Füssen – Hopfen am See – Rieden am Forggensee

Stellplätze:	Bad Wörishofen, Stockheim, Kaufbeuren, Aitrang, Marktoberdorf, Kohlhunden, Wald, Rückholz, Roßhaupten, Schwangau, Füssen.
Campingplätze:	Aitrang, Roßhaupten, Schwangau, Hopfen am See, Rieden am Forggensee.
Ver-/Entsorgung:	Bad Wörishofen, Kaufbeuren, Marktoberdorf, Wald, Roßhaupten, Füssen.
Besichtigungen:	Bad Wörishofen (Kneippmuseum), Kaufbeuren (Altstadt), Kohlhunden (Römerbad), Rückholz (Käserei), Seeg (Wallfahrtskirche), Schwangau (Schloss Hohenschwangau, Schloss Neuschwanstein, St. Coloman), Füssen (Altstadt, Hohes Schloss, Walderlebniszentrum).
Wandern/Radwandern:	Bad Wörishofen (Kurpark), Stockheim (entlang der Wertach), Aitrang (Rund um den Elbsee), Kohlhunden (Klobunzeleweg), Görisried (Hängesteg über die Wertach), rund um den Forggensee, Schwangau (vom Tegelberg zum Branderschrofen, rund um den Alpsee), Hopfen am See (rund um den Hopfensee).
Baden/Wellness:	Bad Wörishofen (Therme, Freibad), Kohlhunden (Badesee), Schwangau (Königliche Kristalltherme, Forggensee, Bannwaldsee, Alpsee, Schwansee), Hopfen am See (Hopfensee).

Anstatt dieses Kapitel trocken "Von Mindelheim nach Füssen" zu taufen, hätten wir es auch "Durch den Schlosspark" nennen können. **Schlosspark**, so bezeichnet der Tourismusverband Ostallgäu die Ferienregion, die dem Landkreis Ostallgäu entspricht und von Buchloe im Norden bis nach Pfronten und den Königsschlössern im Süden reicht. Richtig etabliert hat sich dieser Name noch nicht.

In dieser Tour folgt ein Highlight dem anderen. Es geht los im Kneippkurort Bad Wörishofen, führt weiter über Kaufbeuren und Marktoberdorf, an den Forggensee und zu den viel besuchten Königsschlössern Neuschwanstein und Hohenschwangau, nach Füssen und an den Hopfensee.

Die Fülle der Sehenswürdigkeiten in der Region um Füssen hat uns dazu veranlasst, eine spezielle kartografische Übersicht anzufertigen, die Ihnen die Orientierung erleichtern soll. Sie finden diese auf den Seiten 222/223.

Von Mindelheim nach **Bad Wörishofen**, dem ersten Ort auf dieser Tour, sind es nur zehn Kilometer. Einen in der Nacht sehr ruhigen Übernachtungsplatz finden wir gleich vor dem Ortseingang am Freibad auf 640 Metern Höhe mitten im Wald [**094**: N48°00'53.2" E10°34'44.1"]. Von dort lässt sich der sehr schön angelegte Kurpark bequem zu Fuß erreichen. Auf diesem kostenlosen Parkplatz gibt es keine Ver- und Entsorgungsanlage und auch keine Stromanschlüsse. Es ist ein einfacher, geschotterter Platz, der halbwegs eben ist.

Parkplatz am Freibad in Bad Wörishofen.

Wer es gern komfortabler hätte, fährt den offiziellen Platz an der **Therme** an, die im Norden von Bad Wörishofen zu finden ist.

(095) Offizieller WOMO-Badeplatz: Therme Bad Wörishofen

GPS: N48°01'13.6" E10°35'29.1", (618m); Thermenallee, 86825 Bad Wörishofen.
Max. WOMOs: 25, maximale Länge 8 m.
Ausstattung: Frischwasserversorgung, Abwasserentsorgung mit Bodeneinlass, Kassettenentleerung, Stromanschlüsse, Behälter für die Müllentsorgung, WLAN, Brötchenservice, WC in der Therme, ganzjährig geöffnet.

Beschreibung: Weitgehend schattenlose, asphaltierte, ebene Flächen neben der Therme. Nachts sehr ruhig. Bis zum Kurpark und bis in die Innenstadt mit dem Kneippmuseum sind es jeweils 2 Kilometer. Die Ver- und Entsorgungseinrichtung kann auch angefahren werden, ohne auf dem Platz zu übernachten. Die Einrichtung ist nicht auf dem neuesten Stand.
Mit der Entrichtung des Stellplatzpreises sind Vergünstigungen beim Eintritt in die Therme verbunden und es wird ein kostenloser Busshuttle in die Innenstadt angeboten.
Preise: 10,00 € für ein Fahrzeug inkl. Strom. Kurtaxe 1,35 € pro Person. Anmeldung und Bezahlung erfolgt an der Kasse der Therme. Entsorgung kostenlos, über Münzautomaten gibt es Frischwasser für 1,00 €.
Zufahrt: Die Therme befindet sich im Norden der Stadt neben einem Industrie- und Gewerbegebiet. Einfach den Hinweisen zur Therme folgen.

Der Kurort ist ohne den Pfarrer **Sebastian Kneipp** nicht vorstellbar. In dieser Stadt hat man ihm sprichwörtlich ein Denkmal gesetzt.

Kneipp-Denkmal in Bad Wörishofen.

Sebastian Anton Kneipp

Wer war dieser etwas beleibte Pfarrer mit den buschigen Augenbrauen? Dass er 1821 in Stephansried, einem Ortsteil von Ottobeuren, geboren wurde, hatten wir in der Tour 5 schon erwähnt. Kneipp litt in jungen Jahren an einer Lungenkrankheit. Nach der Lektüre der Schrift über *"Unterricht von Krafft und Würckung des frischen Wassers in die Leiber der Menschen, besonders der Krancken, bey dessen innerlichen und äusserlichen Gebrauch"*, das bereits 1738 von Johann Siegmund Hahn, einem Wegbereiter der Naturheilkunde, verfasst wurde, probierte er dessen Empfehlungen in der eiskalten Donau über einen längeren Zeitraum aus und gesundete dabei. Das war die Geburtsstunde der klassischen Kneippkur, die er nun in den Folgejahren weiterentwickelte. Kneipp beschäftigte sich auch mit Therapien gegen eine grassierende Cholera-Epidemie in der Mitte des 19. Jahrhunderts. Er machte sich damit nicht nur Freunde, sondern wurde deshalb der "Kurpfuscherei" angeklagt und zur Zahlung eines Bußgeldes verurteilt.

Seine Tätigkeit in Wörishofen begann 1855, als er Beichtvater für die Dominikanerinnen im hiesigen Kloster wurde. Der Ort war weit davon entfernt, "Stadt" genannt werden zu können, es war ein Dorf mit vielleicht 1000 Einwohnern. Kneipp beschäftigte sich zunächst mit der wirtschaftlichen Situation des Klosters, modernisierte die von den Nonnen betriebene Landwirtschaft, entwarf Entwässerungskanäle, veredelte Obstbäume und betrieb eine Imkerei. Kurzum: Er war eine vielfältig talentierte und kenntnisreiche Person – ein Tausendsassa, würde man heute wahrscheinlich sagen.

Das Kloster wirtschaftlich auf gesunde Füße zu stellen, war eine seiner Tätigkeiten. Seine Heilungserfolge, die er mit den von ihm angewandten Methoden erzielte, hatten sich im Land herumgesprochen und forderten stetig mehr Aufmerksamkeit und Zeit. Immer mehr Menschen kamen zu ihm, um sich behandeln zu lassen. Bald stießen die Übernachtungskapazitäten im Ort an ihre Grenzen, die ersten Neubauten entstanden, die Zahl der Badehäuser wuchs rasch. Je größer und zahlreicher die Erfolge wurden, umso mehr Menschen kamen. Es waren sich gegenseitig verstärkende Effekte, die durch Vortragsreisen Kneipps noch unterstützt wurden. Er wurde europaweit bekannt, seine Kuren fanden Eingang in die allgemeine Heilkunst und wurden von Adeligen und Geistlichen gleichermaßen geschätzt und gerühmt. Heute werden sie weltweit angewandt. In dem **Kneipp-Museum**, das im Kloster Wörishofen eingerichtet ist, können Sie dem Leben und Wirken des "Wasserdoktors" in allen Einzelheiten nachspüren und sich mit den fünf Wirkprinzipien des Wassers in unterschiedlichen Anwendungen, den Kräutern mit ihren medizinischen Wirkungen, der gesunden Ernährung, der Bewegung und die Ausgeglichenheit der Seele, eingehend befassen. Öffnungszeiten und Eintrittspreise finden Sie hier www.kneippmuseum.de.

Wir können festhalten, dass Bad Wörishofen ohne die Tätigkeiten des Wasserdoktors vermutlich eines der einfachen Dörfer oder Kleinstädte geblieben wäre, wie es sie in dieser Region zu Hunderten gibt.

Wenn Sie das Museum besuchen, haben Sie es nicht weit bis zur **Klosterkirche Maria Königin der Engel**, die 1773 geweiht wurde. Es ist eine weitere, reich ausgestattete Barockkirche, die Freunde dieser Kirchenkunst sicher nicht unbeachtet lassen werden, zumal hier die Gebrüder Zimmermann teilweise die Stuckarbeiten und Gemälde geschaffen haben.

Im Kurpark von Bad Wörishofen.

Gartenkunst ist in dem sehr weitläufigen **Kurpark** zu bewundern, der mit einem Rosen-, einem Duft- und Aroma- sowie einem Heilkräutergarten ganz im Sinne von Sebastian Kneipp ausgestattet ist. Darüber hinaus gibt es eine Obstwiese, ein Feuchtbiotop, ein Labyrinth und am Rande der Parks eine Gradieranlage.

Der verstärkte Zustrom von Kurgästen in Wörishofen führte bei den Bürgern zu der Überlegung, das Ansehen des Kurortes durch die Anlage von Spazierwegen und Ruhebänken zu

Der Jakobsweiher im Kurpark von Bad Wörishofen.

verbessern. 1889 führte dies zur Gründung des Verschönerungsvereins, der sich fortan um die Anlage des Parks kümmerte. Dieser Verein existiert auch heute noch. Auch wenn die Pflege des Kurparkes längst in professionellen Händen liegt, wirkt dieser Verein immer noch unterstützend für die eine oder andere Maßnahme mit.

Im Park gibt es eine Reihe von Hinweistafeln, die auf die Besonderheiten der Pflanzen hinweisen. Zum Beispiel erfahren Sie, was Kneipp über die Macht der Düfte zu berichten weiß oder über die Kraft der Minze. So wird der kurzweilige Spaziergang durch diese Anlage nicht nur ein Fest für die Augen, sondern obendrein gleich eine kleine Kräuter- und Blumenkunde. Damit tun Sie – ganz im Sinne Kneipps – etwas für die Seele und durch die Bewegung auch für den Körper. Fehlt nur noch das Kneippbecken, das Sie in dem Kurpark selbstredend ebenfalls vorfinden. Zum Abschluss des Besuches der Parkanlage geht es dann zur Gradieranlage, um durch die salzhaltige Luft auch den Bronchien etwas Gutes zu tun, bevor wir uns der Ernährung zuwenden, für die Sie im Zentrum des Ortes genug Auswahl finden. Ob Pizza, Döner & Co. im Sinne Kneipps eine gute Kost darstellen, das wollen wir nicht thematisieren. Wir wollen Ihnen damit bloß mitteilen, dass das Restaurantangebot des Ortes

Die Gradieranlage.

quer durch die internationale Küche geht und Sie keine Angst haben müssen, nur "Clean-Eating"-Gerichte serviert zu bekommen, wie der Küchentrend heißt, der die Lehren Kneipps als Grundlage hat.

Bevor wir den Weg fortsetzen und nach Kaufbeuren weiterfahren, wollen wir auf einen Wanderparkplatz in **Stockheim** hinweisen, auf dem Sie sehr gut ungestört und kostenlos übernachten können. Sie finden den Platz mit diesen Koordinaten [**096**: N48°00'13.0" E10°38'5 am Ende der Dorfstraße, gleich rechts hinter der Brücke über die Wertach.

Wanderparkplatz in Stockheim.

Von diesem Platz lassen sich wiederum mehrstündige Wanderungen starten. Ein fünf Kilometer langer Naturlehrpfad führt von dem Platz entlang des Flusses zum Wörishofener Stausee im Norden von Stockheim. Über die dort angelegte Fußgängerbrücke lässt sich die Wertach überqueren und auf der anderen Seite des Ufers geht es zum Stellplatz zurück. Ein idealer Platz und wunderbarer Weg für alle, die mit einem Hund unterwegs sind und die etwas über die Natur in dieser Region erklärt bekommen möchten.

Kloster Irsee.

Die wenigsten Besucher **Irsees** kommen hierher, um sich die Klosterkirche anzuschauen, obwohl sie mit ihrer barocken Innenausstattung durchaus sehenswert ist. Zwar nicht so überbordend wie andere, die wir bereits gesehen haben, aber wenn man schon mal hier ist, kann ein Blick hinein nicht schaden.

Die ehemalige Klosteranlage dient heute als Tagungszentrum. Irsee ist auch ein Künstlerdorf.

Gleich am Ortseingang macht das "Rostwildrudel" darauf aufmerksam. Zahlreiche Künstler und Kunsthandwerker haben sich hier niedergelassen und Ateliers eingerichtet. Einige davon öffnen ihre Werkstätten für Besucher. Welche das sind und zu welchen Zeiten diese geöffnet haben, können Sie auf dieser Seite www.irsee.de erfahren, wenn Sie auf "Kultur, Freizeit und Tourismus" klicken.

Rostwildrudel in Irsee.

Für den Touristen ist der **Brauereigasthof** von großem Interesse. Er zieht die meisten Besucher an. Hier können Sie nicht nur vorzüglich essen gehen. Im angeschlossenen Brauereimuseum lassen sich die Braumeister der **Irseer Klosterbrauerei** auch gern über die Schulter schauen. Bayern ist eben das Land der Biere, wie wir immer wieder feststellen müssen. Parken können Sie vor dem Rathaus auf dem Meinrad-Spieß-Platz [**097**: N47°54'33.4" E10°34'23.9"]. Es ist kein optimaler Platz, aber für eine Nacht nach dem Besuch des Brauereigasthofesdurchaus geeignet.

Wer an dieser Stelle nicht übernachten möchte, kann nach Kaufbeuren weiterfahren. Bis zu dem Stellplatz am Stadtrand sind es nur noch fünf weitere Kilometer.

(098) Offizieller WOMO-Stellplatz: Kaufbeuren

GPS: N47°53'55.8" E10°36'59.3", (666m); Buronstr. 99, 87600 Kaufbeuren.
Max. WOMOs: 12, maximale Länge 10 m, max. Aufenthalt 3 Tage.
Ausstattung: Frischwasserversorgung, Abwasserentsorgung mit Bodeneinlass, Kassettenentleerung, Stromanschlüsse, Behälter für die Müllentsorgung, ganzjährig geöffnet.
Beschreibung: Sonnige, geschotterte und ebene Stellflächen an der Wertach neben einem Kletterpark. Entfernung zur Innenstadt 2,5 Kilometer. Entlang der Wertach über einen Fußweg. Ein durchaus angenehmer Spaziergang.

Preise: Alles kostenlos, nur die Stromversorgung muss mit 0,50 € pro kWh über einen Münzautomaten vergütet werden.
Zufahrt: Auf der B16 am Ortseingang von Kaufbeuren im ersten Kreisverkehr die zweite Ausfahrt wählen und kurze Zeit später vor der Brücke über die Wertach am Kletterpark links abbiegen.

Kaufbeuren, die Stadt mit rund 45.000 Einwohnern ist räumlich in zwei Bereiche geteilt. Der alte Kern befindet sich an der Wertach, der neuere Stadtteil **Neugablonz** wurde nach dem Zweiten Weltkrieg aus dem Boden gestampft. Rund 18.000 Vertriebene und Geflohene aus der Region um Gablonz (Jablonec nad Nisou) im nordböhmischen Isergebirge fanden hier eine neue Heimat. Das **Isergebirgs Museum** erinnert daran. Ihre Kultur, ihr Alltag, ihre Industrie und ihr Schicksal werden in den Ausstellungen ausführlich dargestellt. Mehr dazu finden Sie auf dieser Seite https://isergebirgs-museum.de. Neugablonz ist die größte geschlossene Vertriebenensiedlung Deutschlands.

Der Fünfknopfturm in Kaufbeuren.

Die Altstadt, die vom **Fünfknopfturm** überragt wird, zeigt mittelalterliche Strukturen. Der genannte Turm aus dem frühen 15. Jahrhundert ist das sichtbarste Zeichen. Er ist 33 Meter hoch und wird von Stadtmauern flankiert. Er ist nicht frei, sondern nur im Rahmen einer Führung begehbar. Informationen darüber finden Sie hier https://fuenfknopfturm.de.

Markant ist das 9,70 Meter hohe Schild, von dem Sie auf dem nebenstehenden Foto nur die Spitze sehen. Es ist ein Kriegswahrzeichen und zeigt einen Adler, der die Krallen auf die Wappen der im Ersten Weltkrieg verbündeten Mächte Türkei, Bulgarien, Deutsches Reich und Österreich-Ungarn stützt. Über die Stadtmauer ist der Fünfknopfturm mit der St. Blasius Kirche verbunden, deren Turm als Wehrturm errichtet wurde. Alle Bauwerke entstanden etwa zur gleichen Zeit.

Die **Martinskirche** bildet das Zentrum der Altstadt. Sie wurde als romanische Basilika errichtet, dann später im 15. Jahrhundert spätgotisch umgestaltet, um 1700 barockisiert und Ende des 19. Jahrhunderts mit einem neugotischen Stil versehen. Die Kirche, so scheint es, hat alle Modeerscheinungen in den Baustilen durchgemacht.

Kaiser-Max-Straße in Kaufbeuren. Am Ende der Straße steht das Rathaus.

Wenige Meter von der Kirche entfernt ist die Kaiser-Max-Straße der Ort mit dem größten Fußgängerverkehr. Hier, zwischen dem **Neptunbrunnen** und dem Rathaus, sind die meisten Straßencafés zu finden. Der Neptunbrunnen, der für sich genommen nicht weiter außergewöhnlich auffällt, wird in der Adventszeit zum größten Adventskranz der Welt umgestaltet.

Keimzelle Kaufbeurens war das **Crescentiakloster**, das die Säkularisation zu Beginn des 19. Jahrhunderts nach einer vorübergehenden Aufhebung des Klosters überstanden hat und kurze Zeit später als Schule für die weibliche katholische Jugend weiterbetrieben werden konnte. Maria Crescentia Höss, die in Kaufbeuren geboren wurde, war im frühen 18. Jahrhundert Oberin des Klosters und wird in der katholischen Kirche als Heilige verehrt. Sie wurde im November 2001 von Papst Johannes Paul II. heiliggesprochen. Mehr darüber finden Sie auf dieser Seite www.crescentiakloster.de.

Der Neptunbrunnen.

Bedeutendste Veranstaltung in Kaufbeuren ist das **Tänzelfest**, das alljährlich im Juli stattfindet. Es ist das älteste historische Kinderfest Bayerns und heißt so, weil Kinder die Geschichte der Stadt nachspielen. Das Tänzelfest hat für die Bewohner der Stadt in etwa die gleiche Bedeutung wie das Oktoberfest für die Münchener, nur strömen nicht so viele ausländische Besucher hierher. Über das gesamte Programm erfahren Sie mehr auf dieser Seite www.taenzelfest.de.

Bergfried der Burg Kemnat.

Mit einem Kulturprogramm geht es auch bei unserem nächsten Ziel weiter. Der Bergfried der **Burg Kemnat** dient gelegentlich als Kulisse für Theatervorstellungen, die von dem "Theaterverein Burgspiele Kemnat" aufgeführt werden.

Der Bergfried ist das einzig verbliebene Gebäude einer einst mächtigen Burganlage. Heute dient der Turm, der fälschlicherweise oft "Römerturm" genannt wird, in erster Linie als Aussichtsturm. Am Fuße der Burg gibt es einen Kinderspielplatz und wenn das Burgstüble geöffnet hat www.cafeburg-stueble-kemnat.de, lässt es sich auch gemütlich einkehren. Parken können Sie Ihr WOMO auf dem Platz vor dem Theaterstadel [**099**: N47°52'54.6" E10°35'05.6"], wenn er nicht durch Veranstaltungen belegt ist.

Wanderparkplatz am Elbsee.

Nach diesem ruhigen und wenig besuchten Kleinod geht es nun weiter zum **Elbsee** südlich von **Aitrach**. Am Ufer des Sees gibt es einen komfortablen Campingplatz, dessen Angebote Sie sich auf dieser Seite www.elbsee.eu näher anschauen können.

Ruderboote am Elbsee.

Bevor Sie das Seeufer erreichen, kommen Sie an diesem Wanderparkplatz [**100**: N47°48'30.6" E10°32'30.0"] vorbei. Er ist rund einen Kilometer vom See entfernt. Neben dem Restaurant Elbsee www.restaurant-elbsee.de, auf dessen Seeterrasse Sie angenehm speisen können, haben Sie die Möglichkeit, sich an dieser Stelle ein Boot zu mieten und eine Runde auf dem Moorsee zu rudern. Wenn Sie die Badehose oder den Badeanzug dabeihaben, können Sie in dem braunen, moorigen Wasser auch schwimmen gehen.

Das Seerestaurant ist gut besucht.

Wer einen längeren Spaziergang bevorzugt, der kann den See auf einem rund sechs Kilometer langen Weg umrunden. Dabei geht es durch ein Landschaftsschutzgebiet, über Wildwiesen und auf einem Bohlenweg durch eine Schilflandschaft. Wer mag, kann in der **Seealpe** eine weitere Rast einlegen, die sich im Südwesten des Sees befindet und durch eine Ausschilderung nicht zu verfehlen ist. An Einkehrmöglichkeiten mangelt es in dieser lieblichen, überwiegend flachen und bewaldeten Landschaft also nicht. Ruhig ist es hier und ruhig geht es auch im nächsten Ort weiter.

Wir fahren nach **Marktoberdorf**. Die fast 19.000 Einwohner zählende Stadt ist durch den Landmaschinenhersteller Fendt bekannt geworden, der in seinen Fertigungshallen jedes Jahr ungefähr so viele Traktoren produziert, wie die Stadt Einwohner hat.

Um die Stadt zu besuchen, parken Sie Ihr WOMO am besten auf dem offiziellen Stellplatz, den wir Ihnen hiermit kurz vorstellen.

(101) Offizieller WOMO-Stellplatz: Marktoberdorf – Am Schlossberg

GPS: N47°46'45.8" E10°37'25.8", (759m); Bertoldshofener Weg, 87616 Marktoberdorf.
Max. WOMOs: 4, maximale Länge 9 m, max. Aufenthalt 7 Tage.
Ausstattung: Frischwasserversorgung, Abwasserentsorgung mit Bodeneinlass, Kassettenentleerung, Stromanschlüsse, Behälter für die Müllentsorgung, ganzjährig geöffnet.

Beschreibung: Ebene, halbschattige Stellflächen auf Betonpflastersteinen in unmittelbarer Nähe des Schlosses, der Barockkirche St. Martin und der Kurfürstenallee mit ihren Lindenbäumen. Der Stellplatz befindet sich am Rande eines Pkw-Parkplatzes.
Preise: Kostenlos, Frischwasser 1,00 € (ca. 50 Liter) und Strom 1,00 € pro kWh. Abwasserentsorgung und Entleerung der Bordtoilette sind kostenfrei.
Zufahrt: In Marktoberdorf der Beschilderung zum Schloss folgen.

Die Kirche St. Martin.

Neben dem Traktorenwerk, dessen Ausstellung Sie besichtigen können, wenn Sie das möchten (siehe hier www.fendt.com), sind die Kirche **St. Martin**, das **Schloss** und die **Kurfürstenallee** von besonderem Interesse. Wenn Sie auf dem genannten Stellplatz stehen, haben Sie es nicht weit.

Von dem Glockengeläut der Kirche werden Sie morgens geweckt. Sie stehen in Sichtweite des Gotteshauses, das, wie so viele in dieser Region, barock ausgestaltet ist. Wenn Sie an dem Gebäude vorbeigehen, haben Sie einen schönen Blick auf die Stadt. Direkt neben der Kirche ist das Schloss

Lindenallee in Marktoberdorf.

zu sehen, das heute die Bayerische Musikakademie sowie das Vermessungsamt der Stadt Marktoberdorf beherbergt. Schloss und Kirche sind Stationen auf dem **Clemens-Wenzeslaus-Pfad**, der durch die Stadt und das Umland führt. Hinweistafeln illustrieren und erläutern die einzelnen Stationen und Wege. Mit einer Länge von rund fünf Kilometern, nimmt die kleine Wanderung nicht allzu viel Zeit in Anspruch. Der Weg ist eine Reminiszenz an den Fürstbischof von Augsburg, der das Schloss als Sommerresidenz nutzte und hier 1812 verstarb. Er wurde in Marktoberdorf bestattet, seine Grabkapelle befindet sich hinter dem Chor der Kirche St. Martin.

Auf ihn geht die Anlage der rund zwei Kilometer langen Allee zurück, die vom Schloss wegführt und aus über 600 Linden besteht. Endpunkt war ein Pavillon, zu dem sich der Fürstbischof in einer Sänfte tragen ließ. Aus heutiger Sicht schwer vorstellbar. Auch sonst schien er nicht zimperlich mit seinen Untertanen umgegangen zu sein. In Fronarbeit mussten seine Untergebenen den Weg anlegen und die Linden pflanzen. Großzügig verzichtete er nach immensem Protest nur darauf, zwei Hügel abtragen zu lassen, um den Weg stärker in die Waagerechte zu bekommen. Wenn Bäume doch nur erzählen könnten! Was würden sie uns wohl alles über die vergangenen Jahrhunderte berichten?

Heute ist die Allee ein Naturdenkmal ersten Ranges und wird gern von Spaziergängern und Joggern genutzt.

Wir fahren weiter und kommen zu einem weiteren "Naturdenkmal", und zwar einem sehr nassen. **Kuhstallweiher** heißt der kleine Badesee, zu dem wir uns nun begeben und an dessen Ufer wir das WOMO auf einem asphaltierten Platz [GPS: N47°44'58.6" E10°37'50.7"] abstellen.

Der Kuhstallweiher südlich von Marktoberdorf.

Nach Kuhstall sieht es nicht aus. Es ist ein einfacher naturbelassener See mit einer Liegewiese unter schattigen Bäumen. Er diente einst als Viehtränke, daher hat er seinen Namen. Aber das liegt Jahrhunderte zurück. Auch der Fürstbischof Wenzenslaus begegnet uns hier wieder, der Ende des 18. Jahrhunderts an dieser Stelle große Treibjagden veranstaltet haben soll und dabei das Wild in den See treiben ließ, um es bequemer erlegen zu können. So steht es jedenfalls auf der Info-Tafel am Rande des Weihers.

Kein Kiosk, keine Dusche, kein WC, nichts dergleichen ist am Ufer vorzufinden. Es gibt auch keine Badeaufsicht. Hier sind Sie also ganz auf sich allein gestellt. Für einen Wohnmobilisten, der alles Notwendige an Bord hat, ein ausgesprochen schöner Ort. Wenn man an dieser Stelle auch noch über Nacht bleiben dürfte, würde der Platz sicher schnell mit WOMOs vollgestellt sein. Nein, übernachten dürfen Sie hier nicht. Das ist beim nächsten Weiher, der nicht sehr weit von diesem entfernt ist, leider auch so.

Klobunzele am Kuhstallweiher.

Diese beiden Weiher sind unter anderem mit dem **Klobunzeleweg** und dem **Terra Nostra Weg** verbunden. Es sind Themenpfade, die denselben Weg nutzen. Alle Stationen des Weges bieten jeweils Informationen für den Erwachsenen und Spielgeräte oder Erlebnisse für die Kleinen. Wer der Klobunzele eigentlich ist und welche spannenden Aufgaben er für den Nachwuchs bereithält, wollen wir nicht verraten. Es soll ja spannend bleiben. Lohnen tut es sich in jedem Fall.

Der Weg führt auch am **Römerbad** vorbei, einer überdachten und verglasten Ausgrabungsstätte, in der die Reste einer römischen Villa Rustica zu sehen sind. Mehr dazu finden Sie hier www.roemerbad-marktoberdorf.de.

Den **Ettwieser Weiher** erreichen Sie mit diesen Koordinaten [GPS: N47°45'01.4" E10°36'31.3"]. Im Gegensatz zum

Ettwieser Weiher am frühen Morgen.

vorangegangenen Gewässer, stehen hier ein Kiosk und eine WC-Anlage zur Verfügung. Es gibt einen Nichtschwimmerbereich, eine große Liegewiese und auch die Möglichkeit mitgebrachtes Grillgut vor Ort zu brutzeln. Wer dann noch eine Runde Klettern möchte, kann das in dem nah gelegenen Kletterwald tun. Da es sich bei beiden Weihern um Naturbadeseen handelt, ist immer damit zu rechnen, dass die gefiederten Freunde zugegen sind, mit denen Sie nicht nur das Wasser teilen müssen, sondern auch die Liegewiese. Also Obacht, wo Sie Ihr Handtuch hinlegen. Sie könnten etwas unfreiwillig mitnehmen, was Sie garantiert nicht wollen.

Enten im Ettwieser Weiher.

Und noch einen Naturbadesee haben wir im Programm. Diesmal in **Wald**, nur sechs Kilometer vom Ettwieser Weiher entfernt. Neben diesem Badeweiher wurde ein Stellplatz eingerichtet, den wir nun beschreiben.

(102) Offizieller WOMO-Badeplatz: Wald Sportplatz/Walder Weiher

GPS: N47°43'23.0" E10°33'49.2", (800m); Am Sportplatz, 87616 Wald.
Max. WOMOs: 10, maximale Länge 12 m.
Ausstattung: Frischwasserversorgung, Abwasserentsorgung mit Bodeneinlass, Kassettenentleerung, Behälter für die Müllentsorgung, ganzjährig geöffnet.

Beschreibung: Große sonnige bis halbschattige Stellflächen auf geschottertem, ebenem Untergrund. Rustikale Ver- und Entsorgung auf dem Bauhofgelände. Für die Entsorgung gibt es einen einfachen schweren Deckel, der anzuheben ist. Für die Frischwasserversorgung hängt ein Schlauch bereit.
Preise: 10,00€ für ein Fahrzeug inkl. aller Personen. Anmeldung und Bezahlung erfolgt durch Einwurf eines ausgefüllten Meldebogens in eine Kasse. Kuverts und Meldebögen liegen in einem Häuschen am Stellplatz aus. Mit der Entrichtung der Gebühren ist das Recht verbunden, die Ver- und Entsorgung am Bauhof in unmittelbarer Nähe des Stellplatzes zu nutzen.
Zufahrt: In Wald den Hinweisen zum Sportplatz folgen.

Nur wenige Meter sind bis zu dem Naturbadeweiher zu gehen. Es gibt, wie auf dem Foto zu sehen, eine kleine Rutsche,

Naturbadesee Walder Weiher.

einen Steg, einen Kiosk und auch WCs. In der Verlängerung des Weihers schließen sich Fischteiche an. Wander- und Radwege verlaufen direkt am Heck des Wohnmobils vorbei. Von hier aus lassen sich viele Touren starten.

Dies ist auch vom nächsten, allerdings sehr kleinen Wanderparkplatz an der Kapelle St. Ursula in **Görisried** der Fall. An dieser Stelle [GPS: N47°41'51.7" E10°30'57.3"] stehen Sie auf 833 Metern Höhe. Von dort führt ein Fußweg zum Hängesteg über die Wertach. Über diese Drahtseilkonstruktion zu gehen, ist natürlich nicht jedermanns Sache, denn sie schwingt ganz ordentlich. Mit dem Fahrrad können Sie diese Brücke nicht überqueren, es sei denn, Sie sind kräftig genug, Ihr Rad über Stock und Stein den steilen Hang am Fluss hoch oder hinunter zu tragen. Was es entlang der Wertach alles zu sehen gibt und welche Ziele es sich lohnt zu erwandern oder zu erradeln, erfahren Sie hier www.wertachnatur.de.

Der Weg hinunter zum Hängesteg lohnt sich in jedem Fall. Es geht durch sattgrüne Wiesen bis zu einem Waldrand, das sind rund 1,5 Kilometer. Dann geht es über eine kurze Distanz hinunter an die Wertach. Vom Waldrand bis zum Fluss ist das ein Höhenunterschied von rund 50 Metern, die über

Wiesenwanderweg bei Görisried.

Hängesteg über die Wertach.

Blick vom Steg auf die Wertach.

Stufen und zum Schluss über Stege zu überbrücken sind. Begleitet wird der Weg hinunter von einem Bach, der in Kaskaden der Wertach zufließt. Sie können den Weg zu diesem Steg auch von dem Stellplatz in Wald in Angriff nehmen. Sie benötigen dafür etwas mehr als eine Stunde.

Dass die Milchwirtschaft im Allgäu eine besondere Bedeutung hat, hatten wir bereits mehrfach erwähnt und ist bekanntlich eine Binse. Bislang waren wir aber noch bei keiner Käserei. Das ändert sich nun mit dem Besuch der **Hofkäserei Lipp** www.hofkaeserei-lipp.de, in der wir gern etwas mehr Käse eingekauft hätten, wenn eine Kartenzahlung möglich gewesen wäre. Vielleicht ist es bei Ihrem Besuch auch schon anders. Sie erreichen den Hof mit dieser Adresse: Stelle 1, 87494 **Rückholz** oder mit diesen Koordinaten [**103**: N47°39'47.5" E10°31'57.9"] . Wir befinden uns hier auf 864 Metern Höhe. Sie können Ihr WOMO vor der Käserei am Rande einer Weide abstellen. Drei bis vier Fahrzeuge finden Platz. Die Anlage eines offiziellen Stellplatzes auf dem Hof ist geplant.

Hofkäserei Lipp in Rückholz.

Sie bekommen in der Käserei die klassischen Käsesorten, die im Allgäu produziert werden. Fremde Milch wird in diesem Betrieb nicht verarbeitet, sondern nur die von den eigenen Kühen erzeugte. Verkosten vor Ort ist gewünscht, und bei der einen oder anderen geselligen Runde auf dem Hof oder in der Stube erfahren Sie mehr und vor allem authentisch, wie Käse produziert wird und wie die Bergbauern leben und arbeiten. Ganz ohne rosarote Brille eines Tourismusmanagers. Den Besuch dieser Käserei wollen wir wärmstens empfehlen. Nur bei der Zufahrt lassen Sie es bitte langsam angehen, sie ist zuweilen eng und unübersichtlich.

Die Kirche **St. Ulrich** in **Seeg**, dem nächsten Ort auf unserer Reise, ist ganz sicher ein ganz besonders herausragendes Musterbeispiel des Rokoko im Allgäu. Um die Kirche zu besuchen, können Sie am Fuße des Hügels, auf dem sie steht, parken [GPS: N47°39'10.9" E10°36'09.2"]. Der Platz ist nicht optimal, zumal er bei unserem Besuch auch noch als "Baustofflager" diente. Alle anderen Alternativen scheinen uns für die großen Fahrzeuge, mit denen wir unterwegs sind, die schlechtere Wahl zu sein.

St. Ulrich in Seeg.

Entworfen wurde die Kirche von Johann Jakob Herkomer, dem Lehrmeister von Dominikus Zimmermann, der sich mit der Wieskirche in Steingaden ein Denkmal setzte. Ähnlichkeiten in der Ausgestaltung sind unverkennbar, wenn auch das Gebäude äußerlich eine andere Struktur aufweist. Die Innengestaltung der

Rokoko in Vollendung. Orgelempore in St. Ulrich.

Kirche wurde von verschiedenen Künstlern vorgenommen, die wir nicht alle aufzählen wollen. Wer sie genauer betrachten und sich mit den künstlerischen Arbeiten beschäftigen möchte, dem empfehlen wir, das in der Kirche ausliegende bebilderte Heftchen zu kaufen und vor Ort zu studieren. Auf 40 Seiten wird die Innengestaltung detailliert erläutert.

Wir nähern uns jetzt mit Riesenschritten der Region um Füssen. Einer Region, die mit Highlights nur so strotzt und deshalb sehr stark frequentiert ist. Deshalb wiederholen wir an dieser Stelle den Hinweis, den wir auch schon für die Region um Oberstdorf gegeben haben: Bevor Sie einen Stell- oder Campingplatz anfahren, informieren Sie sich, ob ein Platz frei ist, und reservieren Sie zumindest telefonisch. Alle Stell- und Campingplätze, die bis zum Ende des Kapitels aufgeführt sind, haben E-Mail-Adressen und Telefonnummern. Klingeln Sie vorher durch, bevor Sie immer wieder bei direkter Anfahrt abgewiesen werden, weil alle Plätze belegt sind. Sie ersparen sich damit Frustration und Umwege.

Wir werden die Stell- und Campingplätze jetzt nacheinander aufführen. Bis auf die folgenden ersten beiden finden Sie alle Weiteren auf der Übersichtskarte verzeichnet, die Sie sehen, wenn Sie einmal umblättern. Mit dieser Karte fällt Ihnen die Orientierung leichter und Sie können Ihre Wege zu den Königsschlössern, zum Tegelberg und zu den Seen besser einordnen. Und nun wünschen wir Ihnen viel Erfolg bei der Platzsuche und viel Freude bei dem Besuch dieser Region.

Wir beginnen mit dem Stellplatz, den ein Caravanhändler auf seinem Gelände in **Roßhaupten** angelegt hat.

(104) Offizieller WOMO-Stellplatz: Roßhaupten – Camping Miller

GPS: N47°39'32.9" E10°43'10.6", (811m);
Augsburger Straße 23, 87672 Roßhaupten
Max. WOMOs: 15, maximale Länge 10 m.

Ausstattung: Frischwasserversorgung, Abwasserentsorgung ohne Bodeneinlass, Kassettenentleerung, Stromanschlüsse, Behälter für die Müllentsorgung, WLAN, Gasflaschentausch. Im Servicegebäude gibt es Duschen und WCs. Der Platz ist ganzjährig geöffnet.

Beschreibung: Eng beieinanderliegende Stellflächen auf dem Betriebsgelände des Wohnmobilhändlers Miller. Kleine Reparaturen lassen sich rasch in der angeschlossenen Werkstatt ausführen, wenn unterwegs ein Malheur passiert ist oder in der Bordtechnik ein Gerät seinen Geist aufgegeben hat. Im Shop können Sie darüber hinaus Caravanzubehör kaufen. In der

Hochsaison muss allerdings in der Werkstatt mit Wartezeiten gerechnet werden. Das ist nicht überraschend.
Preise: 14,30 € für ein Fahrzeug mit zwei Personen inkl. Entsorgung und Frischwasser. Strom kostet 0,50 € pro kWh.
Zufahrt: B16 in Richtung Marktoberdorf fahren. Der Betrieb befindet sich am Ortsausgang auf der linken Seite.
Reservierung/Kontakt: Tel.: 08367/913877
E-Mail: info@campingmiller.de, Web: https://campingmiller.de.

Von Roßhaupten fahren wir weiter, erreichen bald die Kreuzung mit der B16 und orientieren uns dort Richtung Füssen. Nach kurzer Distanz ist der folgende Campingplatz im Norden des Forggensees erreicht.

(105) WOMO-Campingplatz: Rieden am Forggensee – Campingplatz Seewang

GPS: N47°38'36.3" E10°43'50.3", (796m); Tiefental 1, 87669 Rieden.
Max. WOMOs: >20, maximale Länge 12 m.
Ausstattung: Frischwasserversorgung, Abwasserentsorgung mit Bodeneinlass, Kassettenentleerung, Stromanschlüsse, Behälter für die Müllentsorgung, WLAN, Brötchenservice, Gasflaschentausch, E-Bike-Verleih. Im Servicegebäude gibt es Duschen, WCs, Waschmaschinen, Trockner, Babywickelraum und eine Hundedusche. Der Platz ist ganzjährig geöffnet.

Beschreibung: Sehr gepflegte Anlage mit großen, sonnigen, teilweise auch halbschattigen Rasenplätzen. Mit etwas Glück bekommen Sie einen Platz am Seeufer mit Panoramablick auf die Alpen. Im Gasthaus mit Außenterrasse werden Allgäuer Spezialitäten serviert.
Preise: Personen ab 16 Jahren je nach Saison 7,80 € oder 7,00 €, Kinder 6-15 Jahre 5,80 € oder 4,50 €, Kinder 2-5 Jahre 4,00 € oder 3,00 €, Hund 3,00 €, Kurtaxe (ab 16 Jahre) 1,20 €, Wohnmobil je nach Saison und Komfortausstattung zwischen 11,50 € und 9,50 €, Strom 0,60 € pro kWh, Nutzung der Waschmaschine und des Trockners 3,00 €.
Zufahrt: Auf der B16 in Richtung Füssen gleich hinter Roßhaupten zu Beginn des Forggensees auf der linken Seite.
Reservierung/Kontakt: Tel.: 08367/406
E-Mail: info@camping-forggensee.de, Web: www.camping-forggensee.de.

Weiter geht es am Nordufer des Forggensees entlang in Richtung B17. Schöne Ausblicke auf den See werden dadurch getrübt, das Sie auf so manchem Wanderparkplatz mit dem WOMO nicht einmal tagsüber parken dürfen.

Rieden am Forggensee
B16
Oster-reinen
112
Burgruine
C
Burgweg
Hopfen am See
Erken-bollingen
Strandbad
Moosbichl
831 m
Hopfensee
P
111
Großer Eschacher Weiher
Seerundweg
(7 km)
Eschach
P
B16
P
Festspielhaus Neuschwanstein
B310
110
109
108
Füssen
Lech
Horn
Allgäu Kaserne
Altstadt
Hohes Schloss
Franziskanerkloster
St. Mang
Heilig-Geist-Spitalkirche
B17
Freibad Obersee
Bad Faulenbach
Maxsteg
Kienberg
996 m
Obersee
Lechfall
Kalvarienberg
Walderlebniszentrum
Auwaldpfad
Ziegelwies
Baumkronenweg
Schwansee
1058 m
Schwarzenberg
1200 m
ÖSTERREICH
Unterpinswang

Hegratsried
Hegratsrieder See
Forggensee
Badeplatz
107
Vogelberg 827 m
Bannwaldsee
Badestrand
106
B17
Brunnen
Mühlberger Ach
Mühlberg
Waltenhofen
Kurpark Schwangau
St. Coloman
Pöllat
Königliche Kristalltherme
Schwangau
B17
Hornburg 1172 m
W
P
P
Sommerrodelbahn
Tegelbergbahn
Latschenschrofen 1677 m
Alterschrofen
Branderschrofen 1881 m
Hohen-schwangau
Tegelberghaus 1707 m
W
P2
Schloss Neuschwanstein
Tegelberg-kopf 1567 m
chwanseepark
Schloss Hohenschwangau
Pöllatschlucht
Marienbrücke
P
Ticketcenter Königsschlössser
Pöllat
Museum der bayerischen Könige
Alpsee
Aussicht auf Neuschwanstein und auf die Marienbrücke
Badeplatz
Älpeleskopf 1591 m
N
1000 Meter

Nachdem wir die B17 erreicht haben, biegen wir ab in Richtung Füssen und fahren bis zum **Bannwaldsee**, wo wir diesen Stellplatz vorfinden, der zusammen mit einem Campingplatz betrieben wird. Gleich danach geht es weiter zum Forggensee.

(106) Offizieller WOMO-Stellplatz: Wohnmobilpark Schwangau

GPS: N47°35'30.4" E10°46'23.0", (793 m); Münchener Str. 151, 87645 Schwangau.
Max. WOMOs: 24, maximale Länge 10 m.

Ausstattung: Frischwasserversorgung, Abwasserentsorgung mit Bodeneinlass, Kassettenentleerung, Stromanschlüsse, Behälter für die Müllentsorgung. Die Einrichtungen des direkt danebenliegenden Campingplatzes können mitbenutzt werden. Dazu gehören Duschen, WCs, Waschmaschinen, Trockner, Restaurant, Pizzeria, MiniMarkt, LAN-Verbindung im Hauptgebäude sowie WLAN. Der Platz ist ganzjährig geöffnet.
Beschreibung: Große gepflegte Anlage mit sonnigen und halbschattigen Stellflächen in Sichtweite der Königsschlösser Hohenschwangau und Neuschwanstein. Die Stellplätze sind von der B17 bequem anzufahren. Durch die Nähe zur Bundesstraße ist der Verkehr allerdings auch gut hörbar. Bis zum Badesteg sind es nur wenige Meter. Für einen längeren Aufenthalt empfiehlt es sich, den Campingplatz zu nutzen, der ein sehr umfangreiches Service- und Leistungsangebot aufzuweisen hat. Schauen Sie dazu bitte auf die Webseite der Anlage.
Preise: Die Übernachtungspauschalen sind saisonabhängig und variieren zwischen 16,00 € und 24,00 € für ein Fahrzeug mit zwei Personen. Für jede weitere erwachsene Person sind 6,00 €, für Kinder 4,00 € und für Hunde 2,50 € zu zahlen. Hinzu kommt ein Kurbeitrag. Strom wird pauschal mit 4,00 € pro Tag abgerechnet. Eine Ver- und Entsorgung ist für 5,00 € auch ohne Übernachtung möglich.
Zufahrt: Auf der B17 in Richtung Füssen am Bannwaldsee auf der rechten Seite.
Reservierung/Kontakt: Tel.: 08362/93000
E-Mail: info@camping-bannwaldsee.de,
Web: www.camping-bannwaldsee.de.

(107) WOMO-Campingplatz: Brunnen

GPS: N47°35'48.4" E10°44'19.1" (784 m); Seestraße 81, 87645 Schwangau.
Max. WOMOs: >20, maximale Länge 12 m.
Ausstattung: Frischwasserversorgung, Abwasserentsorgung mit Bodeneinlass, Kassettenentleerung, Stromanschlüsse, Behälter für die Müllentsorgung, WLAN, Brötchenservice. Im hochmodernen Servicegebäude gibt

es Duschen, WCs, Waschmaschinen, Trockner und sogar ein Hundebad mit Dusche. Der Platz ist ganzjährig geöffnet.
Beschreibung: Es ist eine große Anlage am Forggensee mit nahezu 300 Plätzen, die in unterschiedliche Kategorien eingeteilt sind, die Seeblick und Komforteinrichtungen berücksichtigen. Um sich einen Überblick zu verschaffen, schauen Sie bitte auf die Webseite der Anlage. Die Adresse ist unten angegeben. Dort können Sie sich auch über das Wellnessangebot informieren sowie einen Blick in das Restaurant mit Biergarten werfen, das sich der regionalen Küche verschrieben hat.

Preise: Je nach Saison zahlen erwachsene Personen zwischen 10,10 € und 12,60 €, Kinder je nach Alter zwischen 5,00 € und 9,05 € und für den Hund muss zwischen 3,00 € und 4,50 € gezahlt werden. Für das Wohnmobil sind zwischen 9,00 € und 15,00 € zu zahlen. Strom kostet 0,65 pro kWh oder pauschal 4,00 € pro Nacht. Für die Nutzung der Waschmaschine und des Trockners sind jeweils 3,00 € zu zahlen.
Zufahrt: Von der B17 vor Schwangau kurz hinter der Brücke über die Pöllat rechts abbiegen und der Straße bis zum Ende folgen.
Reservierung/Kontakt: Tel.: 08362/8273
E-Mail: info@camping-brunnen.de, Web: www.camping-brunnen.de.

Nun kommen wir zu den drei dicht nebeneinanderliegenden Stellplätzen am Nordrand von **Füssen**.

(108) Offizieller WOMO-Stellplatz: Sportstudio Füssen

GPS: N47°34'57.3" E10°42'12.2" (792m); Abt-Hafner-Str. 2, 87629 Füssen.
Max. WOMOs: 33, maximale Länge 12 m.
Ausstattung: Frischwasserversorgung, Abwasserentsorgung mit Bodeneinlass, Kassettenentleerung, Stromanschlüsse, Behälter für die Müllentsorgung, WLAN im Sportstudio. Im Servicegebäude gibt es Duschen und WCs. Der Platz ist ganzjährig geöffnet.
Beschreibung: Eng beieinanderliegende Stellflächen auf Asphalt. Anmeldung und Bezahlung erfolgt an der Rezeption des Sportstudios, das für die Camper Sonderkonditionen für Sonnenstudio, Saunalandschaft und Fitnessbereich gewährt. In der Sport-Lounge gibt es darüber hinaus Kaffee, Latte macchiato und vitaminreiche Getränke.

Preise: Je nach Saison 16,00 € oder 17,50 € für ein Fahrzeug, Strom wird pauschal mit 1,50 € abgerechnet.
Zufahrt: In Füssen auf der B16 das WOMO in Richtung Hopfen chauffieren. Am Waldfriedhof im Kreisverkehr die zweite Ausfahrt nehmen, dann bis zum Autohaus Schmidt fahren und danach gleich links abbiegen.
Reservierung/Kontakt: Tel.: 08362/921290
E-Mail: info@sportstudio-fuessen.de, Web: www.fuessen-mobil.de.

(109) Offizieller WOMO-Stellplatz: Wohnmobilpark Füssen

GPS: N47°34'57.1" E10°42'06.1", (788m); Abt-Hafner-Str. 7b, 87629 Füssen.
Max. WOMOs: 42, maximale Länge 9 m.
Ausstattung: Frischwasserversorgung, Abwasserentsorgung mit Bodeneinlass, Kassettenentleerung, Stromanschlüsse, Behälter für die Müllentsorgung, WLAN. Im Servicegebäude gibt es Duschen, WCs, Waschmaschine und Trockner. Der Platz ist ganzjährig geöffnet.

Beschreibung: Schattenlose, eng beieinanderliegende, ebene Stellflächen auf feinem Schotter. Für den Einkauf gibt es gegenüber des Stellplatzes einen Lidl- und nur wenige Meter weiter einen Aldi-Markt.
Preise: 17,00 € für ein Fahrzeug mit zwei Personen. Strom 1,00 € für 8 Stunden, Dusche 1,00 € (5 Min.), Waschmaschine und Trockner jeweils 3,00 €. WC, WLAN sowie Ver- und Entsorgung sind im Preis enthalten. Wer nicht auf dem Stellplatz übernachtet, kann die Ver- und Entsorgungseinrichtung für 5,00 € nutzen.
Zufahrt: In Füssen auf der B16 das WOMO in Richtung Hopfen chauffieren. Am Waldfriedhof im Kreisverkehr die zweite Ausfahrt nehmen, dann bis zum Autohaus Schmidt fahren, danach gleich links abbiegen und am Stellplatz vom Sportstudio vorbeifahren.
Reservierung/Kontakt: Tel.: 08362/9262180
E-Mail: info@wohnmobilpark-fuessen.de,
Web: https://wohnmobilpark-fuessen.de.

(110) Offizieller WOMO-Stellplatz: Füssen Camper's Stop

GPS: N47°34'56.5" E10°42'03.3", (791m); Abt-Hafner-Str. 9, 87629 Füssen.
Max. WOMOs: 100, maximale Länge 12 m.

Ausstattung: Frischwasserversorgung, Abwasserentsorgung mit Bodeneinlass, Kassettenentleerung, Stromanschlüsse, Behälter für die Müllentsorgung, WLAN, Gasflaschentausch, kleines Restaurant. Im Servicegebäude gibt es Duschen, WCs, Waschmaschinen und Trockner. Der Platz ist ganzjährig geöffnet.
Beschreibung: Fünf Meter breite, geschotterte Stellflächen plus Grünfläche für Tisch und Stühle. Für den Einkauf gibt es den Aldi gleich nebenan und der Lidl-Markt befindet sich schräg gegenüber auf der anderen Straßenseite.
Preise: An einem Parkscheinautomaten ist der Betrag von 17,00 € für ein Fahrzeug mit Bargeld zu entrichten. Es sind nur Münzen, 5-, 10- oder 20-€ Banknoten möglich. Strom 1,00 € pro 1,4 kWh. Frischwasser (100 Liter) 0,50 €, Dusche (5 Min.) 1,00 €, , Waschmaschine und Trockner jeweils 3,00 €. Abwasserentsorgung und Entleerung der Bordtoilette sind kostenfrei.
Zufahrt: In Füssen auf der B16 das WOMO in Richtung Hopfen chauffieren. Am Waldfriedhof im Kreisverkehr die zweite Ausfahrt nehmen, dann

bis zum Autohaus Schmidt fahren, danach gleich links abbiegen und der Straße bis zum Ende folgen.
Reservierung/Kontakt: Tel.: 08362/940104
E-Mail: info@wohnmobilplatz.de, Web: https://wohnmobilplatz.de.

Von Füssen ist es nicht weit bis zum **Hopfensee**, an dessen Ostufer sich dieser Campingplatz befindet.

(111) WOMO-Campingplatz: Hopfensee

GPS: N47°36'04.9" E10°41'00.3", (784m); Fischerbichl 17, 87629 Füssen.
Max. WOMOs: >20, maximale Länge 12 m.
Ausstattung: Eine Liste aller Ausstattungsmerkmale dieser ganzjährig geöffneten Anlage ersparen wir uns an dieser Stelle und schreiben einfach nur "mehr als komplett ausgestattet", hier fehlt nichts. Schauen Sie auf der Webseite nach, die unten angegeben ist, wenn Sie das gesamte Angebot sehen möchten. Sie werden staunen. Bemerkenswert sind die Wellnesseinrichtungen mit Hallenbad, Zirbenholz-Stubensauna, Dampfbad und Edelstein-Sauna, um nur einige Highlights hervorzuheben.

Beschreibung: Die Anlage befindet sich direkt am Hopfensee. Die Stellflächen sind eben und sonnig oder halbschattig. Das Zentrum von Füssen ist 5, das Schloss Neuschwanstein 10 Kilometer entfernt
Preise: Je nach Saison und Ausstattung variieren die Übernachtungskosten pro erwachsene Person zwischen 10,60 € und 11,90 €, für Kinder je nach Alter zwischen 6,40 € und 11,30 €. Für den Hund müssen unabhängig von der Saison 4,90 € gezahlt werden und für den Wohnmobilstellplatz 14,50 € oder 16,50 €. Strom wird mit 0,65 € pro kWh abgerechnet.
Zufahrt: Am Ortseingang von Hopfensee auf der linken Seite das Parkplatzareal durchfahren und dabei den Hinweisen zum Campingplatz folgen.
Reservierung/Kontakt: Tel.: 08362/917710
E-Mail: info@camping-hopfensee.de, Web: www.camping-hopfensee.de.

Neben all diesen Plätzen gibt es noch den Campingplatz am Bio-Bauernhof Guggemoos am Nordrand des Hopfensees. Das Angebot des Platzes können Sie auf dieser Seite https://haus-guggemos.de nachlesen.

Um den letzten Campingplatz in dieser Vorstellungsreihe aufzusuchen, fahren wir nach Rieden an das Westufer des Forggensees. Wir nehmen dazu die kürzeste Verbindung, wie Sie der Karte auf der Seite 222 entnehmen können.

Blick über den Hopfensee auf die Alpen.

(112) WOMO-Campingplatz: Camping Magdalena & Haus Sonnenlage

GPS: N47°36'55.2" E10°43'24.0", (811m);
Bachtalstraße 10, 87669 Rieden am Forggensee.
Max. WOMOs: >10, maximale Länge 10 m.
Ausstattung: Frischwasserversorgung, Abwasserentsorgung mit Bodeneinlass, Kassettenentleerung, Stromanschlüsse, Behälter für die Müllentsorgung, WLAN, Brötchenservice, gute Pizzeria, Gasflaschentausch. Im Servicegebäude gibt es Duschen, WCs, Waschmaschine und Trockner. Der Platz ist ganzjährig geöffnet.

Beschreibung: Kleiner überwiegend sonniger Campingplatz am Forggensee mit einer Badestelle. Zuvorkommender freundlicher Service.
Preise: Je nach Saison zahlen erwachsene Personen zwischen 6,50 € und 7,80 €, Kinder je nach Alter zwischen 3,80 € und 5,40 € und für den Hund muss zwischen 2,50 € und 3,00 € gezahlt werden. Für das Wohnmobil sind 8,00 € oder 8,50 € zu zahlen. Strom kostet 0,60 € pro kWh. Für längere Aufenthalte in der Nebensaison werden Rabatte gewährt.
Zufahrt: In Rieden der Beschilderung zum Campingplatz folgen.
Reservierung/Kontakt: Tel.: 08362/4931
E-Mail: info@sonnen-lage.de, Web: www.sonnen-lage.de.

Blick vom Tegelberg auf den Forggen- und den Bannwaldsee.

So wie wir die Stell- und Campingplätze im Uhrzeigersinn um den Forggensee herum vorgestellt haben, so gehen wir nun auch die einzelnen Sehenswürdigkeiten und besuchenswerten Plätze durch.

Für die Mobilität vor Ort empfehlen wir, das Fahrrad zu nutzen. Es gibt unzählige gut ausgeschilderte Radwege, die zusammen mit unserer Übersichtskarte die Orientierung rund um den Forggensee einfach machen.

Gehen wir zunächst hoch hinaus. Mit der **Tegelbergbahn** ist das einfach. Ruckzuck sind Sie oben und nur wenige Meter von der Bergstation entfernt eröffnet sich Ihnen das Panorama, das Sie unten abgebildet sehen. Sollten Sie mit dem WOMO den gebührenpflichtigen Parkplatz an der Talstation aufsuchen wollen, so erreichen Sie ihn mit diesen Koordinaten [GPS: N47°34'16.5" E10°45'14.3"]. Die Öffnungszeiten und die Beförderungstarife der Bahn entnehmen Sie bitte dieser Seite www.tegelbergbahn.de.

Oben angekommen, stehen Ihnen mehrere Wanderwege zur Verfügung. Bis zum **Branderschrofen,** dem mit 1881 Metern höchsten Berg in diesem Gebirgszug, sind es rund 1000 Meter. Der Höhenunterschied zum Tegelberghaus beträgt 174 Meter. Auf diesem Weg ist Trittsicherheit erforderlich. Einfacher

ist es, die **Königsrunde** zu gehen, die ebenfalls fantastische Aussichten bietet. Sie ist nur einen Kilometer lang und hat für die Bergwelt nur vernachlässigbare Steigungen und Gefällstrecken aufzuweisen. Wer es sportlich angehen möchte, kann den Fußweg von der Talstation nach oben nehmen. Das sind rund vier Kilometer mit etwa 800 Meter Höhenunterschied.

Der Weg von oben hinunter über den Kamm bis zur **Marienbrücke**, die über die **Pöllatschlucht** führt, ist ebenfalls rund vier Kilometer lang. Von dort sind es bis zum Schloss Neuschwanstein nur noch 700 Meter. Um die Runde bis zum Parkplatz der Tegelbergbahn komplett zu machen, sind noch einmal drei Kilometer zu gehen. Insgesamt betrachtet, eine sehr schöne Tagestour.

Diese Tour lässt sich noch ergänzen mit einer Fahrt auf der Sommerrodelbahn, die sich neben der Talstation der Tegelbergbahn befindet und einem Besuch der Barockkirche **St. Coloman**, die in der breiten Ebene des Lechtales frei vor der malerischen Gebirgskulisse steht. Es ist eine Wallfahrtskirche, die im späten 17. Jahrhundert gebaut wurde. Sie ist im Inneren nicht so stark ausgeschmückt und bemalt, wie wir es in anderen Barockkirchen in dieser Region gesehen haben.

St. Coloman im Osten von Schwangau.

Wenden wir uns nun dem wohl meistfotografierten Schloss in Bayern zu. Wenn Sie sich mit dem WOMO dem Schloss nähern möchten, so können Sie auf dem Parkplatz P2 [GPS: N47°33'28.1" E10°44'27.9"], auf dem es einen speziellen Bereich für Wohnmobile gibt (nur tagsüber; keine Übernachtung erlaubt), Ihr Fahrzeug abstellen.

Schloss Neuschwanstein

Um das Schloss zu besuchen, müssen Sie im Ticketcenter die Eintrittskarten erwerben. Die Lage des Centers finden Sie auf der Übersichtskarte verzeichnet. Hier können Sie auch Eintrittskarten für das Schloss Hohenschwangau und das Museum der bayerischen Könige erwerben. Die Besichtigung der Schlösser ist nur mit Führungen möglich, und das auch nur zu festen Einlasszeiten, die Sie mit dem Erwerb der Tickets mitgeteilt bekommen. Sind Sie nicht rechtzeitig vor Ort, verfallen die Tickets! Das sind einmal die technischen Voraussetzungen für den Besuch.

Wenn Sie zum Schloss hochgehen, bedenken Sie bitte, dass Sie für den 1,5 Kilometer langen Weg mindestens eine halbe Stunde benötigen.

Schloss Neuschwanstein.

Wenn Sie schnell aus der Puste sind, auch mehr. Als Alternativen stehen Ihnen Shuttle-Busse oder – ganz romantisch – Pferdekutschen zur Verfügung. Beide Varianten sind natürlich kostenpflichtig.

König Ludwig II., der in Bayern immer noch verehrte "Kini", lebte von 1845 bis 1886. Allerlei Geheimnisse und Mythen umranken diesen König, der nach dem Tod des Vaters Maximilian 1864 mit 18 Jahren den Thron bestieg. Politisch konnte er in seiner Amtszeit nur wenige Erfolge vorweisen. Mit seiner Bautätigkeit hat er sich allerdings ein Denkmal gesetzt. Neben Neuschwanstein ließ er das Schloss Herrenchiemsee, Schloss Linderhof und das Königshaus am Schachen errichten. Für Neuschwanstein diente die Wartburg bei Eisenach als Vorlage.

Im Sängersaal von Schloss Neuschwanstein.

Mit dem Versuch, die einzelnen, pompös ausgestatteten Räume zu beschreiben, würden wir kläglich scheitern. Die Gestaltung mit Säulen, Bildern, Statuen, Schnitzereien, Möbeln und Leuchten ist einfach zu opulent. Diese Räume müssen Sie selbst einmal durchschritten und gesehen haben. Während der Führung werden diese und die damit verbundenen Geschichten eingehend erläutert.

Sie können vorab das Schloss virtuell besichtigen und sich den Thronsaal, das Schlafzimmer, in dem Ludwig II. nur 172-mal geschlafen haben soll, Wohn- und Arbeitszimmer, die Grotte und vor allem den Sängersaal, der durch die Decke eine besondere Akustik aufweist, anschauen. Zu finden ist der virtuelle Rundgang auf dieser Seite https://3dtopevent.info/neuschwanstein. Neben den genannten Zimmern finden Sie weitere Ansichten, die wir nicht alle aufzählen wollen. Schauen Sie es sich an. Es lohnt sich.

Eine umfassende Darstellung des Schlosses mit Fotos und Texten finden Sie hier www.neuschwanstein.de.

Vor Corona zählte das Schloss pro Jahr rund 1,5 Millionen Besucher, das sind im Schnitt mehr als 4000 pro Tag. Da in den Sommermonaten die meisten Besucher kommen, konnten 6000 pro Tag gezählt werden. War das Schloss vor Corona bei jeder Europareise von Touristen aus Übersee ein fester Bestandteil der Reiseplanung, gab es durch die Pandemie einen gravierenden Einbruch bei den Besucherzahlen. Die großen asiatischen Reisegruppen, die zu normalen Zeiten Neuschwanstein bevölkern, haben wir 2021 nicht gesehen.

In unmittelbarer Nähe zum Schloss Neuschwanstein liegt das **Schloss Hohenschwangau**. Hier verbrachte König Ludwig einen Teil seiner Jugend. Auch dieses Schloss ist einen Besuch wert. Die Räumlichkeiten sind aber längst nicht so prunkvoll ausgestattet wie Neuschwanstein. Hier können Sie sich mit der Geschichte des Hauses vertraut machen www.hohenschwangau.de. Wahrscheinlich ist es besser sich erst Hohenschwangau anzuschauen und danach Neuschwanstein aufzusuchen.

Schloss Hohenschwangau.

Alpseeufer mit dem Schloss Hohenschwangau im Hintergrund.

Wer dann noch die Geschichte der Könige von Bayern verstehen will, dem empfehlen wir den Besuch des **Museums der bayerischen Könige**. Das können Sie auf eigene Faust mit einem Audioguide erkunden. Hier müssen Sie sich keiner Führung anschließen. Wer beide Schlösser und das Museum besuchen will, kann ein etwas verbilligtes Kombiticket lösen.

Genug der Schlösser und der Geschichte der Könige. Wenden wir uns den Seen zu. Da wir gerade in Hohenschwangau sind, fangen wir mit dem **Alpsee** an. Das 88 Hektar große Gewässer gilt als einer der saubersten Seen in Deutschland. Hier können Sie baden, Tretboot fahren oder quer über den See rudern. Der See lässt sich auf einem rund fünf Kilometer langen Wanderweg umrunden.

Der Alpsee lädt zu einer Kahnpartie ein.

Forggensee Südufer.

Forggensee Nordufer.

Kirche St. Mang.

Nicht weit entfernt liegt der wesentlich kleinere **Schwansee**, der an seinen Ufern teilweise stark zugewachsen ist. Er wird ebenfalls als Badesee genutzt und ihn können Sie auf einem zwei Kilometer langen Weg umrunden.

Etwa die gleiche Größe hat der **Obersee** im Südwesten von Füssen. Ein weiterer stiller, naturbelassener Badesee, der mit dem Fahrrad gut zu erreichen ist. Der Rundweg um diesen See ist nur 1,5 Kilometer lang. Beim **Bannwaldsee** gibt es keinen Rundweg. Das Nord- und das Westufer sind naturbelassene Moorlandschaften, die nicht begehbar sind. Am Ostufer in der Höhe des Campingplatzes gibt es Zugänge zum See.

Moore gibt es auch am **Hopfensee**, doch wurde um diesen See ein Rundweg von sieben Kilometern Länge angelegt. Auch an diesem See gibt es Badestrände.

Fehlt nur noch der **Forggensee** in der Aufzählung. Er ist mit einer Ausdehnung von mehr als 15 Quadratkilometern größer als alle bisher genannten zusammen und im Gegensatz zu ihnen nicht natürlichen Ursprungs, sondern von Menschenhand geschaffen.

Der 1954 fertiggestellte Stausee dient der Stromerzeugung und dem Hochwasserschutz. Darüber hinaus hat er sich zu einem Freizeitparadies entwickelt. Segeln, surfen und baden ist an vielen Stellen möglich. Auf dem See verkehren Fahrgastschiffe, die Sie in Ihren Tourplanungen berücksichtigen können. Es werden auch Fahrräder an Bord mitgenommen. Das gesamte Angebot sowie die Beförderungstarife finden Sie hier www.forggensee-schifffahrt.de.

Heilig-Geist-Spitalkirche.

Zum Abschluss unserer Wassersport- und Badehinweise wollen wir noch auf die **Königliche Kristalltherme** hinweisen, die Sie in Schwangau finden. Dort können Sie ein königliches Bad nehmen und sich verwöhnen lassen. Das gesamte Angebot finden Sie hier https://kristalltherme-schwangau.de.

Schauen wir uns nun zum Abschluss dieses Kapitels **Füssen** noch etwas genauer an.

Im Osten der Altstadt befindet sich das ehemalige **Kloster Sankt Mang**, in dem heute das Museum der Stadt Füssen untergebracht ist. Auf dieser umfangreichen Seite https://stadt-fuessen.org/museum können Sie das Angebot des Museums durchstöbern und auch schon einmal einen Blick in die barocke Pracht der Klosteranlage werfen.

Unweit davon, kurz vor der Brücke über den Lech, fällt die **Heilig-Geist-Spitalkirche** mit ihrer farbenprächtigen Rokokofassade auf. In der Nachbarschaft befindet sich das **Franziskanerkloster**. Es liegt etwas versteckt und lehnt sich von innen an die teilweise erhaltene Stadtmauer an. Über der Eingangspforte kündet ein Schriftzug vom Ende der Romantischen Straße, die von Würzburg nach Füssen führt.

Das Ende der Romantischen Straße.

In der Reichenstraße von Füssen.

In der Altstadt gibt es zahlreiche Cafés und Restaurants, wie es bei einem Touristenort dieser Größe zu erwarten ist. Sie ist in ihrer Ausdehnung überschaubar und deshalb auch schnell durchschritten. Es sei denn, Sie lassen sich noch auf einen Kaffee oder ein Eis an einem der zahlreichen Tische in der Reichenstraße, der Hauptachse des Ortes, nieder.

Süße lokale Spezialitäten.

Beim Rundgang durch die Altstadt sind uns die "Schneeballenträume" aufgefallen. Rundgeformtes Gebäck mit süßer Füllung in den verschiedensten Geschmacksrichtungen. Ganz so süß, wie sie auf den ersten Blick aussehen, sind sie aber nicht. Als gut haltbares Gebäck eignen sie sich sogar als Mitbringsel, und wer Geschmack daran gefunden hat, kann sich online immer wieder mit Nachschub versorgen. Hier erfahren Sie mehr https://schneeballen-fuessen.de.

Der Uhrturm im Hohen Schloss.

Von der Altstadt geht es hoch in das **Hohe Schloss**. Der Innenhof ist frei begehbar. Beeindruckend ist die Illusionsmalerei an den Außenwänden, die Erker vortäuschen, wo keine sind und Ecken kunstvoll konstruiert erscheinen lassen.

Diese Anlage präsentiert kunstvolle Malerei nicht nur an den Außenwänden, sondern auch im Inneren des Gebäudes, denn es ist eine Filialgalerie der **Bayerischen Staatsgemäldesammlungen** und es beherbergt die **Städtische Galerie**. Neben den Gemäldesammlungen in diesem Gebäudekomplex, die den Fürstbischöfen von Augsburg einst als Sommerresidenz

Hohes Schloss. Fassaden mit Illusionsmalereien.

diente, können Wehrgang, Fall- , Uhr und Torturm besichtigt und begangen werden. Vom letztgenannten haben Sie einen schönen Blick auf die Altstadt und das Umland.

Der Lechfall.

Vom Schloss ist es nicht weit bis zum **Lechfall**, den Sie vom Maxsteg in voller Breite am besten betrachten können.

Auf dem Baumkronenpfad.

Von dort ist es wiederum nicht weit zum **Auwaldpfad** und dem **Walderlebniszentrum** mit dem **Baumkronenweg**, der über die deutsch-österreichische Grenze führt. Was dort in der Summe geboten wird und wann die Anlage geöffnet ist, erfahren Sie auf dieser Seite www.walderlebniszentrum.eu. Es ist ein Bereich, der mit sehr vielen Spielgeräten ausgestattet ist. Wenn Sie mit Kindern unterwegs sind, ist das ein idealer Spielplatz in freier Natur.

Für die Erwachsenen bleibt dann noch eine Wanderung auf den **Kalvarienberg** und zum Schwansee, oder, und damit machen wir einen Sprung in den Norden von Füssen, ein abendlicher Besuch des **Festspielhauses**, über dessen Programm Sie hier https://das-festspielhaus.de mehr erfahren.

Tour 11
Tour 8
Tour 6
Tour 5
Füssen
Reutte
Sonthofen
Immenstadt
Nesselwang
Pfronten
Wertach
Schwangau
Hohenschwangau
Schloss Neuschwanstein
Schloss Hohenschwangau
Forggensee
Hopfensee
Weißensee
Alpsee
Grüntensee
Rottachsee
Niedersonthofener See
Großer Alpsee
Plansee
Haldensee
Vilsalpsee
Lech
Iller
Vils
Wertach
Ostrach
Ammergebirge
NSG
NSG Vilsalpsee
ÖSTERREICH
Tannheimer Tal
Ostrachtal
Oberjochpass 1178 m
Grünten 1738 m
Aggenstein 1985 m
Breitenberg 1838 m
Iseler 1876 m
Ponten 2045 m
Gaiseck 2212 m
Kälbelespitze 2134 m
Einstein 1866 m
Alpspitz 1575 m
Sorgschrofen 1635 m
Branderschrofen 1881 m
Gr. Daumen 2280 m
Imberger Horn 1656 m
Ofterschwanger Horn 1411 m
Weiherkopf 1665 m
Mittag 1451 m
Immenstädter Horn 1489 m
Riedbergpass 1407 m
Wertacher Hörnle 1695 m
Bad Hindelang
Bad Oberdorf
Oberjoch
Unterjoch
Hinterstein
Tannheim
Nesselwängle
Grän
Schattwald
Jungholz
Band 60: Mit dem Wohnmobil nach Österreich: Teil 2: Der Westen
5 km
N

TOUR 9 (ca. 160 km)

Weißbach – Pfronten – Steinach – Nesselwang – Oy-Mittelberg – Wertach – Grüntensee – Jungholz – Oberjoch – Bad Hindelang – Hinterstein – Sonthofen

Stellplätze:	Füssen, Weißbach, Pfronten, Steinach, Nesselwang, Oy-Mittelberg, Grüntensee, Oberjoch, Bad Hindelang, Sonthofen.
Campingplätze:	Steinach, Wertach, Grüntensee, Oberjoch.
Besichtigungen:	Eisenberg (Burgruinen), Steinach (Burgruine Falkenstein), Nesselwang (Viehscheid).
Wandern/Radwandern:	Pfronten-Steinach (Breitenberg, Aggenstein), Wertach (Radtour zum Grünten, rund um den Grüntensee), Bad Hindelang (Imberger Horn, durch das Ostrachtal zum Giebelhaus).
Baden/Wellness:	Rottachsee, Grüntensee.

Diese Tour führt über die Deutsche Alpenstraße von Füssen nach Sonthofen. Frei von Schlössern und Klöstern geht es durch die Bergwelt in die Region, die wir in der Tour 6 ausgiebig beschrieben haben. Wir überqueren dabei den Oberjochpass auf 1178 Metern Höhe. Die Auffahrt ist nicht so spektakulär wie die Abfahrt nach Bad Hindelang, die in zahlreichen Kurven hinunter in das Tal der Ostrach führt.

Auf dem Weg zu unserem Ziel haben wir erneut eine fantastische Bergwelt vor uns, die Sie je nach Kondition und Leidenschaft – schweißtreibend durchwandern oder durchbiken können. Einige Burgruinen stehen in dieser Tour ebenfalls auf dem Programm – und damit fangen wir dann auch gleich an.

Wir passieren den **Weißensee**, an dem wir keinen empfehlenswerten Parkplatz für Wohnmobiltouristen gefunden haben, und schlagen nordöstlich von Pfronten in einem Kreisverkehr den Weg nach Eisenberg ein.

Auf diesem [GPS: N47°36'10.2" E10°35'17.9"] oder auf diesem [GPS: N47°36'34.5" E10°35'50.3"] Wanderparkplatz können Sie Ihr Fahrzeug abstellen und eine Tour zu den Burgruinen **Eisenberg** und **Hohenfreyberg** starten. Auf keinem der beiden Plätze dürfen Sie über Nacht stehen bleiben. Der nächste voll ausgestattete Stellplatz ist aber nicht weit, wie Sie gleich noch sehen werden. Jetzt marschieren wir erst einmal zu den Burgen, die Sie auf unterschiedlichen ausgeschilderten Wegen erreichen können. Lang sind die Wege nicht, je nachdem, wo Sie parken, sind für Hin- und Rückweg maximal fünf Kilometer zu gehen. Die Steigungen sind moderat, sie führen durch Wiesen- und Waldgelände in Höhen zwischen 900 und rund 1000 Metern. Mit der **Schlossbergalm** www.schlossbergalm.de haben wir am Fuße der Burgruinen auch noch eine schöne Einkehrmöglichkeit.

Blick von der Ruine Eisenberg auf die Ruine Hohenfreyberg.

Von beiden Ruinen haben Sie einen schönen Blick auf die Alpen. Wenn Sie Weiteres über die Geschichte der Ruinen erfahren möchten, als Sie auf den Informationstafeln vor Ort lesen können, dann empfehlen wir den Besuch des Burgenmuseums in Zell. Auf dieser Seite www.eisenberg-allgaeu.de sehen Sie mehr, wenn Sie auf den Reiter Tourismus klicken.

Für die Übernachtung und natürlich für weitere Ausflüge in die Umgebung bietet sich dieser Stellplatz an, der nur fünf Kilometer von den Ruinen entfernt ist.

(113) Offizieller WOMO-Gasthof-Stellplatz: Pfronten

GPS: N47°35'54.2" E10°33'08.4", (869m); Am Wiesele 20, 87459 Pfronten.
Max. WOMOs: 44, maximale Länge 9 m.

Ausstattung: Frischwasserversorgung, Abwasserentsorgung mit Bodeneinlass, Kassettenentleerung, Stromanschlüsse, Behälter für die Müllentsorgung, WLAN, Restaurant. Im Servicegebäude gibt es Duschen, WCs, Waschmaschinen und Trockner. Der Platz ist ganzjährig geöffnet.
Beschreibung: Eng beieinanderliegende, geschotterte Flächen hinter dem Gasthaus Wiesele im Ortsteil Weißbach, teilweise schattenlos.

Preise: 14,00 € für ein Fahrzeug mit 2 Personen inkl. Kurtaxe, Frischwasser (ca. 90 Liter) 0,50 €, Strom 1,00 € für 1,4 kWh. Waschmaschine und Trockner jeweils 3,00 €. Abwasserentsorgung und Entleerung der Bordtoilette sind kostenfrei. Nur Barzahlung möglich.
Zufahrt: Im Ortsteil Weißbach in Richtung Nesselwang fahren und kurz vor dem Ortsausgang rechts zum Gasthaus Wiesele abbiegen.

Eine weitere Möglichkeit bietet sich auf dem Parkplatz vor dem Gasthaus Adler [**114**: N47°34'44.0" E10°33'26.8"], das seine Gäste mit guter Allgäuer Küche verwöhnt. Hier wird ein Verbleib über Nacht bislang noch geduldet. Er eignet sich aber in der Tat nur für eine Übernachtung. Für einen längeren Aufenthalt bietet sich der Campingplatz an, der sich in drei Kilometern Entfernung in Richtung Reutte befindet. Von hier aus gibt es zahlreiche Wandermöglichkeiten in die Reichenbachklamm, auf den Breitenberg oder zur Ruine Falkenstein.

Parkplatz am Gasthof Adler.

(115) WOMO-Campingplatz: Pfronten

GPS: N47°33'52.1" E10°34'46.3"; Tiroler Str. 184, 87459 Pfronten.
Max. WOMOs: 100, maximale Länge 12 m.
Ausstattung: Frischwasserversorgung, Abwasserentsorgung mit Bodeneinlass, Kassettenentleerung, Stromanschlüsse, Behälter für die Müllentsorgung, WLAN, Brötchenservice. Im Servicegebäude gibt es Duschen, WCs, Waschmaschinen und Trockner. Der Platz ist ganzjährig geöffnet.
Beschreibung: Große sonnige, teilweise auch schattige Rasenplätze, die großzügig parzelliert sind. Wenn Sie eine Stellfläche auf Asphalt bevorzugen, so fragen Sie an der Rezeption danach. Diese werden in geringer Zahl ebenfalls angeboten. Auf dem Platz gibt es ein Café, in dem auch die Brötchen vorbestellt und geholt werden können. Lebensmittel gibt es nicht, ein Restaurant befindet sich in 500 Metern Entfernung neben der Talstation der Breitenbergbahn. Bis zur Burgruine Falkenstein sind es zu Fuß rund 2 Kilometer.

Preise: Person ab 16 Jahre 6,50 €, Kinder 3-15 Jahre 4,00 €, Hund 2,00 €, Kurtaxe ab 16 Jahre 1,50 €, Wohnmobil 7,50 €, Strom pauschal 3,00 € pro Tag.
Zufahrt: Von Pfronten in Richtung Vils/Reutte fahren. Der Campingplatz befindet sich gleich hinter der Talstation der Breitenbergbahn auf der rechten Seite.
Reservierung/Kontakt: Tel.: 08363/8353
E-Mail: info@camping-pfronten.de, Web: www.camping-pfronten.de.

Vom Campingplatz schaffen Sie den zwei Kilometer langen Wanderweg zur **Burgruine Falkenstein** bei guter Kondition in einer Stunde. 400 Höhenmeter haben Sie auf dieser Strecke zu überwinden. Wenn Sie die Ruine mit dem MTB erreichen wollen, so können Sie von der Nordseite über eine Asphaltstraße fast bis an die Ruine heranfahren. Dort befindet sich ein Hotel, das mit dem PKW angesteuert werden kann. Schauen Sie hier www.burghotel-falkenstein.de. Der Weg mit dem MTB vom Campingplatz ist etwas mehr als fünf Kilometer lang. Ganz gleich ob Sie hochfahren oder hochgehen, von dem Hotel bis zur Ruine sind nur noch einige Stufen zu gehen. Um in dem Restaurant des aussichtsreich gelegenen Etablissements einen Kaffee zu trinken oder zu Abend zu essen, müssen Sie kein Übernachtungsgast sein.

Burghotel und Ruine Falkenstein in Pfronten hoch über dem Vilstal.

Beschaulich schön ist es hier. Mit der beschaulichen Ruhe wäre es vermutlich nicht so gut bestellt, wenn der "Kini" seinen Traum von einem weiteren, noch größeren Schloss als Neuschwanstein an dieser Stelle verwirklicht hätte. In dem kleinen Burgmuseum im Burghotel erfahren Sie mehr darüber. Jetzt ist die höchste Burgruine Deutschlands nur ein Reiseziel für Insider.

Der Felsen, auf dem die Ruine steht, verdeckt die Sicht auf den Campingplatz. An den geschwungenen Linien im Wald erkennen Sie den Wanderweg, der vom Campingplatz auf den **Breitenberg** hochführt. Das ist unser nächstes Ziel. Mehrere Optionen stehen offen, 1. Hochgehen: Je nach Wahl des Weges zwischen fünf und sechs Kilometer. Höhenunter-

Bad Kissinger Hütte am Aggenstein.

schied rund 830 Meter. 2. Mit dem MTB hochfahren: Das sind dann über Wirtschaftswege, die auch bei Bedarf von Versorgungsfahrzeugen genutzt werden, rund acht Kilometer. Das ist ein Weg der nicht besonders kompliziert ist, aber eine gute Kondition erfordert. 3. Mit der **Breitenbergbahn** hochfahren: Bis zur Bergstation sind es 10 Minuten und von dort weiter mit der Sesselbahn bis zur Panoramaaussicht. Das ist die bequemste Variante und die Hunde dürfen mit. Von dort geht es zu Fuß für die erfahrenen und trittsicheren Bergwanderer weiter auf den 1,5 Kilometer entfernten **Aggenstein** und für die weniger Bergfesten zur 800 Meter entfernten **Ostlerhütte** www.die-ostler-huette.de.

Wer am Aggenstein einkehren möchte, der muss auf österreichischer Seite bis zur **Bad Kissinger Hütte** wieder hinunter gehen. Eine mühsame Angelegenheit und tatsächlich nur etwas für konditionsstarke und erfahrene Bergwanderer.

Die Öffnungszeiten der Bergbahn und die Beförderungstarife entnehmen Sie bitte dieser Seite www.breitenbergbahn.de.

Trittsicherheit und Bergerfahrung benötigen Sie auch, wenn Sie die **Reichenbergklamm** begehen wollen. Diese Schlucht ist nicht vergleichbar mit der Breitach- oder Starzlachklamm, die wir in der Tour 6 besucht haben (Seite 158 und Seite 147). Die Wege sind kaum ausgebaut. Auch ist es keine Klamm im eigentlichen Sinn, sondern mehr ein enges Tal mit vielen Sturzbächen und Wasserfällen. Wir sind dort nicht durchgekrabbelt.

Den Weg auf den Breitenberg und den Aggenstein können Sie auch von einem Wanderparkplatz kurz vor der Landesgrenze [**116**: N47°32'15.5" E10°31'05.7"] an der Achtalstraße starten, der sich sozusagen auf der Rückseite des Gebirgs-

Von der Achtalstraße öffnet sich dieser Blick auf den Aggenstein.

Wanderparkplatz vor der Landesgrenze.

Rinder kreuzen den Weg.

stockes befindet. Hier haben Sie allerdings weit und breit keinerlei Infrastruktureinrichtungen. Außer einigen Heustadeln, frei laufenden Rindern und sattgrünen Wiesen gibt es nichts. Das hat seinen eigenen Charme. Dass Rinder entlang der Nebenstrecken frei umherlaufen, ist keine Seltenheit. Geben Sie also Acht.

Bis zur Ostlerhütte sind es von diesem Platz rund fünf Kilometer mit rund 780 Metern Höhenunterschied. Bis zum Aggenstein sind es rund sechs Kilometer mit 800 Metern Höhenunterschied, wobei die anstrengende Kraxelei auf den letzten Metern erfolgt, wie das Foto oben mit den steilen Flanken des hoch aufragenden Gipfels vermuten lässt.

Wenn Sie ein "Pickerl" oder eine Go-Box für Österreich an Bord haben, ist eine Fahrt hinunter in das Tannheimer Tal und von dort zum Oberjochpass ein reizvoller Weg, um nach Sonthofen weiterzufahren. Beschrieben finden Sie das Tal im Band 60 der WOMO-Reihe von dem Autorenpaar Christian und Christina Winkler. Auf dieses "Nachbarbuch" möchten wir ausdrücklich hinweisen.

Wir drehen jetzt um und fahren über Pfronten nach **Nesselwang** weiter. Dort steuern wir diesen Stellplatz an.

(117) Offizieller WOMO-Stellplatz: Nesselwang

GPS: N47°37'12.1" E10°29'51.4", (889m); 87484, Nesselwang.
Max. WOMOs: 58, maximale Länge 12 m, max. Aufenthalt 7 Tage.

Ausstattung: Frischwasserversorgung, Abwasserentsorgung mit Bodeneinlass, Kassettenentleerung, Stromanschlüsse, Behälter für die Müllentsorgung, WLAN. Der Platz ist ganzjährig geöffnet.
Beschreibung: Stellflächen auf Betonpflastersteinen. Markierte Parzellen mit mindestens vier Metern Breite. Die Talstation der Alpspitzbahn ist in Sichtweite, Fußweg ins Zentrum rund 300 Meter. Nachts ruhig.
Preise: 15,00 € für ein Fahrzeug inkl. Kurtaxe, Strom 1,00 € pro kWh. Abwasserentsorgung und Entleerung der Bordtoilette sind kostenfrei an der Ostseite des Wertstoffhofes möglich. Dort kann auch kostenlos Frischwasser gebunkert werden.
Zufahrt: In Nesselwang den Hinweisen zur Alpspitzbahn folgen.
Reservierung: Leider nicht möglich. Um zu prüfen, ob noch Plätze frei sind, wird von der Stadt auf die webcam des Platzes verwiesen www.nesselwang.de/wohnmobilstellplatz-nesselwang.html.

Vom Stellplatz lässt sich die Aussichtsplattform am **Alpspitz** (bitte nicht mit der Plattform der Alpspitze in Garmisch-Partenkirchen verwechseln) sowohl zu Fuß als auch mit der

Blick auf die Dächer von Nesselwang.

Seilbahn erreichen. Auf Schusters Rappen sind es auf dem kürzesten Weg rund vier Kilometer. Der Höhenunterschied liegt bei etwa 660 Metern. Für den Weg benötigen Sie – je nach Kondition – bis zu zwei Stunden. Kompliziert ist der Weg nicht. Mit der Seilbahn sind Sie in neun Minuten oben.

Von der Aussichtsplattform genießen Sie eine sehr gute Sicht in das Alpenvorland. Mit einem Blick zurück, können Sie den Hopfen- und den Forggensee gut erkennen.

Für Nervenkitzel sorgt der **AlpspitzKICK**. Mit der Zipline geht es über zwei Sektionen am Drahtseil 1,2 Kilometer talwärts und das mit Geschwindigkeiten von bis zu 120 km/h. Das ist nur etwas für Nervenstarke und Abenteuerlustige. Wenn Sie auf Adrenalinstöße stehen: Hier erfahren Sie mehr www.alpspitzkick.de.

Eine besondere Stellung nimmt im Jahresablauf die **Viehscheid** ein. Zwar gibt es im Allgäu im September in nahezu jedem Bergdorf den Almabtrieb, aber nicht jedes Dorf macht daraus ein mehrtägiges Fest mit Live-Musik und Tschingderassabum.

Viehscheid in Nesselwang.

Bei der Viehscheid werden die Rinder, die den Sommer auf den Almwiesen rund um den Alpspitz verbracht haben, wieder hinunter in das Tal geführt. Sie werden an einem Platz gesammelt und auseinandersortiert. Jeder Bauer erhält seine Rinder zurück, das Vieh wird "geschieden", deshalb "Viehscheid". Es ist ein besonderes Spektakel für Stadtmenschen, wenn zum Teil blumengeschmückte Rinder von traditionell in Lederhosen gekleideten Herren und jungen Männern (auch Kinder machen schon mit) sowie in schönste Dirndl gekleidete Frauen und Mädchen in das Tal geführt werden. Jedes Jahr finden sich dazu zahlreiche Schaulustige ein und verfolgen vom Wegesrand dieses bunt geschmückte Ereignis, das mit Schellen- und Glockengeläut gleichzeitig unüberhörbar ist.

Es ist gelebtes Brauchtum, das seinen eigenen Regeln folgt und sich schon seit längerer Zeit zu einem kleinen Volksfest entwickelt hat. Auf Youtube finden Sie unter dem Stichwort "Viehscheid Nesselwang" eine ganze Reihe eindrucksvoller Beiträge, die Ihnen eine Vorstellung über dieses Geschehen vermitteln.

Wenn Ihnen das alles zu laut, der Stellplatz zu eng und der Menschenauflauf zu viel ist, dann haben wir an dieser Stelle [**118**: N47°38'25.4" E10°24'56.9"] auf 972 Metern Höhe einen sehr kleinen Platz, den Sie bequem anfahren können.

Blick in die Allgäuer Landschaft nahe des Rottachsees.

Er liegt zwar direkt an der Straße, aber außer Traktoren und Milchlastwagen fahren kaum Fahrzeuge. Dass es hier keinerlei Infrastruktur für Wohnmobilisten gibt, versteht sich von selbst. Noch sehr viel angenehmer und ruhiger ist es auf diesem Platz [**119**: N47°37'01.4" E10°23'37.9"] auf 1102 Metern Höhe. Hier stehen Sie oberhalb von Wertach und haben auf der einen Seite den **Rottachsee** vor Augen und auf der anderen Seite zeigt sich der **Grünten**, der mit dem großen Sendemast immer leicht zu erkennen ist. Während der Berg mesistens gut sichtbar ist, werden Sie den See oftmals nicht sehen können, wenn Sie eine Radtour durch diese

Wanderparkplatz oberhalb von Wertach.

Blick auf den Rottachsee.

liebliche, hügelige Landschaft machen. Allzu oft ist der Blick auf das Gewässer durch Bäume oder aufgrund der topografischen Verhältnisse versperrt.

Am See selbst gibt es einige Parkplätze, die Sie für einen Sprung in das kühle Nass nutzen können. Zum Beispiel eignet sich dieser [GPS: N47°38'05.6" E10°21'47.7"] am Westufer. Aber spätestens ab 22.00 Uhr müssen Sie sich wieder auf die Socken machen, denn es herrscht ein Nachtparkverbot. Offizielle Stell- oder Campingplätze gibt es an diesem See nicht.

Auf dem Parkplatz "Großer Wald", ein großer Wanderparkplatz [**120**: N47°35'08.4" E10°22'15.3"] auf 1012 Metern Höhe, können Sie bislang noch über Nacht stehen bleiben. Von hier lassen sich Wander- und Radtouren beginnen.

Wanderparkplatz Großer Wald.

Das Wegenetz ist weit verzweigt. Viel Asphaltsträßchen führen in die Nähe des Wertacher Hörnles und des Grünten, dem Sie sich von hinten nähern können. Die Steigungen lassen sich mit Elektrounterstützung gut fahren. Mehrere Almen bieten gute Rastmöglichkeiten. Welche geöffnet sind, erfahren Sie gleich am Ende des Parkplatzes auf Hinweisschildern. Das erspart Enttäuschungen. Wer mit Kindern unterwegs ist, wird sich über den großen Waldspielplatz freuen, der sich in etwas mehr als einem Kilometer Entfernung vom Wanderparkplatz befindet.

Wenn Sie mit dem Rad in Richtung Grünten unterwegs sind, passieren Sie irgendwann den Sattel, auf dem die Starzlach entspringt. Sie hat wenige Kilometer weiter die Klamm geschaffen hat, die wir ab der Seite 147 beschrieben haben. Sie können sich von hier aus der Klamm erneut zuwenden, nur aus der entgegengesetzten Richtung. Bis zur **Oberen Schwandalpe**, die wir auf der genannten Seite auch schon erwähnt hatten, sind es vom Wanderparkplatz Großer Wald über den Kölle Alpweg etwas mehr als acht Kilometer.

Der Sendemast und das Jägerdenkmal auf dem Grünten sind vom Kölle Alpweg aus der Distanz gut zu sehen.

In der ersten Hälfte des Weges sind nur geringfügige Steigungen zu verzeichnen. Dann folgt eine rund zwei Kilometer langer Aufstieg, der etwas Anstrengung erfordert. Wenn Sie das geschafft haben, geht es entspannt weiter. Von der Alpe nehmen Sie dann den Fußweg auf den Grünten, von dem Sie den Blick genießen können, wie Sie ihn auf der Seite 145 abgebildet finden. Der Rückweg ist anstrengungsfrei. Hier ist nur darauf achten, nicht zu hohe Geschwindigkeiten beim Zurückrollen zu erreichen. Dass Rindviecher (Gemeint sind natürlich nur die vierbeinigen!) den Weg passieren, damit muss man immer rechnen und bedeutet Kollisionsgefahr. Das haben wir so erlebt.

Alpe Hintere Kölle.

Wer kein Freund der freien Übernachtung auf einem Wanderparkplatz ist, der in diesem Fall auch von lautem Kuhglockengeläut begleitet wird, für den haben wir weitere Stell- und Campingplätze herausgesucht und angeschaut, die wir auf den folgenden Seiten vorstellen wollen.

Beginnen wir mit dem Campingplatz am Nordrand von **Wertach**, einem kleinen Ort mit rund 2500 Einwohnern.

(121) WOMO-Campingplatz: Waldesruh

GPS: N47°36'30.4" E10°25'03.6", (899m); Bahnhofstraße 19, 87497 Wertach. **Max. WOMOs:** >20, max. Länge 12 m.
Ausstattung: Frischwasserversorgung, Abwasserentsorgung mit Bodeneinlass, Kassettenentleerung, Stromanschlüsse, Behälter für die Müllentsorgung, WLAN, Brötchenservice, Aufenthaltsraum mit TV, großer Spielplatz. Im Servicegebäude gibt es Duschen, WCs, Waschmaschinen und Trockner. Der Platz ist ganzjährig geöffnet.
Beschreibung: Parzellierte, gut mit Kies oder Rasengittersteinen befestigte Stellflächen. Mit Bäumen und Sträuchern umgeben, bieten die Plätze eine intime Atmosphäre. Ausgezeichneter Standort für Wanderungen und Radtouren.
Preise: Je nach Saison müssen von Personen ab 15 Jahren 6,50 € oder 7,00 € gezahlt werden, für Kinder 3-14 Jahre 4,50 € oder 5,00 €, für den Hund 2,50 €. Für das Wohnmobil sind 6,50 € oder 7,00 € zu zahlen, Strom kostet 0,70 € pro kWh.
Zufahrt: Der Campingplatz befindet sich am nördlichen Ortsrand, der von der Ortsmitte über die Bahnhofstraße erreicht werden kann.
Reservierung/Kontakt: Tel.: 08365/1004
E-Mail: info@camping-wertach.de, Web: www.camping-wertach.de.

Von Wertach ist es nicht weit bis zum **Grüntensee**, an dessen Ostufer ein Campingplatz liegt und gleich daneben ein Stellplatz zu verzeichnen ist.

(122) WOMO-Campingplatz: Grüntensee Camping

GPS: N47°36'35.1" E10°26'51.5"; Grüntenseestr. 41, 87497 Wertach.
Max. WOMOs: >20, maximale Länge 12 m.

Ausstattung: Frischwasserversorgung, Abwasserentsorgung mit Bodeneinlass, Kassettenentleerung, Stromanschlüsse, Behälter für die Müllentsorgung, WLAN, Gasflaschentausch, Brötchenservice, Mini-Markt, Restaurant mit großer Sonnenterrasse, Kinderspielplatz, Badestrand, Liegewiese. Im Servicegebäude gibt es Duschen, Sauna, WCs, Waschmaschinen, Trockner. Der Platz ist ganzjährig geöffnet.
Beschreibung: Idyllischer Platz mit schattigen und sonnigen Stellflächen direkt am Grüntensee mit vielen Dauercampern. Für Wohnmobile wurde am Wildbach ein besonderes kleines Areal geschaffen. Die folgenden Preisangaben beziehen sich darauf.
Preise: 15,00 € für ein Fahrzeug mit 2 Personen für maximal 3 Nächte. Hund 3,50 €, Strom 0,80 € pro kWh. Eine Kurtaxe ist auch noch zu entrichten. Die Preise für den Campingplatz finden Sie auf der unten angegebenen Webseite.
Zufahrt: An der Grüntenseestraße zwischen Wertach und Nesselwang auf der linken Seite in der Nähe des Skiliftes und des Buron Kinderparks.
Reservierung/Kontakt: Tel.: 08365/375
E-Mail: info@camping-gruentensee.de, Web: www.camping-gruentensee.de.

(123) Offizieller WOMO-Stellplatz: Am Buron

GPS: N47°36'38.4" E10°26'58.9", (895m); Grüntenseestr. 44, 87497 Wertach.

Max. WOMOs: 36, maximale Länge 12 m.

Ausstattung: Frischwasserversorgung, Abwasserentsorgung mit Bodeneinlass, Kassettenentleerung, Stromanschlüsse, Behälter für die Müllentsorgung, ganzjährig geöffnet.

Beschreibung: Große, schattenlose, geschotterte Stellflächen in unmittelbarer Nähe des Buron Kinderparks und der Buron Skilifte, teilweise mit Blick auf den Grüntensee. Am Stellplatz befindet sich ein Gasthaus, das mit klassischer Allgäuer Küche und einem großen Biergarten aufwarten kann. Hier steht Ihnen auch WLAN kostenlos zur Verfügung.

Preise: 12,00 € für ein Fahrzeug inkl. aller Personen und Kurbeitrag. Frischwasser (ca. 100 Liter) 1,00 €, Strom 0,70 € pro kWh. Abwasserentsorgung und Entleerung der Bordtoilette sind kostenfrei. Wer nicht übernachtet, kann die Ver- und Entsorgungsanlage für 2,00 € in Anspruch nehmen.

Zufahrt: An der Grüntenseestraße zwischen Wertach und Nesselwang auf der linken Seite, gleich hinter dem Campingplatz.

Gleich gegenüber befindet sich ein Skilift und der **Buron Kinderpark**. Ein kostenpflichtiges, großes Spielplatzgelände mit allerlei Spielgeräten, darunter eine Riesenrutsche, eine Eisenbahn und Elektro-Autos. Natürlich gibt es auch ein Café, in dem die Eltern ihren Latte macchiato trinken können, während die Kleinen sich austoben. Das ganze Angebot finden Sie hier www.buron-skilifte.de.

Der Grüntensee mit dem Grünten im Hintergrund.

Am Nordufer des Sees gibt es noch einen Kletterwald und dort, wie am Campingplatz, können Sie sich Ruder- und Segelboote ausleihen, Tretboote und SUP-Bretter mieten. Schwimmen dürfen Sie in dem See natürlich auch. Badewannentemperaturen werden Sie aber nicht vorfinden, das Wasser ist schon recht frisch.

Dass die Plätze natürlich auch gute Standorte für Rad- und Wandertouren sind, wollen wir nicht unerwähnt lassen. Eine Umrundung des Grüntensees auf dem neun Kilometer langen Rundweg stellt keine besonderen Herausforderungen dar. Der Weg ist weitgehend eben und gut begehbar. Für sportliche Aktivitäten gibt es an dieser Stelle also genug Möglichkeiten.

Parkplatz P1 auf dem Oberjochpass.

Sportlich können Sie sich auch rund um den 1178 Meter hohen **Oberjochpass** betätigen. Es gibt zahlreiche Wanderwege, die auf den 1876 Meter hohen Iseler führen. Auf dieser Seite www.bergbahnen-hindelang-oberjoch.de finden Sie einen Teil der Wege verzeichnet. Natürlich können Sie auch mit dem Sessellift hochfahren.

Parkplätze finden Sie auf dem Pass in ausreichender Menge und Größe [GPS: N47°30'60.0" E10°24'28.5"], der P1 ist einer davon. Übernachten dürfen Sie aber auf keinem. Einkehrmöglichkeiten gibt es in ausreichender Zahl. Am P1 gibt es italienische und am Moorbad klassische Allgäuer Küche.

Wenn Sie einen längeren Aufenthalt planen, empfiehlt es sich, diesen Campingplatz zu nutzen.

(124) WOMO-Campingplatz: Bergheimat Oberjoch

GPS: N47°31'05.3" E10°25'17.0", (1143m);
Paßstraße 60, 87541 Bad Hindelang.
Max. WOMOs: >20, maximale Länge 8 m.
Ausstattung: Frischwasserversorgung, Abwasserentsorgung mit Bodeneinlass, Kassettenentleerung, Stromanschlüsse, Behälter für die Müllentsorgung, Brötchenservice, Mini-Shop mit Kaffee und Kuchen. Im Servicegebäude gibt es Duschen, WCs, Waschmaschinen und Trockner. Der Platz ist ganzjährig geöffnet.
Beschreibung: Zumeist halbschattige Plätze auf Schotter oder Split, die terrassenförmig am Hang angelegt sind.
Preise: Personen ab 16 Jahren zahlen saisonabhängig 16,50 € oder 26,00 €, für Kinder zwischen 3 und 15 Jahren sind zwischen 5,00 € und 15,50 € zu entrichten, für den Hund 2,00 € oder 2,50 €. Die höheren Preise gelten für die Wintermonate. Für das Wohnmobil sind je nach Größe der Stellfläche zwischen 9,00 € und 12,00 € zu zahlen. Strom wird mit 0,80 € pro kWh abgerechnet. Im Preis enthalten ist die Bad Hindelang PLUS-Gästekarte,

die zahlreiche Vergünstigungen mit sich bringt, wie z.B. kostenlose Nutzung der Bergbahnen, kostenlose Nutzung des ÖPNV, freier Eintritt in das Naturbad in Bad Hindelang, in das Spaßbad, die Therme Wonnemar und vieles andere mehr. Im Winter ist der Skipass enthalten.
Zufahrt: In Oberjoch im Kreisverkehr die dritte Ausfahrt nehmen und Richtung Österreich fahren. Nach etwas mehr als einem Kilometer ist der Campingplatz auf der rechten Seite erreicht.
Reservierung/Kontakt: Tel.: 08324/7108
E-Mail: info@camping-bergheimat.de, Web: www.camping-bergheimat.de.

Für eine einmalige Übernachtung können Sie den relativ kleinen Wanderparkplatz [**125**: N47°31'31.4" E10°25'54.5"] auf 1167 Metern Höhe kurz vor der Grenze zu Österreich nutzen. Wenn Sie die Grenze überqueren gelangen Sie in das Tannheimer Tal.

Übernachtungsplatz kurz vorm Tannheimer Tal.

Kletterfreunden werden die Herzen höher schlagen, wenn sie das Bild dieser Felswand sehen. Mit Extremsport hat das noch nichts zu tun, sondern ist als Grundkurs für zukünftige Bergsteiger gedacht. Hier kann sich jeder ausprobieren, der einmal eine Kraxeltour unter fachkundiger Leitung durch erfahrene Bergführer unternehmen möchte. Das gesamte Angebot dieser Bergführer finden Sie hier www.bergschulen.de.

Grundkurs für zukünftige Bergsteiger am Oberjoch.

Vom Oberjoch geht es nun auf der **Jochstraße** hinunter nach **Bad Hindelang**. Dabei eröffnet sich Ihnen das Panorama, das Sie auf dieser Seite sehen. Um es in Ruhe genießen zu können, empfehlen wir, diesen kleinen Parkplatz an der Kanzelhütte [GPS: N47°30'42.7" E10°23'31.3"] anzufahren und zum "Aussichtspunkt Kanzel" zu gehen. Das sind nur wenige Meter. Ist der Platz belegt, dann haben Sie auf dem Parkplatz Hirschalpe [GPS: N47°30'44.6" E10°23'11.7"] noch einmal die Gelegenheit anzuhalten. Der Ausblick ist aber schon nicht mehr so spektakulär. Weitere Parkplätze auf dem Weg nach unten gibt es nicht.

Mit 106 Kurven werden die 300 Meter Höhenunterschied zwischen dem Pass und Bad Hindelang gemeistert. Nicht wenige Motorrad- und Cabrio-Enthusiasten kommen nur wegen dieser Passstraße hierher. Leider sind, trotz Geschwindigkeitsbegrenzungen, schwere Motorradunfälle auf dieser Straße nicht selten.

Das **Jochpass Oldtimer Memorial** zieht alljährlich im Herbst die Freunde alter Fahrzeuge auf den Pass. Wenn die alten Schnauferl und knatternden Motorräder, die allesamt noch ohne elektronische Spielereien auskommen, sich hier ein Stelldichein geben, liegt ein ganz besonderer Geruch aus verbranntem Benzin und Öl in der Luft. Wenn Sie ein Fan alter Fahrzeuge und Youngtimer sind, dann können Sie auf die-

Blick von der Kanzel in das Ostrachtal und auf Bad Hindelang.

ser Seite https://jochpass-oldtimer-memorial.com nach dem nächsten Termin Ausschau halten. Pandemiebedingt wurden die letzten Veranstaltungen abgesagt.

Der Weg über das Oberjoch existiert bereits seit Jahrhunderten. Salz wurde über diesen beschwerlichen Weg aus Tirol in die Bodenseeregion transportiert. Es war die angenehmere Alternative zum Albergpass, der im Mittelalter noch schlechter zu überqueren war. Die Lage an der Handelsstraße begünstigte die Entwicklung Hindelangs, die bereits im frühen 15. Jahrhundert das Marktrecht erhielt. Trotz des Alters dieses Ortes, der heute rund 5000 Einwohner zählt, ist eine mittelalterliche Struktur im Stadtbild nicht erkennbar.

Der heilklimatische Kneippkurort ist vor allem durch die Bergwelt, die ihn umgibt von besonderem Interesse. Von hier aus lassen sich Rad- und Wandertouren in alle Richtungen starten. Jeder größere Ort in dieser Region hat seinen Hausberg, das ist in Hindelang nicht anders. Hier ist es das 1656 Meter hohe **Imberger Horn**, das Sie auf diesem Foto am linken Bildrand sehen. Bis zu der Fläche, die sich als Almwiese unter dem Gipfel zu erkennen gibt und Hornalpe genannt wird, fährt die **Hornbahn**, eine Kabinenseilbahn, deren Öffnungszeiten und Beförderungstarife Sie hier www.hornbahn-hindelang.de nachlesen können. Oben an der Bergstation auf 1320 Metern Höhe angekommen, geht es zu Fuß weiter auf

das Imberger Horn. Der Weg ist relativ steil. Wer es bequemer haben möchte, geht in halber Höhenlage auf einem der vielen anderen Wege weiter, die sich auch mit Kindern gut bewältigen lassen. Auf der genannten Seite der Bahn finden Sie eine ganze Reihe an Wandervorschlägen.

Junggebliebene und junge MTB-Fahrer werden gern den **Bikepark** am Imberger Horn nutzen. Hier haben sie die Möglichkeit, die Hardcore-Variante **"Black Rock"** als Extreme-Downhiller oder den **"Green Frog"** als Anfänger zu riden. In jedem Fall wird das Rad mit nach oben transportiert, was bei den meisten Bergbahnen in dieser Region nicht möglich ist.

Es wird also einiges geboten in Hindelang. Da macht es Sinn, sich für einige Tage auf diesem Stellplatz einzuquartieren.

(126) Offizieller WOMO-Stellplatz: Bad Hindelang

GPS: N47°29'57.6" E10°22'19.6", (804m);
Ostrachstraße 23, 87541 Bad Hindelang.
Max. WOMOs: 49, maximale Länge 12 m.
Ausstattung: Frischwasserversorgung, Abwasserentsorgung mit Bodeneinlass, Kassettenentleerung, Stromanschlüsse, Behälter für die Müllentsorgung, WLAN. Im Servicegebäude gibt es Duschen und WCs. Der Platz ist ganzjährig geöffnet.

Beschreibung: Sonnige und schattige Stellflächen auf geschottertem Untergrund am Ortsrand von Bad Hindelang. Sehr ruhig. Die vorbeiführende Straße ist eine Sackgasse, die durch das Ostrachtal führt und am Talschluss endet. In unmittelbarer Nähe befinden sich das Naturbad und das Hotel Wiesengrund mit einem Biergarten und einem Restaurant in dem Sie erstklassige regionale Küche serviert bekommen.
Preise: Je nach Saison und Fahrzeuggröße zwischen 12,00 € und 18,00 € für ein Fahrzeug mit 2 Personen. Ver- und Entsorgung sowie Strom sind im Preis enthalten.
Zufahrt: Von Bad Hindelang in das Ostrachtal in Richtung Hinterstein fahren. Der Platz befindet sich hinter dem Ortsausgang auf der linken Seite.
Reservierung/Kontakt: Tel.: 08324/2219
E-Mail: buchung@wohnmobil-stellplatz-hindelang.de,
Web: www.wohnmobil-stellplatz-hindelang.de.

Mit dem MTB sind auch wir gern unterwegs. Nur bevorzugen wir moderate Strecken, auf denen sich jeder bewegen kann, wenn er Rad fahren gelernt hat. So bietet sich auch im Ostrachtal eine schöne Radtour an, die Sie aber ebenso gut zu Fuß absolvieren können, wenn Sie Ihr WOMO auf diesem Wanderparkplatz [GPS: N47°28'27.5" E10°25'00.2"] in Hinterstein abstellen. Mit dem Rad sind Sie nur schneller und bleiben im Tal. Zu Fuß können Sie noch einen Abstecher über die **Schwarzenberghütte** unternehmen und haben dabei schöne Aussichten in die Bergwelt, die Sie im Tal so nicht bekommen. Mit dem Rad sind es von Hinterstein bis zum **Giebelhaus** acht Kilometer. Die Wanderung geht auf abweichenden Wegen, wenn die Schwarzenberghütte mit dazu genommen wird, über zwölf Kilometer. Den Rückweg können Sie einfach gestalten und den Bus nehmen.

Wanderparkplatz in Hinterstein.

Auf dem Weg zum Giebelhaus.

Nur zwei Kilometer vom Stellplatz entfernt, lädt der **Schleierfall** noch zu einem kleinen Spaziergang ein, womit wir diese Tour beenden wollen. Wenn Sie zur Tour 6 zurückblättern, dann können Sie die spektakuläre Reise durch das Allgäu und das Kleinwalsertal fortsetzen.

Schleierfall bei Bad Oberdorf.

Wir machen mit dem nächsten Kapitel einen Riesensatz zurück, gehen nach Augsburg, und führen Sie von dort über den südlichen Teil der Romantischen Straße in das Allgäu.

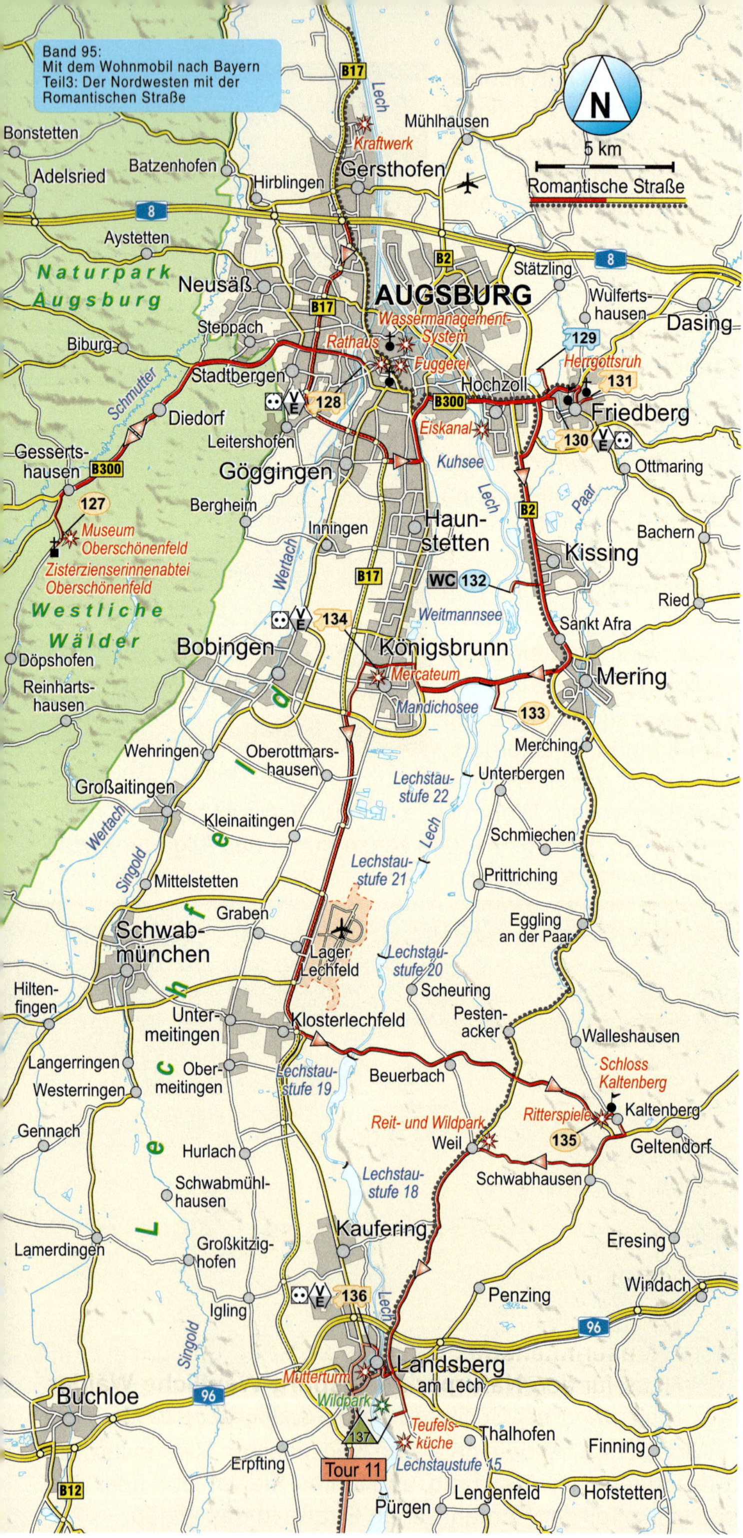
Band 95:
Mit dem Wohnmobil nach Bayern
Teil3: Der Nordwesten mit der Romantischen Straße
N
5 km
Romantische Straße
AUGSBURG
Gersthofen
Kraftwerk
Mühlhausen
Wassermanagement-System
Rathaus
Fuggerei
Herrgottsruh
Friedberg
Eiskanal
Kuhsee
Haunstetten
Kissing
Weitmannsee
Königsbrunn
Mercateum
Mandichosee
Mering
Bobingen
Naturpark Augsburg
Westliche Wälder
Museum Oberschönenfeld
Zisterzienserinnenabtei Oberschönenfeld
Lechfeld
Schwabmünchen
Lager Lechfeld
Klosterlechfeld
Schloss Kaltenberg
Ritterspiele
Reit- und Wildpark
Kaufering
Landsberg am Lech
Mutterturm
Wildpark
Teufelsküche
Tour 11
Buchloe
Lechstaustufe 15
Lechstaustufe 18
Lechstaustufe 19
Lechstaustufe 20
Lechstaustufe 21
Lechstaustufe 22
127
128
129
130
131
132
133
134
135
136
137

TOUR 10 (ca. 140 km)

Gessertshausen – Augsburg – Friedberg – Kissing – Mering – Königsbrunn – Kaltenberg – Landsberg

Stellplätze:	Gessertshausen, Augsburg, Friedberg, Kissing, Mering, Königsbrunn, Kaltenberg, Landsberg.
Campingplätze:	Landsberg.
Besichtigungen:	Gessertshausen (Zisterzienserinnenabtei Oberschönenfeld, Museum, Naturpark-Haus), Augsburg (Altstadt, Fuggerei), Friedberg (Altstadt), Königsbrunn (Mercateum), Kaltenberg (Schloss, Ritterspiele), Landsberg (Altstadt, Mutterturm).
Wandern/Radwandern:	Kissing (Weitmannsee), Mering (Mandichosee).
Baden/Wellness:	Kissing (Weitmannsee).

Mit dieser Tour schließen wir an unser Buch über den Nordwesten Bayerns (Band 95 der WOMO-Reihe) an. Dort endete eine Tour in Augsburg. Hier setzen wir die Reise nach Süden fort. Damit Sie für den Besuch von Augsburg den Band 95 nicht kaufen müssen, ist die berühmte Fuggerstadt ebenfalls in diesem Band beschrieben. Gleichzeitig ist die Stadt eine Station auf der Romantischen Straße, der berühmten und beliebten Ferienstraße, der wir uns im Band 95 intensiv gewidmet haben und die auch in dieser und in der nächsten Tour von Bedeutung sein wird. Wir folgen ihr weitestgehend, weichen aber da und dort von der Route ab. Den gesamten Verlauf der Touristenstraße können Sie der Karte auf der folgenden Seite entnehmen.

Parkplatz Oberschönenfeld.

Bevor wir uns auf dieser Reise mit Augsburg beschäftigen, suchen wir die **Zisterzienserinnenabtei Oberschönenfeld** und das Naturpark-Haus für den **Naturpark Augsburg-Westliche Wälder** auf. Auch wenn ein Schild darauf hinweist, dass eine Übernachtung auf diesem Platz [**127**: N48°18'49.5" E10°43'38.5"] nicht gestattet ist, so dürfen Sie ihn doch für eine Nacht als Besucher des Klosters und des Museums nutzen, wenn Sie

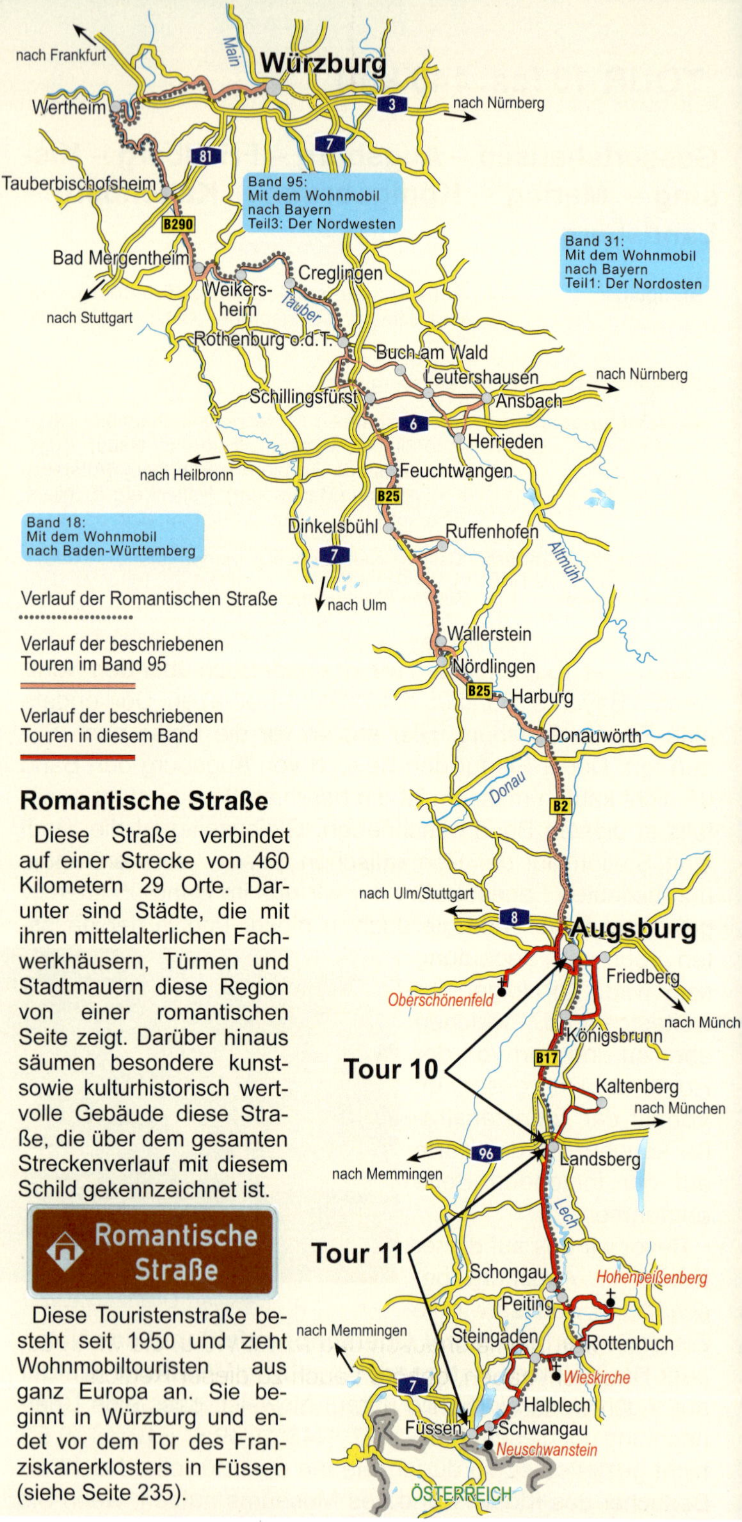

Romantische Straße

Diese Straße verbindet auf einer Strecke von 460 Kilometern 29 Orte. Darunter sind Städte, die mit ihren mittelalterlichen Fachwerkhäusern, Türmen und Stadtmauern diese Region von einer romantischen Seite zeigt. Darüber hinaus säumen besondere kunst- sowie kulturhistorisch wertvolle Gebäude diese Straße, die über dem gesamten Streckenverlauf mit diesem Schild gekennzeichnet ist.

Romantische Straße

Diese Touristenstraße besteht seit 1950 und zieht Wohnmobiltouristen aus ganz Europa an. Sie beginnt in Würzburg und endet vor dem Tor des Franziskanerklosters in Füssen (siehe Seite 235).

sich an der Kasse des Museums anmelden.

In diesem Gebäudekomplex sind das Naturpark-Haus, ein Volkskundemuseum, eine Galerie, ein Klosterstüble und ein Laden untergebracht. Am Rande der Anlage steht das Bauernmuseum "Staudenhaus". Überdies gibt es noch einen großen Spielplatz sowie einen Walderlebnispfad. Sie finden also eine bunte Mischung vor, die sich nicht allein auf das Kloster, innere Einkehr und Klosterkirche beschränkt.

In der Klosterkirche.

Im Naturpark-Haus erwarten Sie **Quercus**, die alte Eiche, und **Fagus**, die kleine Buche, die Sie durch die Ausstellung führen und Ihnen alles erklären, was den Naturpark ausmacht. Wie an anderen Orten können Sie sich auch für dieses Haus eine App auf Ihr Handy laden und dann das Smartphone als Audioguide für die Ausstellung nutzen. Wann das Haus geöffnet hat, erfahren Sie hier https://naturpark-augsburg.de. Wenn Sie das Museum verlassen, gehen Sie gleich eine Tür weiter und kaufen sich ein frisches Brot aus dem Brotladen. Es lohnt sich!

Das Bauernmuseum Staudenhaus.

Im **Bauernmuseum Staudenhaus** können Sie nachspüren, wie Menschen vor rund 120 Jahren in den Stauden lebten und arbeiteten. Stauden wird der sanft hügelige südliche Bereich des Naturparks genannt, in dem dieser Haustyp stark vertreten war. Ziemetshausen und Markt Wald, die wir in der Tour 7 besucht haben, gehören auch zu dieser Region.

Von Gessertshausen nach **Augsburg** sind es rund 16 Kilometer. Wenn Ihr Fahrzeug keine grüne Plakette hat, dann achten Sie bitte darauf, den Stellplatz so anzufahren, wie es in Stellplatzbeschreibung vermerkt ist, denn die gesamte Innenstadt ist Umweltzone und darf nur von Fahrzeugen mit einer grünen Plakette befahren werden.

(128) Offizieller WOMO-Stellplatz: Augsburg – Wertach

GPS: N48°22'10.3" E10°52'39.3", (476m); Bürgermeister-Ackermann-Straße 1, 88165 Augsburg.

Max. WOMOs: 15, maximale Länge 12 m.

Ausstattung: Wasserver- und Abwasserentsorgung, Kassettenentleerung, Stromanschlüsse, Behälter für die Müllentsorgung. Ganzjährig geöffnet.

Beschreibung: Geschotterter Platz in einer Sackgasse direkt an der Wertach, keineswegs ruhig. Auf kürzestem Weg sind es bis zur Stadtmitte etwa zwei Kilometer.

Preise: 8,00 € für ein Fahrzeug. Über Münzautomaten gibt es Frischwasser für 1,00 € und Strom für 1,00 € pro kWh. Abwasserentsorgung kostet 1,00 €, die Entleerung der Bordtoilette ist kostenfrei.

Zufahrt: Von der Autobahn: Die AB an der Abfahrt Kreuz Augsburg-West verlassen und der B17 fünf Kilometer folgen. Nach diesen fünf Kilometern an einer Ampelkreuzung auf die B300 in Richtung Augsburg Stadtmitte fahren. Jetzt sind Sie schon auf der Bürgermeister-Ackermann-Straße, auf der Sie rund 1,5 km bis zur Brücke über die Wertach zurücklegen müssen. Nach der Überquerung des Flusses sofort rechts abbiegen. Für Fahrzeuge ohne grüne Plakette ist dies die beste Möglichkeit, den Stellplatz zu erreichen, der genau am Rande der Umweltzone liegt.

Aus Gessertshausen: Folgen Sie der B300, bis Sie über eine Brücke die B17 kreuzen. Fahren Sie dort geradeaus auf der Bürgermeister-Ackermann-Straße weiter, bis Sie die Brücke über die Wertach erreicht haben und biegen gleich danach scharf rechts ab.

Der Stellplatz ist rund zwei Kilometer von der Innenstadt entfernt, wenn man das Rathaus als Mittelpunkt betrachtet. Da die Stadt sehr weitläufig ist, empfiehlt es sich, für den Besuch das Fahrrad zu nehmen. Wer lieber zu Fuß unterwegs ist, kann verschiedene Strecken mit der Tram zurücklegen, die den Stadtspaziergang erleichtern. Die Tramlinien sind in dem nebenstehenden Stadtplan mit dünnen dunkelblauen Linien verzeichnet. Der Stellplatz liegt außerhalb der hier abgebildeten Innenstadt. Wenn Sie die Tram nutzen möchten, empfehlen wir Ihnen, vom Stellplatz entlang der Wertach flussaufwärts bis zu Luitpoldbrücke zu gehen. Das sind etwa 600 Meter. Von der Brücke fährt die Linie 3 bis zum Königsplatz. Wenn Sie dort in die Linie 2 umsteigen, haben Sie nach einer weiteren Station am Moritzplatz bereits den **Rathausplatz** erreicht, von wo wir unseren Stadtspaziergang starten. Den können Sie anhand der grün gepunkteten Linie im Stadtplan verfolgen.

Augsburg

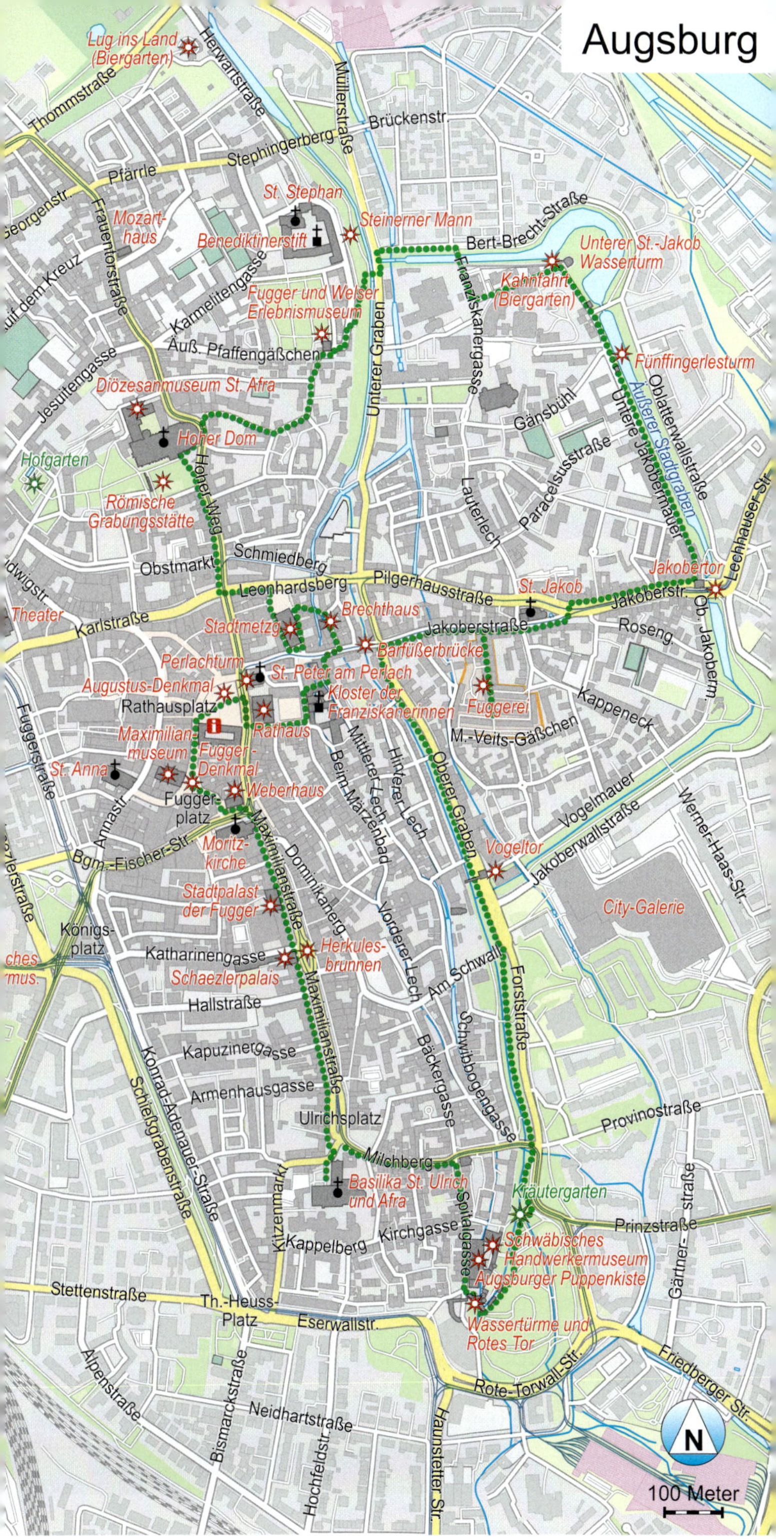
Lug ins Land (Biergarten)
Herwartstraße
Thommstraße
Müllerstraße
Brückenstr.
Stephingerberg
Pfärrle
St. Stephan
Georgenstr.
Mozart-haus
Benediktinerstift
Steinerner Mann
Bert-Brecht-Straße
Unterer St.-Jakob Wasserturm
Frauentorstraße
Karmelitengasse
Fugger und Welser Erlebnismuseum
Kahnfahrt (Biergarten)
Auf dem Kreuz
Franziskanergasse
Auß. Pfaffengäßchen
Unterer Graben
Fünffingerlesturm
Jesuitengasse
Diözesanmuseum St. Afra
Gänsbühl
Oblatterwallstraße
Hoher Dom
Untere Jakobermauer
Äußerer Stadtgraben
Hofgarten
Paracelsusstraße
Hoher Weg
Lechhauser Str.
Römische Grabungsstätte
Lauterlech
Schmiedberg
Obstmarkt
Jakobertor
Leonhardsberg
Pilgerhausstraße
St. Jakob
Jakoberstr.
Ob. Jakoberm.
Theater
Karlstraße
Brechthaus
Stadtmetzg
Jakoberstraße
Roseng.
Barfüßerbrücke
Perlachturm
St. Peter am Perlach
Augustus-Denkmal
Kloster der Franziskanerinnen
Fuggerei
Kappeneck
Rathausplatz
Rathaus
M.-Veits-Gäßchen
Maximilian-museum
Fugger-Denkmal
Mittlerer Lech
Hinterer Lech
Fuggerstraße
St. Anna
Beim Märzenbad
Oberer Graben
Weberhaus
Fugger-platz
Annastr.
Vogelmauer
Werner-Haas-Str.
Moritz-kirche
Dominikanergasse
Bgm.-Fischer-Str.
Vogeltor
Jakoberwallstraße
Maximilianstraße
Vorderer Lech
City-Galerie
Stadtpalast der Fugger
Königs-platz
Katharinengasse
Herkules-brunnen
Am Schwall
Schaezlerpalais
Forststraße
Hallstraße
Kapuzinergasse
Schwibbogengasse
Bäckergasse
Konrad-Adenauer-Straße
Schießgrabenstraße
Armenhausgasse
Ulrichsplatz
Provinostraße
Milchberg
Basilika St. Ulrich und Afra
Kräutergarten
Gärtnerstraße
Kitzenmarkt
Prinzstraße
Kirchgasse
Spitalgasse
Kappelberg
Schwäbisches Handwerkermuseum
Augsburger Puppenkiste
Stettenstraße
Th.-Heuss-Platz
Eserwallstr.
Wassertürme und Rotes Tor
Rote-Torwall-Str.
Friedberger Str.
Alpenstraße
Bismarckstraße
Neidhartstraße
Hochfeldstr.
Haunstetter Str.
N
100 Meter

Rathaus und Perlachturm.

Spaziergang durch Augsburg

Das 57 Meter hohe **Rathaus** zählt zu den bedeutendsten Renaissancegebäuden Deutschlands und bildet zusammen mit dem daneben stehenden **Perlachturm** das Wahrzeichen der rund 300.000 Einwohner zählenden Stadt. Prunkstück des Rathauses ist der **Goldene Saal**. Er ist ein absolutes Meisterstück der Innengestaltung, das in der Kunstepoche der Renaissance seinesgleichen sucht. Die reichhaltige Verkleidung der Decke besteht aus Blattgold. Der mehr als 500 Quadratmeter große Saal befindet sich im zweiten Obergeschoss, ist 14 Meter hoch und kann täglich zwischen 10:00 und 18:00 Uhr besichtigt werden. Als Erwachsener zahlen Sie 2,50 € Eintritt.

Goldener Saal des Augsburger Rathauses.

Die Aussichtsplattform des 70 Meter hohen Perlachturms kann zurzeit nicht bestiegen werden, denn der Turm wird derzeit grundlegend saniert. Bis Sie die 258 Stufen wieder hochgehen können, werden Jahre vergehen. Wann die Arbeiten abgeschlossen sein werden, vermag niemand zu sagen. Es wird also noch eine Weile dauern, bis die gelbe Flagge auf dem Turm wieder gehisst wird, um den Besuchern eine gute Fernsicht zu signalisieren.

Kaiser Augustus, der Stadtgründer Augsburgs.

Vor dem Turm ist der **Augustusbrunnen** zu sehen, auf dessen Sockel eine 2,50 Meter hohe Bronzestatue des römischen **Kaisers Augustus** steht. Er gilt als Gründer der Stadt. Ihm sind wir schon in Kempten, im Archäologischen Park Cambodunum begegnet (siehe Seite 136). Der Brunnen ist durch ein Gitter ringsum abgesichert und gehört seit 2019 zum UNESCO-Welterbe **"Augsburger Wassermanagement-System"**, auf das wir an dieser Stelle schon einmal hinweisen wollen. Wenn Sie auf dem Rathausplatz stehen, wird Ihnen die Tourist-Info mit dem Welterbe Info-Zentrum auffallen. Hier bekommen Sie die vielfältigsten Informationen über die Stadt und über das genannte Welterbe.

Vom Rathaus geht es nun am Kloster der Franziskanerinnen vorbei zum Geburtshaus **Bertolt Brechts**, der hier 1898 das Licht der Welt erblickte. Die Dauerausstellung in dem unscheinbaren Handwerkerhaus erinnert an seine Zeit in Augsburg und an seine Werke, wie die **Dreigroschenoper**, die vermutlich jeder irgendwann einmal gelesen oder in einer Theateraufführung gesehen hat. Virtuell können Sie das Haus auf dieser Seite www.brechthaus-augsburg.de besuchen. Dort erfahren Sie auch die Öffnungszeiten.

Unweit des Brechthauses ist die **Stadtmetzg** zu sehen. Es ist ein weiteres historisches Gebäude der Renaissance, das mit einer wunderbar gestalteten Fassade zu glänzen weiß. Es wurde mit technischer Raffinesse über einen der Lechkanäle gebaut, der für die Kühlung des Fleisches sorgte und über den Schlachtabfälle kurzerhand entsorgt werden konnten. Auch dieses Gebäude zählt zum Welterbe Augsburger Wassermanagement-System. Von innen kann es nicht besichtigt werden. Nach einem Umbau wird es heute als ein Verwaltungsgebäude der Stadt genutzt.

Weiter führt uns der Weg zum **Hohen Dom**, wie der **Augsburger Dom** auch genannt wird. Auf dessen Vorplatz sind archäologische Funde auf einem frei zugänglichen Ausgrabungsgelände offengelegt. Die ausgestellten Grabsteine sind allerdings Kopien.

Der Dom geht auf einen Bau aus dem 8. Jahrhundert zurück. Aus dieser Zeit ist die Krypta noch erhalten. Um das Jahr 1000 wurde dann der jetzige Dom errichtet, der natürlich im Laufe der Jahrhunderte einige

Eines der kunstvollen Glasfenster im Augsburger Dom.

Veränderungen erfahren hat. Besonders sehenswert sind die fünf romanischen Prophetenfenster, die um 1065 entstanden sind und damit den ältesten figürlichen Glasmalereizyklus der Welt darstellen. Im 14. und 15. Jahrhundert erhielt die Kirche den gotischen Chor und zwei bedeutende Figurenportale. Im südlichen Querhaus fällt die riesige Darstellung des **hl. Christophorus** an der Westwand auf. Dieses Fresko stammt aus dem Jahre 1491.

Vom 13. bis ins 19. Jahrhundert diente der Dom als Grablege für den Domklerus, aber auch für adelige Laien und Patrizier, die mit dem Domstift in Verbindung standen. In seiner heutigen Gestalt geht er im Wesentlichen auf einen Neubau aus der Zeit zwischen 1479 und 1510 zurück.

Die berühmte **Bronzetür** des Augsburger Domes, die um das Jahr 1000 entstand, befindet sich heute im **Diözesanmuseum St. Afra** gleich hinter dem Dom. Dort sind auch in einem "archäologischen Fenster" die Fundamente des karolingischen Dom-Querhauses und Reste von Wohngebäuden aus der römischen Zeit und des frühen Mittelalters zu sehen.

Kreuzgang im Diözesanmuseum.

Beeindruckend ist der gotische Kreuzgang, der mit seinen 423 Epitaphen und Grabplatten so vielfältig ausgestattet ist, wie kaum ein anderer in Deutschland.

Über die Öffnungszeiten und Eintrittspreise informiert diese Seite www.museum-st-afra.de.

Durch einige Gassen führt der Weg weiter zum **Fugger und Welser Erlebnismuseum**, in dem gezeigt wird, wie sich die Stadt Augsburg im Mittelalter entwickelt hat und welchen Anteil die Fugger daran hatten. Es ist mit modernster Museumstechnik ausgestattet. Multimedial werden Jakob Fugger der Reiche und Bartholomäus V. lebendig und erzählen ihre Geschichten. Ein spannend eingerichtetes Museum, dem Sie sich über diese Seite www.fugger-und-welser-museum.de nähern können. Sie bekommen dort nicht nur die Öffnungszeiten und Eintrittspreise genannt, sondern können durch die abrufbaren Beiträge schon sehr viel über die Kaufmannsfamilien erfahren. So gehen Sie gut vorbereitet in das Museum.

Kahnfahrt am Biergarten.

Nach so viel Kunst, Kultur und Geschichte gibt es nun eine Entspannung in einem lauschigen Biergarten mit einer kleinen Kahnpartie. Nur wenige Meter weiter, am **Äußeren Stadtgraben,** finden Sie das **Restaurant zur Kahnfahrt** www.restaurant-zur-kahnfahrt.de, das nach dem Motto »wild & lecker« regionale Küche mit Wild- und Fischgerichten anbietet und nebenbei einen Bootsverleih betreibt.

Weiter geht es entlang des Stadtgrabens, den **Fünffingerlesturm** passierend, zum **Jakobertor.** Es stammt aus dem 14. Jahrhundert und ist eines von fünf noch existierenden Stadttoren Augsburgs.

Von diesem Tor gehen wir nun wieder Richtung Innenstadt. Wenige Meter hinter der Kirche **St. Jakob** führt ein bescheidener Eingang in die **Fuggerei**. Es ist die älteste Sozialsiedlung der Welt. Sie wurde von Jakob Fugger 1521 ins Leben gerufen und besteht bis heute fort. In ihren 142 Wohnungen, die in 67 Häusern eingerichtet sind, leben rund 150 bedürftige katholische Augsburger Bürger. Für eine etwa 60 Quadratmeter große Wohnung wird eine jährliche Kaltmiete in Höhe von 0,88 Euro gezahlt. Mietsteigerungen hat es seit der Gründung nicht gegeben. Ob die drei Gebete, die täglich für die Stifterfamilie zu sprechen sind und einen Teil der Mietvereinbarung darstellen, auch tatsächlich gesprochen werden, kontrolliert niemand. Die Bewohner zahlen noch einen weiteren Preis, denn sie müssen es ertragen, dass tagtäglich Besucherströme durch ihr kleines Refugium traben. Mal große Gruppen mit Führung, mal einzelne Personen. Ihnen stehen vier kleine Museen in dieser Anlage offen. Darunter ist auch der Weltkriegsbunker, in dem die Zerstörung während des Zweiten Weltkrieges und der Wiederaufbau der Fuggerei dokumentiert sind. Über die Öffnungszeiten, Eintrittspreise und angebotene Führungen informiert diese Seite www.fugger.de.

Das Jakobertor.

In der Fuggerei.

Der weitere Weg auf unserem Rundgang führt uns zur **Barfüßerbrücke**, die den Inneren Stadtgraben kreuzt. Die komplette Überbauung mit Häusern lässt die Brücke nicht einmal ansatzweise erahnen. Sie gibt sich als solche nur zu erkennen, wenn Sie sie nicht überqueren, sondern am Stadtgraben entlanggehen.

Wir gehen entlang des Inneren Stadtgrabens weiter, passieren das **Vogeltor** und sehen gleich darauf linker Hand die **City-Galerie**. Es ist ein moderner Konsumtempel, in dem mehr als 100 verschiedene Einzelhandels- und Gastronomiebetriebe ihre Dienste anbieten. Auf dieser Seite bekommen Sie einen Überblick www.city-galerie-augsburg.de.

Das Rote Tor.

Wir bleiben am Inneren Stadtgraben, gehen weiter und kommen zu einem Kräutergarten, der am Rande einer ehemaligen Bastion angelegt ist. Hier, an der Südostecke der Altstadt, ist ein komplexes Bauensemble zu sehen. Es besteht aus der Stadtmauer, dem Roten Tor, Wassertürmen, der Heilig-Geist-Kapelle, dem Schwäbischen Handwerkermuseum, der Freilichtbühne, die den Stadtgraben und die Wehrmauern als Kulisse nutzt und der Augsburger Puppenkiste. Ganz schön viel auf kleinstem Raum.

Auf der **Freilichtbühne** werden alljährlich zahlreiche Opern, Operetten und Musicals aufgeführt, wenn keine Pandemie dazwischenkommt und jeden Spielplan über den Haufen wirft. Was aktuell geboten wird erfahren Sie auf dieser Seite www.augsburg.de/kultur/theater/freilicht-buehne.

Nur wenige Meter von dieser Freilichtbühne entfernt, können Sie das Refugium von **Jim Knopf und Lukas dem Lokomotivführer** betreten. Kaum vorstellbar, dass jemand dieses Kinderbuch von Michael Ende nicht kennt oder zumindest davon gehört hat. Als die Puppen noch an Fäden hingen und von talentierten Spielern in Bewegung gebracht wurden und wir noch weit weg von Ballerspielen am PC und Smartphone waren, wurde eben diese Geschichte von Michael Ende in der **Augsburger Puppenkiste** gespielt und zu Beginn der 60er-Jahre in schwarzweiß aufgenommen. Kinder saßen vor voluminösen Röhrenfernsehern und schauten begeistert zu. Lang ist es her! Die Augsburger Puppenkiste gibt es aber immer noch. Sie gehört nicht nur zum Kulturgut der Stadt, viele betrachten sie schon als nationales Kulturgut. Im Museum der Puppenkiste können Kater Mikesch, Urmel, Jim Knopf, Lukas der Lokomotivführer und viele andere Figuren im Original angesehen werden. Auf der Bühne oder

Label der Augsburger Puppenkiste.

Bastion und Rotes Tor. Kulisse für die Freilichbühne Augsburg.

besser in der Kiste, finden immer noch Aufführungen statt. Dass die Spieler der Puppenkiste nicht nur Märchenbücher fantastisch in Szene setzen können, werden Sie auf der Seite www.augsburger-puppenkiste.de entdecken, wenn Sie sich ein wenig durchklicken und zu den Kabarettvideos mit Fadenpuppen kommen. Natürlich finden Sie auf der Seite auch das aktuelle Programm sowie die Öffnungszeiten und Eintrittspreise. Und zu guter Letzt gibt es noch das Café & Restaurant Kiste mit einer speziellen Puppenkisten-Kinderkarte. Frisch gestärkt geht es weiter zu den Wassertürmen des **Wasserwerks am Roten Tor**.

Türme des Wasserwerks am Roten Tor.

Von außen betrachtet vermutet kaum jemand beim Anblick dieser Türme, dass es sich dabei um Wasserbehälter handelt. Im Brunnenmeisterhaus wird erklärt, wie die Wasserhebung mit wasserradgetriebenen Kolbenpumpen funktioniert hat. Eine Technik, die europaweit bewundert wurde. Es ist vermutlich das älteste Wasserwerk Mitteleuropas und versorgte die Stadt von 1416 bis 1880 mit Trinkwasser. Heute gehört es zum UNESCO-Welterbe **"Augsburger Wassermanagement-System"** und kann im Rahmen einer Führung besichtigt werden. Die Termine dazu finden Sie auf dieser Seite https://wassersystem-augsburg.de.

Das **Schwäbische Handwerkermuseum** befindet sich direkt neben den Wassertürmen. In detailgetreu nachgebildeten Werkstätten wird altes Handwerk lebendig dargestellt. Besonderes Augenmerk wird auf das Zunftwesen gelegt. Nebenbei erfahren Sie, was es mit dem Spruch "dem haben wir das Handwerk gelegt" auf sich hat. Die Öffnungszeiten und Eintrittspreise lesen Sie hier www.hwk-schwaben.de. Auf der Seite können Sie auch den Veranstaltungskalender des Museums einsehen.

Von diesem sehr interessanten Stadtviertel gehen wir weiter zur Basilika **St. Ulrich und Afra,** die am Ulrichsplatz, am südlichen Ende der Maximilianstraße liegt.

Basilika St. Ulrich und Afra.

In dieser dreischiffigen Backsteinbasilika mit Querschiff und lang gestrecktem Ostchor werden die Sarkophage mit den Gebeinen der Bistumsheiligen **Ulrich, Afra** und **Simpertus** aufbewahrt. Im Inneren des Kirchenschiffs fallen die filigran wirkenden Netz- und Sterngewölbe besonders auf. Die Basilika zählt zu den letzten großen spätgotischen Kirchenbauten in Schwaben.

Dort, wo die Tram den Herkulesbrunnen umkurvt, befindet sich das **Schaezlerpalais**. Es ist nur wenige Meter von dem **Fuggerhaus** entfernt. Es steht in keiner Verbindung zu den Fuggern, sondern wurde von einem Bankier mit dem Namen Benedikt Adam Liebert v. Liebenhofen in Auftrag gegeben. Mit dem durch den Silberhandel erworbenen Vermögen konnte er die besten Handwerker und Künstler für sich tätig werden lassen, darunter **Gregorio Guglielmi** (*1714; †1773), der für das Deckenbild im **Rokokofestsaal** die Federführung innehatte. Nach dem Tod Lieberts ging das Palais in den Besitz seines Schwiegersohns Johann Lorenz Baron von Schaezler (*1762; †1826) über und blieb Eigentum dieser Familie, bis es 1958 der Stadt Augsburg geschenkt wurde.

Das Palais beherbergt heute zahlreiche Gemäldesammlungen und Sehenswürdigkeiten, darunter die **Deutsche Barockgalerie**, die **Karl und Magdalene Haberstock-Stiftung**, die **Grafische Sammlung** und den

Maximilianstraße mit Herkulesbrunnen und Schaezlerpalais.

Historische Fahrzeuge vor der historischen Fassade des Fuggerhauses.

berühmten **Rokokofestsaal**. Sehr viele Detailinformationen über das Palais und über die Ausstellungen können Sie dieser Seite entnehmen https://kunstsammlungen-museen.augsburg.de, die auch die Öffnungszeiten für Sie bereithält.

Gehen wir einige Meter weiter, fällt eine lange Fassade an der Straße auf. Es handelt sich dabei um das **Fuggerhaus**, ein Wohn- und Handelshaus das von **Jakob Fugger** in der Zeit zwischen 1512 und 1515 errichtet wurde. In diesem Gebäudekomplex wurden vier Innenhöfe mit Wasserbecken, Arkaden, Mosaiken und toskanischem Marmor angelegt. Der **Damenhof** ist mit seinen Arkadengängen und prächtig bemalten Bögen der schönste und verströmt toskanisches Flair. Er war der Garten für die weiblichen Familienangehörigen der Fugger. Heute ist hier in den Sommermonaten eine exquisite Bar eingerichtet.

Bei unserem letzten Besuch fand gerade die **Fuggerstadt Classic** statt. Es ist eine Eintages-Oldtimerrallye bei der die Piloten unterschiedlichste Prüfungen und Aufgaben zu erfüllen haben. Sie findet jedes Jahr am letzten Sonntag im September statt. Start und Ziel ist die Maximilianstraße. Maximal 100 Fahrzeuge, die mehr als 38 Jahre auf dem Buckel haben müssen, können an dieser Veranstaltung teilnehmen.

Analog zu der Oldtimer-Rally wurde die **Fuggerstadt Volt** ins Leben gerufen. Es ist eine Rallye für Elektrofahrzeuge, die direkt nach Abschluss der Oldtimer-Veranstaltung durchgeführt wird. So erleben Sie automobile Nostalgie und Zukunft an einem Tag. Über beide Veranstaltungen erfahren Sie mehr auf dieser Seite https://fuggerstadt-classic.de.

Wir gehen unseren Weg weiter, passieren das bunt bemalte **Weberhaus**, das an die Weberzunft erinnert und erreichen kurze Zeit später den **Fuggerplatz** mit dem **Hans Jakob Fugger-Denkmal**.

Er ist das einzige Mitglied der sonst so reichen und geschäftstüchtigen Fuggerfamilie, der es schaffte, in die Insolvenz zu gehen. Er investierte sein Vermögen in Kunst und Bücher, die keine Rendite

Das Weberhaus.

Fuggerdenkmal auf dem Fuggerplatz.

brachten. Wegen seiner Schulden trat er seine kostbare Sammlung antiker Handschriften und Bücher an den Herzog von Bayern ab, die als Basis der Bayerischen Staatsbibliothek angesehen werden kann. Zum Dank ließ König Ludwig I. von Bayern dem "Beförderer der Wissenschaft" ein Denkmal setzen.

Gleich neben diesem Denkmal befindet sich der Eingang des **Maximilianmuseums**. Es ist das Hauptmuseum der Stadt, das sich Skulpturen, dem Kunsthandwerk und der Stadtgeschichte widmet.

Was Sie in diesem Museum alles sehen können, erfahren Sie auf dieser Seite www.augsburg.de, wenn Sie auf Kultur klicken.

Nur wenige Meter haben wir noch vom Fuggerplatz bis zu unserem Ausgangspunkt am Rathaus zu gehen, wo wir unseren rund sieben Kilometer langen Rundgang durch die Stadt beenden. Das war sehr viel und ist an einem Tag nicht zu schaffen. Dabei haben wir nur eine Auswahl präsentiert. Sie sehen, in Augsburg können Sie sich mehrere Tage aufhalten.

Hochablass am Lech.

Einen Hinweis noch zu weiteren Attraktionen in Bezug auf das Augsburger Wassermanagement-System: Der **Eiskanal** im Osten der Stadt und der **Hochablass** am Lech gehören ebenfalls dazu und sind von den nächsten beiden Stellplätzen in Friedberg bequem mit dem Fahrrad zu erreichen.

(129) Offizieller WOMO-Badeplatz: Friedberger See

GPS: N48°21'55.4" E10°57'54.5", (481m); Seestraße, 86316 Friedberg.
Max. WOMOs: 4, maximale Länge 7 m.

Ausstattung: Der ganzjährig geöffnete Platz verfügt über keinerlei wohnmobilspezifische Einrichtungen.
Beschreibung: Asphaltierter Platz in unmittelbarer Nähe des Friedberger Sees mit Badestrand, kleinem Restaurant und öffentlich zugänglichen Toiletten. Entfernung zur Innenstadt von Augsburg 7 km, zur Innenstadt von Friedberg 2,5 km. Beide Innenstädte sind mit dem Fahrrad gut zu erreichen.
Preise: Kostenlos.
Zufahrt: Von der B300 in Richtung Dasing der Beschilderung zum See folgen.

Wakeboarden auf dem Friedberger See.

Wenn Sträucher und Bäume den Blick nicht versperren würden, hätten Sie vom WOMO freie Sicht auf den kostenlos zugänglichen Badesee, der sich großer Beliebtheit erfreut. Es gibt eine Wakeboard-Anlage, deren Nutzungsbedingungen Sie bitte dieser Seite www.chill-and-wake.de entnehmen.

Neben dem kleinen Stellplatz am See gibt es am südlichen Stadtrand diesen kostenlosen Stellplatz.

(130) Offizieller WOMO-Stellplatz: Friedberg – Gerberwiese

GPS: N48°21'16.7" E10°58'26.6", (484m); Gerberweg 1, 86316 Friedberg.
Max. WOMOs: 6, maximale Länge 9 m.

Ausstattung: Frischwasserversorgung, Abwasserentsorgung mit Bodeneinlass, Kassettenentleerung, Stromanschlüsse, Behälter für die Müllentsorgung, ganzjährig geöffnet.
Beschreibung: Sonnige Stellflächen auf Schotterrasen. Die geräumige Entsorgungsanlage ist sehr gut anzufahren, auch wenn der Stellplatz nicht für eine Übernachtung genutzt wird. 10 Minuten werden benötigt, um zu Fuß in die Innenstadt zu gelangen. Dabei ist eine leichte Steigung auf die Anhöhe zu bewältigen. In 12 bis 14 Minuten schaffen Sie es bis zum Wittelsbacher Schloss.
Preise: Kostenlos, Frischwasser 1,00 € (ca. 100 Liter), auch kleinere Mengen sind in 10 Cent-Schritten möglich. Strom kostet 1,00 € pro kWh. Abwasserentsorgung und die Entleerung der Bordtoilette sind kostenfrei.
Zufahrt: Von der B300 am Möbelhaus Segmüller vorbei in Richtung Innenstadt fahren. Dem Verlauf der Straße folgen und 200 Meter nach einer Rechtskurve links zum Stellplatz abbiegen.

Einen weiteren offiziellen und kostenlosen Stellplatz finden Sie neben der **Wallfahrtskirche Herrgottsruh** mit diesen Koordinaten [**131**: N48°21'27.8" E10°59'27.9"]. Die Kirche befindet sich in der Herrgottsruhstraße 29 in 86316 Friedberg. Im Gegensatz zu dem Stellplatz auf der Gerberwiese verläuft der Fußweg in die Innenstadt steigungsfrei. Rund 1000 Meter sind es bis ins Zentrum.

Über Führungen durch die sehenswerte, barock gestaltete Wallfahrtskirche und über die Geschichte der Wallfahrt erfahren Sie mehr auf dieser Seite https://herrgottsruh-friedberg.de.

Stellplatz an der Wallfahrtskirche Herrgottsruh in Friedberg.

Kommen wir nun zu den weiteren Sehenswürdigkeiten der rund 30.000 Einwohner zählenden Stadt.

Auffällig und schön gestaltet ist der Marienplatz mit dem **Rathaus**, einem Renaissancegebäude mit eleganter Außenfassade und reich dekoriertem Sitzungssaal. Rathaus und Marienplatz bilden das Zentrum der alljährlich stattfindenden **"Friedberger Zeit",** einem Altstadtfest, das seit 1989 jedes Jahr mit großem Aufwand die Epoche zwischen 1680 und 1790 wieder aufleben lässt. Näheres zu diesem zehntägigen Fest, das im Sommer begangen wird, erfahren Sie auf dieser Seite https://friedberger-zeit.de.

Renaissancerathaus mit Marienbrunnen in Friedberg.

Neben dem Altstadtkern und dem Fest ist ein Besuch des **Wittelsbacher Schlosses** empfehlenswert. Es dient heute als modernes Kultur- und Veranstaltungszentrum. Darüber hinaus ist in dem Schloss ein Museum untergebracht, das nicht nur die Geschichte der Stadt und des Schlosses lebendig werden lässt, sondern auch einen Einblick in das Uhrmacherhandwerk bietet, das einmal das wirtschaftliche Rückgrat dieser Stadt war, als noch Uhren aus Friedberg in alle Welt verkauft wurden.

Von Friedberg setzen wir die Reise auf der Romantischen Straße fort und fahren als nächsten Badeort den **Weitmannsee** bei **Kissing** an, der durch einen Kiesabbau entstand.

Nach Ende des Kiesabbaus wurde die Baggerlandschaft in ein Erholungsgebiet umgewandelt. Ein Badestrand am Nordostufer des Sees wurde angelegt, der sich rasch großer Beliebtheit erfreute. In unmittelbarer Nähe wurde ein umfangreiches Parkgelände geschaffen, das auch ausreichend Platz für Wohnmobile aufzuweisen hat. Sie erreichen die Einfahrt mit diesen Koordinaten [**132**: N48°17'41.8" E10°56'55.2"].

Neben Badespaß und einigen Sportmöglichkeiten sind hier Liegewiesen, ein großer Kinderspielplatz, eine öffentlich zugängliche Toilette und ein Restaurant mit einer sehr guten italienischen Küche zu verzeichnen. Die Badetätigkeit wird in den Sommermonaten von Rettungsschwimmern überwacht.

Ruhiger Platz am Weitmannsee.

Auf einem etwas mehr als drei Kilometer langen Weg lässt sich der See umrunden. Das Südufer ist naturbelassen. An dieser Stelle und auf den vielen, durch Abraum entstandenen Inseln haben Wasservögel ihre Nistplätze und in den Uferbereichen finden sich die Kinderstuben von Rotaugen, Barschen und anderen Fischen.

Blick von Badestrand auf den Weitmannsee.

Nur acht Kilometer weiter lechaufwärts befindet sich der **Mandichosee**. Es handelt sich dabei um eine der durchnummerierten Lechstaustufen, in diesem Fall die Nummer 23. 22 weitere folgen lechaufwärts. Einige davon werden wir noch in dieser und in der nächsten Tour aufsuchen. Nicht alle Staustufen bekamen noch einen zusätzlichen Namen. Diese große Staustufe wurde 2003 nach dem bayerischen Fürsten Mandicho benannt. Wie der Baggersee, den wir zuvor besucht haben, hat auch dieses Gewässer eine große Freizeitfunktion. Dieser See wird allerdings in erster Linie für den Wassersport genutzt. Segler, Surfer und Stand-up-Paddler sind hier in großer Zahl anzutreffen. Badegäste scheinen eher den Weitmannsee zu bevorzugen, dessen Parkplatz auch wesentlich größer ist als der am Mandichosee, den Sie mit diesen Koordinaten **[133**: N48°15'28.2" E10°56'21.1"] erreichen. Auch auf diesem Gelände können Sie eine geruhsame Nacht verbringen. Einen kleinen Imbiss mit Biergarten und Blick auf den See gibt es auch. Wenn Sie den See zu Fuß umrunden wollen, müssen Sie gleich bis zur nächsten Staustufe gehen und dort die Staumauer überqueren. Zwischen den Staumauern des Mandichosees und der Staufstufe 22

Parkplatz am Mandichosee.

Der Mandichosee ist ein kleines Wassersportparadies.

gibt es keine weitere Möglichkeit, den Lech zu überqueren. Der Weg ist neun Kilometer lang.

Wer auf einem der beiden letztgenannten Stellplatz längere Zeit verbracht hat, wird sich über diese Anlage in Königsbrunn freuen, die alle notwendigen Ver- und Entsorgungseinrichtungen bereithält.

(134) Offizieller WOMO-Stellplatz: Königsbrunn

GPS: N48°16'20.7" E10°53'01.0", (517m); Königsallee, 86343 Königsbrunn.
Max. WOMOs: 11, maximale Länge 9 m.
Ausstattung: Frischwasserversorgung, Abwasserentsorgung mit Bodeneinlass, Kassettenentleerung, Stromanschlüsse, Behälter für die Müllentsorgung, ganzjährig geöffnet.

Beschreibung: Sonnige Stellflächen auf geschottertem Untergrund. Die Parzellen sind geräumig und mit Hecken voneinander getrennt. Die großflächige Entsorgungsanlage ist sehr gut anzufahren, auch wenn der Stellplatz nicht für eine Übernachtung genutzt wird. Bis zum Mercateum sind es nur wenige Meter.
Preise: Kostenlos, Frischwasser 1,00 € (ca. 100 Liter), auch kleinere Mengen sind in 10 Cent-Schritten möglich. Strom kostet 1,00 € pro kWh. Abwasserentsorgung und die Entleerung der Bordtoilette sind kostenfrei.
Zufahrt: In Königsbrunn den Hinweisen zur Eisarena folgen.

Bei unserem letzten Besuch hatte der Platz noch ein wenig Baustellencharakter. Die Therme, die hier einst stand, wurde vollständig abgerissen. Erneuert wird sie nicht. Ersatzweise

Das Mercateum in Königsbrunn.

soll ein neuer städtebaulicher Akzent gesetzt werden. Sie müssen also an diesem Ort mit Bautätigkeiten rechnen. Von hier können Sie übrigens auch sehr bequem mit der Tram nach Augsburg fahren.

Sehenswert ist das **Mercateum**, das nur wenige Meter vom Stellplatz entfernt ist. Es ist ein Globus, auf dem eine historische Weltkarte von Diego Riberos aus dem frühen 16. Jahrhundert auf eine, im Durchmesser zehn Meter messende, Kugel projiziert wurde. Im Inneren des Globus wird der Welthandel im Mittelalter thematisiert. Es wird deutlich, dass die Globalisierung keine neuzeitliches Phänomen ist. Der Warenverkehr wird nur immer schneller und komplexer. Offiziell wird das Mercateum als Denkmal für die Handelsbeziehungen zwischen Schwaben und Franken auf der einen und Indien auf der anderen Seite behandelt.

Die Öffnungszeiten und weitere Informationen zu diesem spektakulären Globus finden Sie hier www.koenigsbrunn.de/kultur/museen/mercateum.

Der Eingang der Schlossanlage.

Über das topfebene **Lechfeld**, auf dem 955 **Otto I. der Große**, seinen größten militärischen Triumph erzielte, als er die Ungarn bezwang und damit die Raubzüge der Magyaren im süddeutschen Raum endgültig beendete, wie wir noch aus dem Geschichtsunterricht wissen, geht es nun nach **Kaltenberg** zu einer außergewöhnlichen Schlossanlage. Dabei steht nicht die Architektur oder der Baustil im Vordergrund, sondern die interessanten und abwechslungsreichen Attraktionen, die im und um das Schloss herum angeboten werden. Allem voran sind die jährlich stattfindenden **Ritterspiele** zu nennen, die mit spektakulären Shows in einer eigens dafür geschaffenen großen Arena mit mehr als 10.000 Plätzen stattfinden.

Den Parkplatz für Schloss und Spiele finden Sie mit diesen Koordinaten [**135**: N48°07'50.1" E10°59'26.4"] in der

Schloßstraße in Kaltenberg, einem Teilort der Gemeinde Geltendorf. Die Parkgebühren bei Veranstaltungen betragen acht Euro pro Tag. Ver- und Entsorgungseinrichtungen gibt es nicht. Hunde können Sie nicht mit hierher bringen.

Das Ritterturnier spiegelt keine historische Begebenheit wider, sondern ist eine Stuntshow. Die Ritter, Reiterinnen und Reiter sind Athleten, die halsbrecherische Kunststücke mit ihren Pferden zeigen und täuschend echte Kampfhandlungen mit splitternden Lanzen und blutigen Schwertern demonstrieren. Begleitet wird die Show von Pulverdampf, Feuer und martialischer Musik.

Neben diesen Stuntshows gibt es einen umfangreichen bunten Mittelaltermarkt mit rund 150 Ständen und umfangreichem Begleitprogramm, das Sie sich am besten auf dieser Seite www.ritterturnier.de anschauen.

Neben den Ritterturnieren und anderen Veranstaltungen lohnt auch ein Besuch des Schlosses hinter dem Turnierplatz. In den Nebengebäuden des Schlosses wird königlich bayerisches Bier gebraut. Die Brauerei wie das Schloss wurde 1954 von den Wittelsbachern erwor-

Schloss Kaltenberg.

Einer der Ritter, der in einem Duell auf seinen schon ungeduldigen ...

... Gegner wartet, der ihm gleich im schnellen Galopp entgegenstürmen wird.

ben und ist heute Wohnsitz von Luitpold Prinz von Bayern, dem Urenkel von Ludwig III., dem letzten König von Bayern.

In der Schlossanlage wird auch ein Restaurant mit Biergarten betrieben. Wenn Sie im ritterlichen Ambiente speisen möchten, so schauen Sie sich doch einmal die Speisekarte der Ritterschwemme an www.schloss-kaltenberg-ritterschwemme.de. Ist das etwas für Sie?

Wir fahren weiter nach **Landsberg am Lech**, der letzten Station dieser Tour. Ein Stell- und ein Campingplatz bieten sich für mehrtägige Aufenthalte an. Wir stellen sie kurz vor.

(136) Offizieller WOMO-Stellplatz: Landsberg am Lech – Waitzinger Wiese

GPS: N48°03'22.4" E10°52'17.4", (593m); Waitzinger Wiese, 86899 Landsberg am Lech.
Max. WOMOs: 8, maximale Länge 12 m, max. Aufenthalt 4 Tage.
Ausstattung: Frischwasserversorgung, Abwasserentsorgung mit Bodeneinlass, Kassettenentleerung, Stromanschlüsse, Behälter für die Müllentsorgung, ganzjährig geöffnet.

Beschreibung: Große, schattenlose Stellflächen auf Betonpflastersteinen, von einem PKW-Parkplatz durch eine Schranke getrennt. Bis zum Hauptplatz sind es zu Fuß rund 1000 Meter. Neben diesem Parkplatz befindet sich die Festwiese, die für Jahrmärkte und andere Veranstaltungen genutzt wird.
Preise: 7,00 € für ein Fahrzeug, Frischwasser 1,00 € (50 Liter) und Strom 1,00 € für 6 Stunden. Abwasserentsorgung und Entleerung der Bordtoilette sind kostenfrei.
Zufahrt: In Landsberg den Hinweisen zur Waitzinger Wiese folgen.

(137) WOMO-Campingplatz: Landsberg am Lech

GPS: N48°01'56.3" E10°53'04.8"; Pössinger Au 1, 86899 Landsberg.
Max. WOMOs: >20, maximale Länge 12 m.

Ausstattung: Frischwasserversorgung, Abwasserentsorgung mit Bodeneinlass, Kassettenentleerung, Stromanschlüsse, Behälter für die Müllentsorgung, WLAN, Brötchenservice. Im Servicegebäude gibt es Duschen, WCs, Waschmaschinen und Trockner. Der Platz ist ganzjährig geöffnet.
Beschreibung: Große, überwiegend sonnige Rasenplätze. Semmeln, Dinkelsemmeln und Croissants, gibt es jeden Morgen am Imbiss, der neben dem Gasthaus inkl. eines Biergartens für die Kulinarik sorgt. Rad- und Wanderwege führen am Platz vorbei. Fußweg bis zur Stadtmitte entlang des Lechs 3 km.

Preise: Personen ab 14 Jahre 5,50 €, Kinder 4-13 Jahre 3,50 €, Hund 3,50 €, Wohnmobil 10,50 €, Strom 0,80 € pro kWh. Dusche 0,50 €, Waschmaschine 3,50 €, Trockner 3,00 €.
Zufahrt: Von Landsberg in Richtung Ummendorf fahren und etwa einen Kilometer nach Ortsende rechts abbiegen..
Reservierung/Kontakt: Tel.: 08191/47505
E-Mail: info@camping-landsberg.com, Web: www.camping-landsberg.com.

Mit seiner attraktiven Altstadt und dem markanten, fast 200 Meter langen Stauwehr am Lech, zieht die fast 30.000 Einwohner zählende Stadt viele Besucher an. An sonnigen Tagen tummeln sich die Touristen auf dem dreieckigen Hauptplatz, betrachten den Schmalzturm, die Mariensäule und natürlich das historische Rathaus, das mit seiner prächtigen Rokokofassade von **Dominikus Zimmermann** alle Blicke auf sich zieht.

Der Hauptplatz mit der Mariensäule und dem historischen Rathaus.

Dominikus Zimmermann war nicht nur ein berühmter Baumeister (Hauptwerk ist die Wieskirche in Steingaden), sondern auch eine Zeit lang Bürgermeister von Landsberg. Bei einer speziellen Stadtführung, über die Sie auf dieser Seite www.landsberg.de/tourismus/stadtfuehrungen mehr erfahren, erzählt Ihnen seine Frau etwas über sein Leben und seine Werke.

Die Befestigung der Stadt mit Türmen und Mauern verlief in mehreren Phasen. Mit der Entwicklung und der Erweiterung Landsbergs wurde die Stadtbefestigung auch auf die Hochebene östlich des Lechs ausgedehnt. Hier entstanden mächtige Mauern, die heute noch in großen Teilen erhalten sind. Der Zugang zur oberen Altstadt erfolgte durch das **Bay-**

Der Schmalzturm ist ein Bauwerk der ersten Stadtmauer und das Bayertor ...

... aus dem Jahr 1425 bildet den Abschluss des dritten Stadtmauerringes.

ertor, das 1425 fertiggestellt wurde. Es wurde im gotischen Stil errichtet und ist in seiner Architektur und Außengestaltung sicher eines der schönsten Stadttore, das wir in diesem Buch aufgenommen haben. In den Sommermonaten kann der Turm dienstags bis sonntags zwischen 10:30 und 12:30 Uhr sowie zwischen 13:00 und 17:00 Uhr bestiegen werden. Der Eintritt kostet 1,00 Euro.

Der **Schmalzturm** aus dem ersten Befestigungsring, der aus dem frühen 14. Jahrhundert stammt, verlor damit an Bedeutung, blieb aber bestehen.

Neben diesen beiden stattlichen Toren gibt es vier weitere, die Sie bei einem Spaziergang durch die untere Altstadt entdecken werden.

Der **Mutterturm**, der auf der auf der linken Seite des Lechs steht und den Sie von der Altstadt über den Lechsteg erreichen können, ist kein Teil der Stadtbefestigung. Es ist ein äußerst kreativ gestaltetes Künstlerhaus aus massivem Tuffstein, das der deutsch-britische Maler, Bildhauer und Schriftsteller **Hubert von Herkomer** (*1849 - †1914) als Andenken an seine Mutter errichten ließ. Gleich daneben befindet sich ein Museum, in dem Sie mehr über dieses Multitalent in der Ausstellung "A man of many parts" erfahren können https://herkomer.de.

Auch an dieser Stelle gibt es ein Café. Hier haben Sie die Gelegenheit, eine Rast einzulegen, bevor Sie durch die Parkanlagen am linken Lechufer entlang eines Planetenweges zum **Lechwehr** und der Katharinenbrücke kommen.

Um zur **Teufelsküche,** dem Quell- und Naherholungsgebiet der Stadt zu gelangen, müssen Sie von der Brücke entlang des Flusses rund drei Kilometer gehen. An der

Der Mutterturm am linken Lechufer.

Das Lechwehr ist fast 200 Meter lang.

Mündung des Dorfängerbaches in den Lech befindet sich das gleichnamige Ausflugslokal www.teufelskueche-landsberg.de, das nicht nur schön und idyllisch gelegen ist, sondern auch einen ausgezeichneten Service bietet.

Damit wollen wir es in dieser Tour bewenden lassen. In der nächsten fahren wir den Lech weiter hinauf und wandeln dabei auf den Spuren von Dominikus Zimmermann.

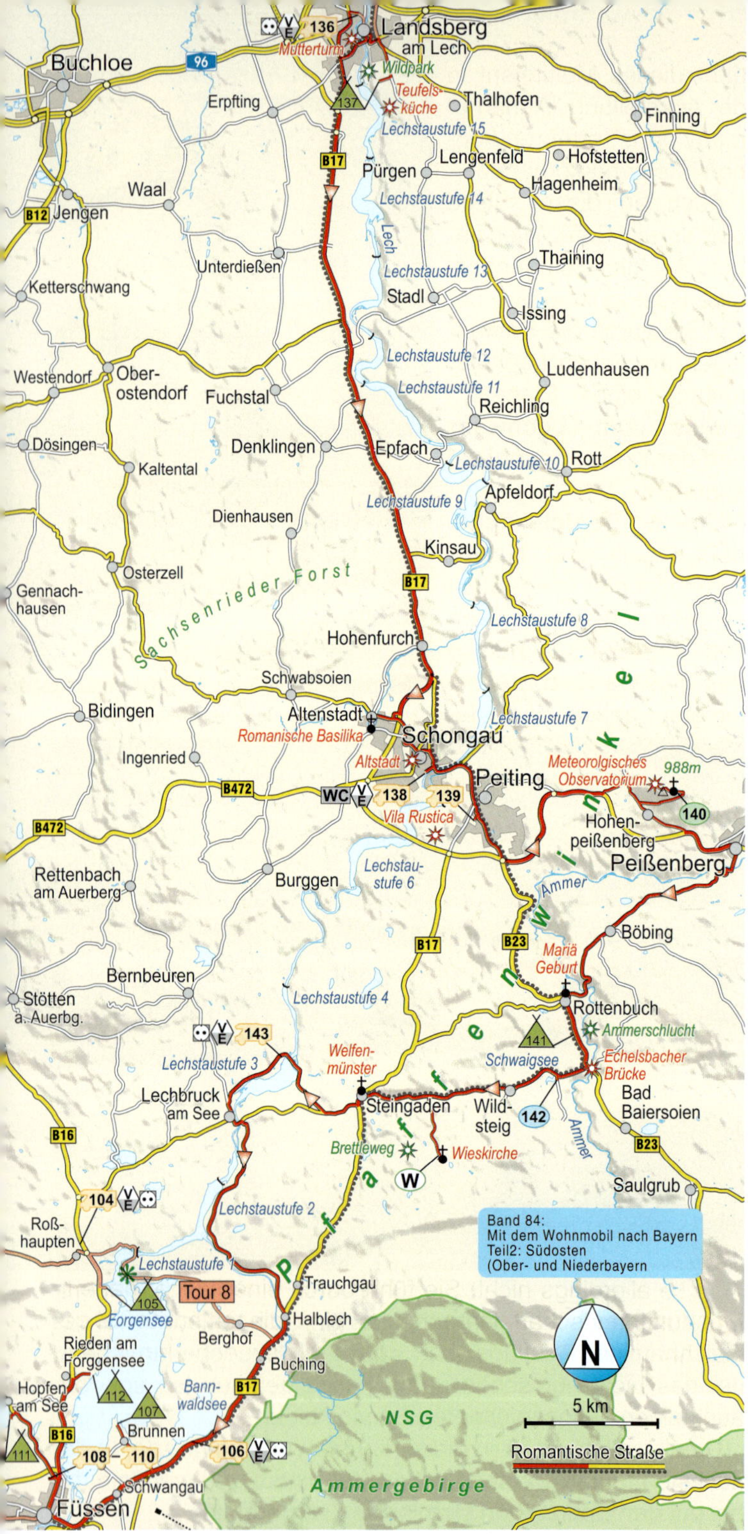
136
Landsberg
am Lech
Mutterturm
Wildpark
Buchloe
96
137
Teufels-
küche
Thalhofen
Erpfting
Finning
Lechstaustufe 15
B17
Lengenfeld
Hofstetten
Pürgen
Hagenheim
Waal
B12
Jengen
Lechstaustufe 14
Lech
Thaining
Unterdießen
Lechstaustufe 13
Ketterschwang
Stadl
Issing
Lechstaustufe 12
Ludenhausen
Westendorf
Ober-
ostendorf
Fuchstal
Lechstaustufe 11
Reichling
Dösingen
Denklingen
Epfach
Lechstaustufe 10
Rott
Kaltental
Apfeldorf
Lechstaustufe 9
Dienhausen
Kinsau
Osterzell
Sachsenrieder Forst
B17
Gennach-
hausen
Lechstaustufe 8
Hohenfurch
Schwabsoien
Bidingen
Altenstadt
Lechstaustufe 7
Romanische Basilika
Schongau
Ingenried
Altstadt
Meteorolgisches
Observatorium
988m
Peiting
B472
WC
138
139
140
B472
Vila Rustica
Hohen-
peißenberg
Peißenberg
Rettenbach
am Auerberg
Burggen
Lechstau-
stufe 6
Ammer
B17
B23
Böbing
Mariä
Geburt
Pfaffenwinkel
Bernbeuren
Lechstaustufe 4
Rottenbuch
Stötten
a. Auerbg.
Ammerschlucht
143
141
Welfen-
münster
Schwaigsee
Echelsbacher
Brücke
Lechstaustufe 3
Lechbruck
am See
Steingaden
Wild-
steig
142
Bad
Baiersoien
B16
Brettleweg
Wieskirche
Ammer
B23
W
Saulgrub
104
Lechstaustufe 2
Roß-
haupten
Band 84:
Mit dem Wohnmobil nach Bayern
Teil2: Südosten
(Ober- und Niederbayern
Lechstaustufe 1
Trauchgau
Tour 8
105
Forgensee
Halblech
Berghof
Rieden am
Forggensee
Buching
N
Hopfen
am See
112
Bann-
waldsee
B17
107
5 km
NSG
B16
Brunnen
111
108 – 110
106
Romantische Straße
Schwangau
Ammergebirge
Füssen

TOUR 11 (ca. 140 km)

Altenstadt – Schongau – Peiting – Hohenpeißenberg – Rottenbuch – Wildsteig – Steingaden – Lechbruck – Schwangau – Füssen

Stellplätze:	Schongau, Peiting, Hohenpeißenberg, Wildsteig, Steingaden, Lechbruck, Schwangau, Füssen.
Campingplätze:	Rottenbuch.
Besichtigungen:	Altenstadt (Romanische Basilika), Schongau (Altstadt), Hohenpeißenberg (Wallfahrtskirche), Rottenbuch (Wallfahrtskirche), Steingaden (Wieskirche, Welfenmünster), Lechbruck (Flößermuseum).
Wandern/Radwandern:	Auf dem Hohenpeißenberg, Steingaden (Brettleweg), Lechbruck (rund um die Staustufe).
Baden/Wellness:	Schongau (Freizeitbad), Wildsteig (Schwaigsee), Lechbruck (Lechstausee Urspring).

Es gibt wohl kaum eine andere Region in Deutschland, in der es auf so kleinem Raum so viele Kirchen und Klöster gibt, wie die, die wir jetzt zum Schluss des Buches durchfahren wollen. **"Pfaffenwinkel"** wird die Region zwischen dem Lech im Westen und der Loisach im Osten genannt. Pfaffe ist eigentlich seit der Reformation die geringschätzige Bezeichnung für einen katholischen Geistlichen. Das hat die Freizeitmanager dieser Region aber nicht davon abgehalten, diesen Begriff, den es schon seit dem 18. Jahrhundert gibt, für die Tourismuswerbung einzusetzen. Auf dieser Seite www.pfaffen-winkel.de finden Sie dann auch alles, was in diesem Winkel angeboten wird.

Wir beschränken uns auf den westlichen Teil und picken uns dort auch nur die Highlights heraus. Wenn Sie den gesamten Pfaffenwinkel bereisen möchten, empfehlen wir Ihnen sich auch noch den Band 84 der WOMO-Reihe zuzulegen.

Starten wir nun die Reise. Erstes Ziel auf dieser Tour ist Altenstadt. Um den Ort zu erreichen fahren wir auf der Romantischen Straße gen Süden. Romantisch zeigt sich die Strecke allerdings nicht. Sie führt durch eine flache, bäuerliche Kulturlandschaft. Der Lech hat einst dieses breite Tal geschaffen. Heute hat er sich stark zurückgezogen und verläuft in einem schmalen Taleinschnitt, in dem seine Kraft mit vielen Staustufen gebändigt wurde. Sie dienen dem Hochwasserschutz und der Elektrizitätsgewinnung. Insgesamt wurden 30 Kraftwerke und 24 Stauseen angelegt. Die meisten davon haben keine touristische Bedeutung. Auch die zwischen

Landsberg und Schongau nicht, deshalb fahren wir zügig durch und erreichen nach rund 28 Kilometern diesen Parkplatz [GPS: N47°49'21.0" E10°52'18.2"] in **Altenstadt**.

Dieses Städtchen ist der Vorläufer von Schongau. Eine Siedlung muss es an diesem Ort schon zur Zeit der Römer gegeben haben, denn hier kreuzten sich die Römerstraße Via Claudia Augusta und die alte Salzstraße von Kempten nach Salzburg. Im 13. Jahrhundert zogen viele Bürger dieses Städtchens um in das höher gelegene "neue" Schongau um. Zurück blieb die "Alte Stadt", die fortan auch so genannt wurde.

Romanische Basilika in Altenstadt.

Bemerkenswert in diesem von Barockkirchen dominierten Pfaffenwinkel ist die **Romanische Basilika**, die in diesem Ort in architektonischer Reinheit steht. Es ist eine Kirche aus dem 12. Jahrhundert, die es wert ist, besichtigt zu werden. Die Schlichtheit dieser Architektur und die einfache Ausgestaltung des Kirchenschiffes stehen im krassen Gegensatz zum Prunk und Protz der Barockkirchen dieser Region.

Ein romanischer Auftakt für den Pfaffenwinkel. Wer hätte das gedacht! Es gibt keine weitere Kirche dieser Art und Größe in diesem Winkel, und wenn, dann wurde sie umgestaltet und barockisiert.

Von Altenstadt fahren wir nun weiter nach **Schongau** und steuern dort den Stellplatz an, den Sie auf der folgenden Seite beschrieben finden.

Vom Stellplatz führt ein kurzer Weg für Fußgänger über Treppen und ein längerer, stufenloser für Radfahrer nach oben. Rund 35 Meter liegt die Altstadt über der Flussaue auf einem

(138) Offizieller WOMO-Stellplatz: Schongau

GPS: N47°48'33.0" E10°53'57.1", (673m); Lechuferstraße, 86956 Schongau.
Max. WOMOs: 20, maximale Länge 12 m, max. Aufenthalt 5 Tage.
Ausstattung: Frischwasserversorgung, Abwasserentsorgung mit Bodeneinlass, Kassettenentleerung, Müllentsorgung, WCs, ganzjährig geöffnet. In den Wintermonaten ist eine Wasserversorgung nicht möglich.

Beschreibung: Große, sonnige, geschotterte, unparzellierte Stellflächen in unmittelbarer Nähe des Lechs. Innenstadtnah. Die geräumige und bequem anzufahrende Entsorgungsstation kann auch genutzt werden, ohne auf dem Platz verweilen zu wollen.
Das Plantsch Badespaß und Saunaland ist 300 Meter entfernt.
Preise: 8,00 € für ein Fahrzeug, unabhängig von der Personenzahl, Frischwasser 1,00 €. Abwasserentsorgung und Entleerung der Bordtoilette sind kostenfrei. Einen Parkschein gibt es über einen Automaten. Auf dem Ticket wird der Code für den Toilettenzugang gedruckt.
Zufahrt: Im Stadtgebiet von Schongau in Richtung Peiting fahren und vor der Brücke über den Lech rechts abbiegen.

Höhenrücken. Sie wurde im Mittelalter an dieser strategisch günstigen Stelle gebaut und mit Stadtmauern und Türmen befestigt. Davon ist noch einiges erhalten geblieben, wie zum Beispiel der **Polizeidienerturm**, der im 13. Jahrhundert als Stadttor errichtet wurde, dann aber in späteren Jahren diese Funktion verlor und nur noch Fußgängern als Durchschlupf diente. Die Nutzung des Turmes als Wohnung für den Polizeidiener im 19. Jahrhundert gab ihm schließlich seinen Namen.

Durch diesen Turm schreiten Sie, wenn Sie vom Stellplatz auf kürzestem Weg in die Altstadt hochgehen. Dann wird Ihr Blick auf eine lange, fast schnurgerade Straße mit dem Linden- und dem Ma-

Polizeidienerturm in Schongau.

Das Ballenhaus.

Marienplatz und Pfarrkirche St. Mariä Himmelfahrt.

rienplatz fallen. Zwischen den beiden Plätzen steht das Ballenhaus, das mit seine Treppengiebel auffällt. Es wurde im frühen 15. Jahrhundert gebaut und diente als Schranne. Heute ist darin ein Café untergebracht.

Am Rande des Platzes ist die Pfarrkirche St. Mariä Himmelfahrt zu sehen, die mit einer prachtvollen barocken Ausstattung aufwarten kann. Architekt des Langhauses war Dominikus Zimmermann.

Ein klassischer Stadtrundgang auf eigene Faust ist immer möglich. Für einen schaurig-schönen Spaziergang sorgt der Bestsellerautor **Oliver Pötzsch,** dessen Vorfahren in Schongau gelebt und einer Henkerdynastie angehört haben. Wenn Sie hören möchten, was er zu berichten hat, dann geben Sie "Oliver Pötzsch führt durch die Schongauer Altstadt" in Ihre Suchmaschine ein und Sie werden zu einer Seite auf outdooractive geleitet, auf der zehn Audiobeiträge abgelegt sind. Mehr über den Autor, dessen Henkerstocher Saga in Schongau spielt, erfahren Sie auf dieser Seite http://oliver-poetzsch.de.

Für eine Erfrischung sorgt das **Plantsch Badespaß und Saunaland**, das sich in unmittelbarer Nähe des Stellplatzes befindet. Was dieses Freizeitbad mit dem außergewöhnlichen Namen alles zu bieten hat, erfahren Sie auf dieser Seite www.plantsch.de.

Um ein Bad zu nehmen, können Sie auch den Standort wechseln, nach **Peiting** fahren und sich in unmittelbarer Nähe des Wellenfreibades am Badweg auf diesen kostenlosen Stellplatz [**139**: N47°47'36.7" E10°55'22.2"] begeben, der auf geschottertem Untergrund fünf Wohnmobilen Platz bietet.

In etwas mehr als zwei Kilometern Entfernung sind die Überreste einer **Vila Rustica** zu sehen, die ganzjährig zugänglich ist. Die wesentlichen Teile befinden sich in einem verglasten Schutzhaus. Auf dieser Seite www.villarustica-peiting.de erfahren Sie mehr über dieses Kleinod.

Von Peiting fahren wir weiter auf den **Hohenpeißenberg**. Neben der **Wallfahrtskirche Mariä Himmelfahrt** ist auf diesem 988 Meter hohen Berg das **Meteorologische Observatorium** von besonderem Interesse. Auch wenn man dieses nicht direkt besuchen kann, so gibt doch der Meteorologische Lehrpfad einen Einblick in die Arbeit der ältesten Wetterstation Deutschlands. Wenn Sie den Parcours mit seinen zehn Stationen durchlaufen und die Info-Tafeln aufmerksam studiert haben, sind Sie um einige Erkenntnisse in der Meteorologie und Klimatologie reicher. Der Weg startet an dem großen Parkplatz [**140**: N47°48'04.8" E11°01'02.7"], auf dem Sie auch Ihr WOMO abstellen und eine ruhige Nacht verbringen können. Er ist allerdings kostenpflichtig. Fünfzehn Euro haben Sie für die Nacht zu zahlen, wovon Sie fünf erstattet bekommen, wenn Sie in dem Restaurant "Bayerischer Rigi" www.bayerischer-rigi.de, zu dem dieser Platz gehört, einkehren. Wenn Sie Glück haben, ergattern Sie einen Parkplatz in der Reihe am Hang und können durch die Frontscheibe Ihres Fahrzeugs das schöne Alpenpanorama genießen, das Sie auf dieser Seite sehen.

Die Stele an dem Parkplatz wurde anlässlich des

Stele am Parkplatz auf dem Hohenpeißenberg.

Parkplatz auf dem Hohenpeißenberg.

Blick vom Hohenpeißenberg auf die Alpen.

Blick in die Wallfahrtskirche.

500-jährigen Gemeinde- und Wallfahrtsjubiläums im Jahre 2014 errichtet und symbolisiert die Wallfahrt, die an der Wallfahrtskirche endet, die auf der Spitze der Skulptur zu sehen ist.

Womit wir bei dem Gotteshaus wären, das genau genommen eine Doppelkirche ist. Sie besteht aus einer Gnadenkapelle aus dem 16. Jahrhundert und einer angebauten neueren Kirche aus dem 17. Jahrhundert. Die Kapelle wurde, nachdem die Kirche im Barockstil fertiggestellt war, im Stile des Bayerischen Rokoko im 18. Jahrhundert "modernisiert". Beide Gotteshäuser sind bei Weitem nicht so intensiv mit Skulpturen und Bildern überladen, wie wir das in anderen Barockkirchen schon gesehen haben und bei den nächsten Barockkirchen noch sehen werden, wie zum Beispiel in der **Pfarrkirche Mariä Geburt** in **Rottenbuch**, dem nächsten Etappenziel auf unserer Reise. Den Wanderparkplatz Pfaffenwinkler Milchweg [GPS: N47°43'57.7" E10°57'54.9"] am Südrand des Ortes, dürfen Sie für den Besuch des Klosters und für eine Wanderung auf dem besagten Weg nutzen. Über Nacht stehen bleiben können Sie hier aber nicht. Dafür müssen Sie sich auf dem Campingplatz einquartieren, den wir auf der folgenden Seite vorstellen oder zum Schwaigsee weiterfahren.

Markant ist der Kirchturm, der mit 67 Metern Höhe als Campanile frei stehend neben dem Kirchengebäude zu sehen ist, das zwischen 1085 und 1125 erbaut wurde. Im Inneren zeigt es eine Überfülle an Skulpturen, Maler- und Schnitzereien, die jeden Betrachter erstaunen lassen. Sie wurden im 18. Jahrhundert in das Gebäude eingefügt. Dominikus Zimmermann hatte bei dieser Kirche seine Finger aber nicht im Spiel. Das Gebäude war Teil eines Klosters, das als Augustiner-Chorherrenstift bis zur Säkularisation bestand. Nachdem das Kloster aufgelöst worden war, wurden die meisten Gebäude abgerissen. Die Kirche aber blieb verschont.

Kirchturm der Pfarrkirche Mariä Geburt.

Kirchenschiff der Pfarrkirche in Rottenbuch.

Der **Pfaffenwinkler Milchweg** ist ein Themen-Wanderweg von etwas über vier Kilometern Länge. Auf diesem Weg erfahren Sie erneut eine Menge über die Milchwirtschaft in dieser Region. Über diese Seite www.pfaffenwinkler-milchweg.de können Sie den Tourverlauf aufrufen und sich über die dort gestellten Fragen den Kopf zerbrechen. Auf der Wanderung bekommen Sie diese dann auf Schautafeln beantwortet. Ein Highlight auf diesem Weg ist der Besuch der **Schönegger Käse-Alm**, auf der Sie sich einen kleinen Käsevorrat in den Rucksack packen können. Wenn Sie immer schon immer einmal das Handwerk der Käseherstellung näher anschauen wollten, dann haben Sie hier die Gelegenheit dazu. Spontan funktioniert das natürlich nicht, aber wenn Sie auf diese Seite gehen www.schoenegger.com, erfahren Sie die Termine und sehen, welche Veranstaltungen die Käserei sonst noch im Angebot hat.

Nach Abschluss der kleinen Wanderung geht es mit dem WOMO weiter. Für einen Besuch der Käseschule auf der Käsealm empfiehlt sich unter Umständen dieser Campingplatz südlich von Rottenbuch, an dem wir auf unserer Fahrt vorbeikommen.

(141) WOMO-Campingplatz: Rottenbuch – Terrassen-Camping am Richterbichl

GPS: N47°43'39.2" E10°58'01.1", (773m); Solder 1, 82401 Rottenbuch.
Max. WOMOs: >20, maximale Länge 12 m.
Ausstattung: Frischwasserversorgung, Abwasserentsorgung mit Bodeneinlass, Kassettenentleerung, Stromanschlüsse, Müllentsorgung, WLAN, Brötchenservice, Kiosk, Badeweiher. Servicegebäude mit Duschen, WCs, Waschmaschinen und Trockner. Der Platz ist ganzjährig geöffnet.
Beschreibung: Große, sonnige, teilweise auch schattige Rasenplätze nah am Ortsrand von Rottenbuch.
Preise: Saisonabhängig, Personen ab 17 Jahren 6,50 € oder 7,50 €, Kinder zwischen 3 und 16 Jahren 3,50 € oder 4,00 €, Hund 2,50 €, Wohnmobil 8,00 € oder 9,00 €, Strom 0,70 € pro kWh.
Zufahrt: Von Rottenbuch auf der B23 Richtung Saulgrub/Bad Kohlgrub fahren und am Ende des Ortes auf der rechten Seite auf die Einfahrt zum Campingplatz achten.
Reservierung/Kontakt: Tel.: 08867/1500
E-Mail: info@camping-rottenbuch.de, Web: www.camping-rottenbuch.de.

Nicht weit davon entfernt finden Sie mit dieser Position [GPS: N47°42'40.9" E10°58'29.0"] einen Parkplatz, von dem Sie es nicht weit zu einer Aussichtsplattform haben, von dem Sie auf der einen Seite auf die frisch gebaute **Echelsbacher Brücke** schauen können und auf der anderen Seite einen Blick hinunter in die Ammerschlucht haben, in der Sie vielleicht den einen oder andern Kajakfahrer erspähen können.

Diesen kleinen Parkplatz [**142**: N47°42'25.2" E10°57'33.1"] am **Schwaigsee** haben Sie nach einem weiteren Kilometer erreicht. Etwas erschreckend sind die Parkgebühren in Höhe von 15,00 Euro, die Sie für die Übernachtung zahlen müssen.

Tagsüber herrscht am See ein reger Badebetrieb. Am Abend spielt sich das Leben am Kiosk ab, der sich zwischen dem Parkplatz und dem See befindet. Hier treffen sich die jung gebliebenen Älteren bei Pizza, Wein und Bier. Serviert wird dies von Aris Spyrou, einem Griechen, der die Seele dieses

Wanderparkplatz am Schwaigsee.

Abendstimmung am Schwaigsee.

Betriebes zu sein scheint. Ob das so bleiben wird, können wir nicht sagen. Der Pachtvertrag läuft aus und die Gemeinde Wildsteig plant, das Gebäude durch ein neues, moderneres und gleichzeitig größeres zu ersetzen. Wann das sein wird, wissen wir nicht.

Der Kiosk am Schwaigsee. Hier gibt es einfache und preiswerte Gerichte.

Vom Schwaigsee bis zur **Wieskirche** ist es nur ein Katzensprung. Für den Besuch der Kirche folgen Sie am besten diesen Koordinaten [GPS: N47°41'00.1" E10°53'58.2"], um Ihr Fahrzeug in der Nähe abzustellen.

Die Wieskirche. Von außen betrachtet nicht besonders eindrucksvoll.

Wieskirche

Der offizielle Name der Kirche lautet **"Die Wies Wallfahrtskirche zum gegeißelten Heiland"**. Das Label eines UNESCO-Welterbes hat sie schon sehr früh, im Jahr 1983, bekommen und steht damit an vierter Stelle in der Hierarchie der Welterbestätten in Deutschland, die inzwischen auf 51 angewachsen sind. Seit 1978 wird diese Liste der UNESCO Kultur- und Naturerbe der Menschheit geführt. Das heißt, die Wieskirche steht ganz weit vorne. Das Kloster Maulbronn und der Kölner Dom haben länger gebraucht, um auf diese werbewirksame Liste zu kommen.

Dass diese Kirche große Besucherströme zu verkraften hat, ist schon gleich an der Zahl der Parkplätze erkennbar.

Was ist nun also das Besondere an dieser Kirche, die so viele Besucher anzieht? Das Äußere ist es sicher nicht, denn das Gebäude weist mit dem schmalen Chorraum und dem aufgebläht wirkenden Langhaus

Blick durch das Langhaus auf den Chorraum.

keine gefälligen Proportionen auf. Die Architektur ist sehr abweichend von der Struktur anderer Kirchen.

Aber wer die Kirche betritt, hat die äußere Struktur schnell vergessen. Der ovale Grundriss des Langhauses scheint die Wirkung des Lichtes zu verstärken. Auffallend hell ist der Innenraum der Kirche, die als schönste Rokokokirche der Welt jeden Besucher in den Bann zieht, ganz gleich, woher er kommt. Die Farben, die Figuren, die Ornamentik, das Deckengemälde und die Stuckarbeiten sind auf den ersten Blick überwältigend. Die Bilder und Figuren sind dabei nicht zufällig angeordnet, so wie man vielleicht eine Wohnung mit Dekorationsgegenständen einrichtet. Hier stehen Sie zueinander in bestimmten Beziehungen. Welche das sind und welche Geschichten ausgedrückt werden, wird bei einfacher Betrachtung nicht sofort verständlich. Um zu begreifen, was die Brüder **Dominikus** und **Johann Baptist Zimmermann** erschaffen haben, ist ohne eine erläuternde Führung kaum möglich. Es braucht ein wenig Zeit und auch grundlegende Kenntnisse der Bibel, um das Ganze zu verstehen.

Am einfachsten ist vielleicht noch das Deckengemälde zu entschlüsseln, auf dem der auferstandene Christus auf einem Regenbogen thront, der sich von Noahs Sintflut auf der einen Seite über das Weltgeschehen spannt bis zu dem Tag, wo er wiederkommen wird.

Das große Deckengemälde in der Wieskirche.

Mit der rechten Hand zeigt er auf das Kreuz, das hell und licht dargestellt wird und damit als Symbol seiner Liebe bis zum Tod interpretiert werden kann. Noch ist der Thron des Weltgerichtes, der auf der rechten Seite sichtbar ist, nicht besetzt und die Himmelspforte auf der linken Seite ist auch noch verschlossen. Doch Trompeter und Engel verkünden schon das Ende. Es bleibt also nur noch wenig Zeit, so die Quintessenz des Bildes, uns um unseren Schöpfungsauftrag zu kümmern und die richtigen Dinge zu tun.

So in etwa könnte der Gedankengang ausgesehen haben, den die Brüder versucht haben umzusetzen. Künstlerisch ist ihnen dies mit dem Bild in der Kuppel sicher gut gelungen. Wenn wir "Kuppel" sagen, geben wir natürlich nur unseren Eindruck wieder, denn die Künstler sind wahre Meister der Imagination. Wie wir es auch schon einmal bei der Beschrei-

Gnadenbild des gegeißelten Heilands.

bung des Deckengemäldes im Treppenhaus des Wurzacher Schlosses (siehe Seite 54) vorgefunden haben, ist es auch hier keine Kuppel. Nur die Ränder sind leicht abgerundet, die Decke ist flach und wurde in der hölzernen Dachkonstruktion aufgehängt. Durch die perspektivische Zeichnung des Thrones und der Himmelspforte wird die Wirkung eines Gewölbes erzeugt.

Bei der Faszination des Gesamtkunstwerkes tritt der eigentliche Grund, die Wallfahrt zur "Gegeißelten Hand", fast vollständig in den Hintergrund. Das Gnadenbild des "Gegeißelten Heilands auf der Wies" ist im Altar integriert. Was über die Geschichte der Wallfahrt und im Speziellen über diese Figur zu sagen ist, das erfahren Sie auf dieser Seite https://wieskirche.de. Dort finden Sie auch die Öffnungszeiten der Kirche.

Türme des Welfenmünsters in Steingaden.

Wenn Ihnen nach so viel Kirche und Kirchenkunst der Sinn nach einem Ausgleich steht und Sie etwas für Ihr leibliches Wohl tun möchten, so haben Sie ausreichend Gelegenheit dazu. Zwei Gasthöfe und ein Imbiss buhlen um die Gunst der Besucher. Für den anschließenden Verdauungsspaziergang bietet sich der **Brettleweg** an, ein fast zehn Kilometer langer, gut ausgeschilderter Rundwanderweg, der in seinem westlichsten Punkt durch **Steingaden** führt.

Hier können Sie sogleich den nächsten Kirchenbesuch starten. Schließlich sind wir im Pfaffenwinkel.

Das **Welfenmünster** steht bei den Besucherzahlen ganz im Schatten der Wieskirche. Hier gibt es keinen Busparkplatz und Besucherströme sind auch nicht zu verzeichnen. Dabei muss sich diese Kirche des ehemaligen Prämonstratenserklosters nicht verstecken. Im Gegenteil!

Die Orgel im Welfenmünster.

Wie schon an den Türmen zu erkennen ist, ist sie eindeutig romanischen Ursprungs. Im 15. Jahrhundert wurde sie im Stile der Spätgotik umgestaltet, was durch des Kreuzrippengewölbes im Kreuzgang noch zu sehen ist. Im 18. Jahrhundert erfolgte dann die Rokokoausstattung, wie sie dem Besucher heute entgegentritt. Das Kloster überstand die Säkularisierung nicht. Die meisten Gebäude wurden abgerissen, die Kirche blieb aber als Pfarrkirche erhalten.

Warum sie "Welfenmünster" genannt wird, damit wollen wir uns nicht weiter befassen. Zu komplex ist die Geschichte der Welfen, die in Bayern heute ohnehin keinen Einfluss mehr ha-

Chor und Chorgestühl des Münsters.

ben. Wir sind uns sicher, dass Sie online alles herausfinden werden, was Sie dazu interessiert.

Kehren wir zurück zu unserem Spaziergang auf dem Brettleweg, der seinen Namen von den Bohlenwegen hat, die durch die Moorgebiete dieser Region angelegt wurden.

Am WOMO angekommen, setzen wir unser Gefährt wieder in Bewegung und steuern auf **Lechbruck** zu.

Käse- und Fischladen in Steingaden.

Wenn Ihre Küchenvorräte erschöpft sind und Sie sich nicht mit den Angeboten des nächsten Supermarktes begnügen möchten, sondern regionale Produkte bevorzugen, dann probieren Sie doch einmal diesen Laden aus. Er hat den Vorteil, dass Sie auch mit Ihrem großen Fahrzeug direkt davor parken können [GPS: N47°41'46.6" E10°51'40.4"]. Es ist eine Zweigstelle der Schönegger Käse-Alm in Kombination mit einem Fischerhaus, in dem neben Käse auch frischen Fisch zu kaufen gibt. Wir sind auf der – leider erfolglosen – Suche nach einem geeigneten Parkplatz für den Besuch des Welfenmünsters darauf gestoßen.

Bis zur **Lechstaustufe 3** ist es nicht mehr weit. Am Westrand liegt ein lang gestreckter Campingplatz, an dessen Nordrand sich der Stellplatz befindet, den wir jetzt kurz vorstellen wollen.

Die Lechstaustufe 3 wird auch Lechstausee Urspring genannt.

(143) Offizieller WOMO-Stellplatz: Via Claudia Camping Lechbruck am See

GPS: N47°42'56.0" E10°49'18.4", (729m); Via Claudia 6, 86983 Lechbruck.
Max. WOMOs: 49, maximale Länge 12 m, max. Aufenthalt 5 Tage.
Ausstattung: Frischwasserversorgung, Abwasserentsorgung mit Bodeneinlass, Kassettenentleerung, Stromanschlüsse, Müllentsorgung, WLAN, Brötchenservice, Shop, Campingshop, Restaurant, Biergarten, Grillstelle, Gasflaschentausch. Die Duschen, WCs, Waschmaschinen und Trockner auf dem benachbarten Campingplatz können gegen ein Entgelt mitbenutzt werden. Der Platz ist von Anfang April bis Anfang Januar geöffnet.

Beschreibung: Große schattenlose, geschotterte Stellflächen in unmittelbarer Nähe der Lechstaustufe 3, auch Lechstausee Urspring genannt. Entfernung zur Ortsmitte Lechbruck 3 km, zur Ortsmitte Steingaden 4,5 km.
Preise: Saisonabhängig. Für ein Wohnmobil mit 2 Personen, inkl. Strom, Duschen, Ver- und Entsorgung werden in der Nebensaison 15,00 € und in der Hauptsaison 20,00 € berechnet. Kurtaxe pro Person 1,60 €, Hund 5,00 €, WLAN gestaffelt nach Zeit ab 2,00 €.
Zufahrt: Über die Lechstaumauer fahren, dann sofort links abbiegen. Der Stellplatz befindet sich im hinteren Teil des Campingplatzes.
Reservierung/Kontakt: Tel.: 08862/8426
Buchungsportal: https://campbuchung.de/10068/
E-Mail: anfrage@via-claudia-camping.de, Web: www.via-claudia-camping.de.

Segeln, Baden, Surfen. Der See bietet viele Freizeitmöglichkeiten. Unter anderem ist auch eine Floßfahrt möglich, die an die Tradition Lechbrucks als Flößerstadt anknüpft. Um sich über die Flößerei dieses Ortes zu informieren, gehen Sie am besten in das **Flößermuseum** https://floesser-lechbruck.de, das sich in 3,5 Kilometern Entfernung vom Stellplatz befindet.

Der Weg dorthin lässt sich gut mit einer Umrundung des Stausees verbinden und ist dann insgesamt acht Kilometer lang. Schwäne und andere Wasservögel werden Sie begleiten.

Wenn es Sie reizt, den Fluss einmal mit zusammengebundenen Holzstämmen zu befahren, dann können Sie auf dieser Seite www.lechbruck.de/flossfahrten.html erfahren, wie das funktioniert.

Enden lassen wollen wir diese Tour in Füssen. Da wir die Stadt und die gesamte Region um den Forgensee schon am Ende der Tour 8 beschrieben haben, verweisen wir auf die Seite 222, auf der Sie einen Überblick über die Stadt, die Königsschlösser und die Seen gewinnen können.

Wir verabschieden uns jetzt und hoffen, dass Ihnen dieses Buch gefallen hat und Sie mit unseren Beschreibungen etwas anfangen konnten.

Tipps und Infos – alphabetisch sortiert

Brauchtum

Traditionell ist das Aufstellen des **Maibaumes** weit verbreitet. Zumeist werden technische Mittel (Seilwinde, Traktor) verwendet. Nur in Bolsterlang, Bad Grönenbach, Weiler/Ellhofen, Oy-Mittelberg, Schwangau, Scheidegg und Ofterschwang geschieht dies noch mit Muskelkraft.

Ein wesentlich größeres Spektakel ist die **Viehscheid**, die ebenfalls weit verbreitet ist. Besonders in den Hörnerdörfern und in Nesselwang lockt sie zahlreiche Besucher an.

E-Bike

Es gibt ja kaum noch Wohnmobilisten, die nicht ein E-Bike, vorzugsweise in einer MTB-Variante, in der Garage oder auf dem Heckträger mit sich führen. Wenn Sie mit dem Rad unterwegs sind, nehmen Sie Ihr Ladegerät mit. Es gibt mittlerweile sehr viele Ladestationen in Orten, auf Berghütten und an Gasthöfen, wo Sie während einer Rast nicht nur den eigenen Akku aufladen können, sondern auch den Ihres Fahrrades.

Gasversorgung

Graue Campinggasflaschen werden in fast allen Baumärkten zu den üblichen Ladenöffnungszeiten zum Tausch angeboten. Sie aufzuführen würde den Rahmen dieses Büchleins sprengen. Dort, wo auf Stell- und Campingplätzen ein Gasflaschentausch angeboten wird, haben wir darauf hingewiesen.

Grenzen

Wir befinden uns hier im Grenzgebiet zu Österreich und der Schweiz. Denken Sie bei einem Grenzübertritt daran, für die Schweiz eine Vignette zu kaufen oder ab 3,5 t, die Schwerlastabgabe zu entrichten. In Österreich benötigen Sie bis 3,5 t das sogenannte "Pickerl" und bei einer höheren Tonnage die "Go-Box".

Hunde

Die Mitnahme von Hunden ist in der Regel kein Problem. Auch in den Bergbahnen können Sie mitgenommen werden. Dort, wo sie nicht erwünscht sind, haben wir darauf hingewiesen.

Internet

Wir hatten keine Verbindungsprobleme. Die Übertragungsgeschwindigkeiten lassen aber gelegentlich zu wünschen übrig.

Kleingeld

Die Bezahlung der Stellplatzgebühren, der Frischwasser- und der Stromversorgung erfolgt sehr häufig immer noch über Münzautomaten.

Deshalb ist es ratsam, einen Vorrat an 50 Cent- und 1-Euromünzen dabei zu haben.

Radtouren

Die gesamte Region ist zum Radeln ideal. Wir haben uns bemüht, einige der interessantesten Routen im Buch zu berücksichtigen. Es gibt jedoch noch wesentlich mehr Wege, die entdeckt und durchfahren werden wollen. Sie finden im Internet eine Fülle von Angeboten dazu.

Schuhwerk

Da wir oft gesehen haben, dass auch leichte, gewöhnliche Schuhe bei Bergwanderungen getragen werden, möchten wir doch ausdrücklich darauf hinweisen, dass gutes festes Wanderschuhwerk in den Bergen unerlässlich ist.

Spezialitäten

Was wäre das Allgäu ohne Käse? Ihn bekommen Sie in den Orten in diversen Ladenlokalen, im Supermarkt, in Käsereien und auf den Berghütten. Er ist wesentlicher Bestandteil einer **Brotzeit**, die gewöhnlich eine Kombination aus Berg- und Weichkäse (Limburger, Camembert), Kaminwurzen (kaltgeräucherte, luftgetrocknete Rohwurst), Landjäger, geräuchertem Speck & Schinken, deftige Aufstriche, wie Obazda oder Kräuterquark bestehen und mit Essiggurken, Radieschen und Gemüse garniert werden. Dazu gibt es kräftiges Brot und ein Weizenbier.

Kässpatzen bekommen Sie in jedem Restaurant, das regionale Küche anbietet. Es ist das Nationalgericht der Allgäuer. Der Spatzenteig besteht aus Mehl und Eiern, die zu einer zähflüssigen Masse geschlagen und dann mit einem Spatzenhobel in kochendes Wasser gehobelt werden. Die Spatzen werden danach mit verschiedenen Käsesorten vermengt und mit gerösteten Zwiebeln garniert. Als Beilage gibt es einen Salat.

Toiletten/Toilettenentsorgung

Auf unseren Touren haben wir darauf geachtet eine Vielzahl von Plätzen zu finden, die sachgerechte Ver- und Entsorgungseinrichtungen haben. Die Entsorgung ist kein Kostenfaktor und es sind genügend Stationen in diesem Buch genannt. Es gibt also wirklich keinen Grund den Inhalt der Bordtoilette hinter irgendeinem Busch zu entleeren. Die Stationen sind in den Tourenkarten gut erkennbar. Vielleicht müssen Sie mal auf eine Station aus einer Nachbartour ausweichen, auch diese Möglichkeit ist in den Tourenkarten gut ablesbar.

Für den Notfall haben wir uns eine zweite Kassette zugelegt, die bei Bedarf gegen die volle getauscht wird. Ansonsten gilt: Vorausschauend Ver- und Entsorgen und nicht bis auf den letzten Drücker warten.

Wanderungen

Dass gutes Schuhwerk unerlässlich ist, hatten wir schon gesagt. Für Bergwanderungen bieten sich für die etwas konditionsschwächeren Personen die Bergbahnen an, mit denen ein mühevoller Aufstieg vermieden werden kann. Die Wanderwege sind gut markiert und ausgeschildert und wer ein halbwegs gutes Orientierungsvermögen hat, sollte zurechtkommen. Wichtig ist, sich die Nummer der Bergwacht, die zumeist an den Bergstationen zu finden ist, aufzuschreiben. Einfacher ist es, ein Foto mit dem Smartphone zu machen. Mit diesem kleinen Kommunikationsmittel lichten wir auch immer die Wanderkarten ab, die oft am Beginn der Wanderwege zu sehen sind. So haben wir die Hütten- oder Ortsnamen parat, die auf den Hinweisschildern entlang des Weges zu lesen sind und können uns damit vergewissern, auf dem richtigen Pfad zu sein. Natürlich hilft auch Google-Maps weiter. Darüber hinaus gibt es eine ganze Reihe von Wander-Webseiten wie www.outdooractive.com oder www.komoot.com, wo Sie eine Fülle von Wanderungen herunterladen können, die eine Orientierung einfach machen.

Wassersport

Iller, Mindel, Wertach, Lech sowie die zahlreichen Seen bieten Wassersportlern alle Möglichkeiten. Auch hier haben wir uns bemüht, auf die interessantesten und schönsten Strecken bzw. Seen zu verweisen.

Wintersport

Bei entsprechenden Schneelagen ist alpiner Wintersport im Allgäu und im Kleinwalsertal besonders in den Höhenlagen möglich. Auf dieser Seite www.allgaeu-ski.de finden Sie alles über die Wintersportorte der Region.

Zum Schluss: Die große Wohnmobilfahrerfamilie

Urlaub mit dem Wohnmobil ist etwas ganz Besonderes. Man kann die Freiheit genießen, ist ungebunden, dennoch immer zu Hause und lebt mitten in der Natur. Seit Jahrzehnten geben wir Ihnen mit unseren Reiseführern eine Anleitung für diese Art Urlaub mit auf den Weg. Außer den umfangreich recherchierten Touren haben wir viele Tipps allgemeiner Art zusammengetragen, unter ihnen auch solche, die für einen Womo-Urlauber eigentlich selbstverständlich sein sollten. Weil wir als Wohnmobiler die Natur in ihrer ganzen Schönheit und Vielfalt zu schätzen wissen, haben wir auch eine besondere Verantwortung ihr gegenüber, die wir nicht einfach auf andere abwälzen dürfen.

Jährlich erhalten wir viele Zuschriften, Grüße von Lesern, die mit unseren Reiseführern einen schönen Urlaub verbracht haben und sich herzlich bei uns bedanken. Wir erhalten Hinweise über Veränderungen an den beschriebenen Touren, die von uns bei der Aktualisierung der Reiseführer helfen.

Aber: Wir erhalten auch Zuschriften über das Verhalten von Wohnmobilfahrern, die sich egoistisch, rücksichts- und verantwortungslos der Natur und ihren Mitmenschen – Urlaubern und Einheimischen – gegenüber verhalten. In diesen Briefen geht es um die Themen Müllbeseitigung, Abwasser- und Toilettenentsorgung. Es soll immer noch Wohnmobilurlauber geben, die ihre Campingtoilette nicht benutzen, dafür lieber den nächsten Busch mit Häufchen und Toilettenpapier „dekorieren"; die den Abwassertank nicht als Tank nutzen, sondern das Abwasser einfach durchfließen lassen, die ihren Müll neben dem Wohnmobil „vergessen“ und sich davon machen. Bei steigender Wohnmobildichte passiert das leider immer öfter.

Liebe Leser!

Wir möchten Sie im Namen der gesamten Womo-Familie bitten: Helfen Sie aktiv mit, diese Schweinereien zu unterbinden! Jeder Wohnmobilurlauber trägt eine große Verantwortung und sein Verhalten muss dieser Verantwortung auch gerecht werden. Bestimmt hat mancher, dem Sie auf Ihrer Tour begegnen und sich unwürdig verhält, das gleiche Büchlein in der Hand wie Sie. Er weiß zumindest jetzt worum es geht. Sprechen Sie ihn an und weisen Sie ihn auf sein Fehlverhalten hin.

Der nächste freut sich, wenn er den Stellplatz sauber vorfindet, denn auch er hat sich seinen Urlaub verdient!

Vor allem aber: Wir erhöhen damit die Chance, dass uns unsere über alles geliebte Wohnmobil-Freiheit noch lange erhalten bleibt.

Helfen Sie mit, den guten Ruf unserer Womo-Familie zu wahren! Tragen Sie dazu bei, dass einzelne ihn nicht in den Schmutz ziehen!

Wir danken Ihnen im Namen aller Womo-Freunde –

Ihr WOMO-Verlag

Stichwortverzeichnis

M

N

O

P

R

Bildnachweis:

Alle Fotos stammen von den Autoren mit Ausnahme folgender Aufnahmen: Bibliothekssaal Kloster Wiblingen Seite 28 ©Staatliche Schlösser und Gärten Baden-Württemberg, Günther Bayerl; Öchslebahn Seite 42 ©traveldia, stock.adobe.com; Kartause Buxheim Seite 45 ©Johannes, stock.adobe.com; Buxheimer Weiher Seite 46 ©Wald-Burger8, wikimedia.com; Prädikantenbibliothek Seite 81 ©Klaus Graf, wikimedia.com; WOMO-Montage bei Dethleffs Seite 83 ©Dethleffs GmbH & Co. KG; Allgäuer Bergbauernmuseum Seite 90 ©Richard Mayer, wikimedia.com; Niedersonthofener Wasserfall Seite 92 ©ingosp, wikimedia.com; Niedersonthofener See Seite 93 ©Karl.Jena, stock.adobe.com; Chorbogen Peterskirche Seite 104 ©Feloscho, wikimedia.com; Allgäu Skywalk Seite 106 ©Joerg Sabel, stock.adobe.com; Hochgratbahn ©Thomas Keller, stock.adobe.com; Panoramablick Hochgrat Seite 114 ©joh.sch-stock.adobe.com; Wandern Nagelfluhkette Seite 116 ©Uwe, stock.adobe.com; Buchenegger Wasserfälle Seite 117 ©mindscapephotos, stock.adobe.com; Blick Hündlekopf-Alpsee Seite 117 ©mindscapephotos, stock.adobe.com; Alpsee Coaster Seite 119 ©Andreas P.-stock.adobe.com; Marktplatz Immenstadt Seite 121 ©Sina Ettmer-stock.adobe.com; Illerdurchbruch Seite 133 ©Miguel Moreno-stock.adobe.com; Iller-Hängebrücke Seite 133 ©cityfoto24-stock.adobe.com; Audienzzimmer Seite 137 ©AlMare, wikimedia.com; Allgäuer Burgenmuseum Seite 139 ©Peter Widmann-stock.adobe.com; Ofterschwanger Horn Seite 145 ©Drepicter-stock.adobe.com; Nebelhornbahn Seite 165 ©Adrian72-stock.adobe.com; Gipfelstation Nebelhorn Seite 165 ©Falko Göthel-stock.adobe.com; Nordwandsteig Nebelhorn Seite 166 ©Falko Göthel-stock.adobe.com; Freibergsee Seite 170 ©Dozey-stock.adobe.com; Stillachtal Seite 171 ©Michael Fritzen, stock.adobe.com; Kneipp-Denkmal Seite 203 ©simonwhitehurst-stock.adobe.com; Sängersaal Neuschwanstein Seite 231 ©Anneleven-stock.adobe.com; Ende romantische Straße Seite 235 © Hans und Christa Ede-stock.adobe.com; Lechfall Seite 237 © Stefan Kaulbarsch-stock.adobe.com; Baumkronenpfad Seite 237 © Biewer_Jürgen-stock.adobe.com; Ruine Eisenberg Seite 240 © Dozey-stock.adobe.com; Ruine Falkenstein Seite 242 © peter knechtges-stock.adobe.com; Weg zum Giebelhaus Seite 257 © Uwe-stock.adobe.com; Schleierfall Seite 257 © Falko Göthel-stock.adobe.com; Goldener Saal Seite 264 © Scirocco340-stock.adobe.com; Ritter Seite 279 unten © Markus Dorfmeister; Bayertor Seite 282 © traveldia-stock.adobe.com; Romanische Basilika in Altenstadt Seite 286 © LitterART-stock.adobe.com

Karten:

Alle Karten wurde erstellt von Heiner Newe. Die Stadtpläne unter Verwendung der Daten von © **OpenStreetMap contributors**.

Unser WOMO-Online-Service

Passend zu unseren Reiseführern bieten wir in unserem Shop unter **www.womo.de** an:

- Die **GPS-Koordinaten** zu allen Stell- und Campingplätzen unserer WOMO-Reiseführer.
- Die besten **Autokarten**, die garantiert die komplette Reiseroute abdecken.
- Von jedem Reiseland mindestens einen Rother-**Wanderführer** über die schönsten Wanderregionen.

WOMO-Verlag
An der Liethe 4
36452 Kaltennordheim
OT Mittelsdorf
verlag@womo.de
www.womo.de
036946/20691

Der WOMO-Knackerschreck

- ist die universelle und sofort sichtbare Einbruchssperre.
- Wird einfach in die beiden Türarmlehnen eingehängt, zusammengeschoben und abgeschlossen.
- Passend für Ducato, Peugeot, Renault Master, MB Sprinter bis 2018 und VW (alle Typen).
- Krallen aus 10 mm massivem, einbrennlackiertem Stahl, d. h. nahezu unverwüstlich.

Nur **59,90 €** – und nur bei **www.womo.de**

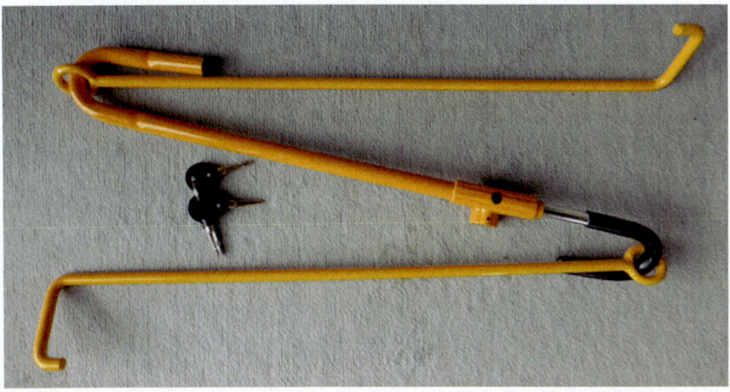

Alle WOMO-Reiseführer auf einen Blick

Wohnmobilhandbuch	Reinhard Schulz
Wohnmobilkochbuch	Waltraud Roth-Schulz
Albanien	Ulrike und Frank Staub
Allgäu	Heiner Newe und Heiderose Thomsen-Newe
Andalusien	Christian und Christina Winkler
Auvergne	Esther Vergenz
Baden-Württemberg	Heiner Newe und Heiderose Thomsen-Newe
Baltikum	Stefanie Holtkamp und Andrea Bergmann
Bayern Nordosten	Heiner Newe und Heiderose Thomsen-Newe
Bayern Nordwesten	Heiner Newe und Heiderose Thomsen-Newe
Bayern Südosten	Christian und Christina Winkler
Belgien/Luxemburg	Ulrike und Frank Staub
Bretagne	Anette Scharla-Dey und Franz Peter Tschauner
Burgund	Ralf Gréus
Dänemark	Anke Globi
Elsass	Ralf Gréus
England Norden	Christian und Christina Winkler
England Süden	Christian und Christina Winkler
Finnland	Uwe und Annegret Rohland
Französische Alpen	Heiner Newe und Heiderose Thomsen-Newe
Französische Atlantikküste Nord	Esther Vergenz
Französischer Jura	Heiner Newe und Heiderose Thomsen-Newe
Griechenland	Reinhard Schulz und Waltraud Roth-Schulz
Harz	Heiner Newe und Heiderose Thomsen-Newe
Heitere Wohnmobil Geschichten	Peter Simm und Silvia Sussmann
Hessen Teil 1	Anette Scharla-Dey und Franz Peter Tschauner
Hessen Teil 2	Anette Scharla-Dey und Franz Peter Tschauner
Hunsrück/Mosel/Eifel	Anette Scharla-Dey und Franz Peter Tschauner
Irland	Uwe und Annegret Rohland
Island	Alexander und Jutta Ramin
Korsika	Reinhard Schulz und Waltraud Roth-Schulz
Kroatien/Montenegro	Peter Simm und Silvia Sussmann
Languedoc/Roussillon	Ralf Gréus
Lothringen	Friedrich Riehl und Toshiko Riehl-Takada
Ligurien	Ralf Gréus
Lüneburger Heide	Heiner Newe und Heiderose Thomsen-Newe
Marokko	Ulrike und Frank Staub
Mecklenburg-Vorpommern Teil 1	Stefanie Holtkamp und Andrea Bergmann
Mecklenburg-Vorpommern Teil 2	Stefanie Holtkamp und Andrea Bergmann
Mittelitalien	F. Riehl und T. Riehl-Takada, Klaus Huber
Münsterland	Regina Stockmann
Namibia	Frank Linke und Ute Nast-Linke
Neuseeland Nordinsel	Dieter Giesen und Andrea Lossen
Neuseeland Südinsel	Dieter Giesen und Andrea Lossen
Niederlande	Friedrich Riehl

Weitere Informationen in unserem Buchshop unter www.womo.de

Nord-Frankreich	Esther Vergenz
Nord-Spanien	Reinhard Schulz und Waltraud Roth-Schulz
Normandie	Anette Scharla-Dey und Franz Peter Tschauner
Norwegen Norden	Reinhard Schulz und Waltraud Roth-Schulz
Norwegen Süden	Reinhard Schulz und Waltraud Roth-Schulz
Ostfriesland	Heiner Newe und Heiderose Thomsen-Newe
Ost-Spanien	Reinhard Schulz und Waltraud Roth-Schulz
Österreich Osten	Christian und Christina Winkler
Österreich Westen	Christian und Christina Winkler
Peloponnes	Reinhard Schulz und Waltraud Roth-Schulz
Pfalz	Ralf Gréus
Piemont/Aostatal	Ralf Gréus
Polen Norden	Nicola Kluftinger
Polen Süden	Helmut und Angelika Breidenbach
Portugal Norden	Stephanie Seufert
Portugal Süden	Stephanie Seufert
Provence Osten/ Côte d'Azur	Ralf Gréus
Provence Westen/ Côte d'Azur	Ralf Gréus
Pyrenäen	Andrea Bergmann und Stefanie Holtkamp
Rumänien	Christian und Christina Winkler,
Sachsen	Anette Scharla-Dey und Franz Peter Tschauner
Sardinien	Reinhard Schulz und Waltraud Roth-Schulz
Schleswig-Holstein	Heiner Newe und Heiderose Thomsen-Newe
Schottland	Uwe und Annegret Rohland
Schwarzwald/Bodensee	Ralf Gréus
Schweden Norden	Uwe und Annegret Rohland
Schweden Süden	Reinhard Schulz und Waltraud Roth-Schulz
Schweiz Osten	Andrea Bergmann und Stefanie Holtkamp
Schweiz Westen	Andrea Bergmann und Stefanie Holtkamp
Sizilien	Christian und Christina Winkler
Slowakei	Ulrike und Frank Staub
Slowenien	Peter Simm und Silvia Sussmann
Südafrika	Frank Linke und Ute Nast-Linke
Süditalien Osten	Reinhard Schulz und Waltraud Roth-Schulz
Süditalien Westen	Reinhard Schulz und Waltraud Roth-Schulz
Südtirol	Reinhard Schulz und Waltraud Roth-Schulz
Südwest-Frankreich	Stefanie Holtkamp und Andrea Bergmann
Thüringen	Katja Eisenschmidt
Toskana/Elba	Ralf Gréus
Trentino/Gardasee	Peter Simm und Silvia Sussmann
Tschechien	Steffen und Eva Peuker
Umbrien/Marken	Ralf Gréus
Ungarn	Peter Simm und Silvia Sussmann
Venetien/Friaul	Christian und Christina Winkler
Wales	Christian und Christina Winkler

Info-Blatt aus dem WOMO-Buch: Allgäu '22

Lokalität Seite Datum
(Stellplatz, Campingplatz, Wandertour, Gaststätte, usw.)
unverändert gesperrt/geschlossen folgende Änderungen:

Lokalität Seite Datum
(Stellplatz, Campingplatz, Wandertour, Gaststätte, usw.)
unverändert gesperrt/geschlossen folgende Änderungen:

Lokalität Seite Datum
(Stellplatz, Campingplatz, Wandertour, Gaststätte, usw.)
unverändert gesperrt/geschlossen folgende Änderungen:

Lokalität Seite Datum
(Stellplatz, Campingplatz, Wandertour, Gaststätte, usw.)
unverändert gesperrt/geschlossen folgende Änderungen:

Lokalität Seite Datum
(Stellplatz, Campingplatz, Wandertour, Gaststätte, usw.)
unverändert gesperrt/geschlossen folgende Änderungen:

Lokalität Seite Datum
(Stellplatz, Campingplatz, Wandertour, Gaststätte, usw.)
unverändert gesperrt/geschlossen folgende Änderungen:

Meine E-Mail:

Rückmeldung bitte per Post oder an die Autoren-E-Mail:
Autoren-E-Mail: **newe@womo.de**